Hall · Schmuck mit Phantasie gestalten

Dinny Hall

Schmuck
mit Phantasie gestalten

Entwerfen und arbeiten
mit einfachen und
edlen Materialien

Bauverlag GmbH · Wiesbaden und Berlin

Übersetzung der englischen Originalausgabe
„Creative jewellery"
by Dinny Hall

© for English edition
by Paul Press Limited, London 1986

Übersetzung: Ingrid Grünewald

CIP-Titelaufnahme der Deutschen Bibliothek

Hall, Dinny:
Schmuck mit Phantasie gestalten : entwerfen u. arbeiten mit
einfachen u. edlen Materialien / Dinny Hall. [Übers.: Ingrid
Grünewald]. — Wiesbaden ; Berlin : Bauverl., 1988
    Einheitssacht.: Creative jewellery ⟨dt.⟩
    ISBN 3—7625—2636—2

© 1988 Bauverlag GmbH, Wiesbaden und Berlin

Lektorat: Manfred Braun
Layout: Ilona Leonhard
Druck: Druck- und Verlagshaus Chmielorz GmbH,
Wiesbaden-Nordenstadt

ISBN 3—7625—2636—2

Vorwort

Dieses Buch ist Tom Binns gewidmet, dem ich für all seine Hilfe danke und meiner Mutter Susan, die mich beständig ermutigt hat.

Als ich beschloß dieses Buch zu schreiben, überlegte ich, was ich zu Beginn meiner Laufbahn selbst gebraucht hätte. Besonders wichtig war mir, das Buch nicht mit einer Menge komplizierter, technischer Informationen zu überladen. Statt dessen, so hoffe ich, habe ich die Grundlagen für das Entwickeln von Schmuckideen mit genügend praktischen Grundkenntnissen verbunden und so die Kunst von Schmuckentwurf und -herstellung als erreichbares und lohnendes Ziel aufgezeigt.

Ich habe stets den Entwurf eines Schmuckstücks als das wichtigste angesehen, und dies ist die erste goldene Regel, die ich Ihnen gern vermitteln möchte. Das Kreieren eines aufregenden Entwurfs hängt nicht allein von den technischen Fähigkeiten ab, sondern man braucht auch Phantasie und Originalität. Deshalb sind die handwerklichen Kenntnisse, die Sie erlernen und praktizieren sollten, stets Ihren Entwürfen untergeordnet. Ich bin der Überzeugung, daß man Schmuck aus fast allem, was dekorativ ist und einen geistigen Wert oder Standpunkt vertritt, machen kann. Wenn Sie diese Regel zum Ausgangspunkt nehmen, können Sie nichts falsch machen, gleichgültig, ob Sie herkömmliche Materialien wie Gold, Silber, unedle Metalle und Edelsteine oder modernere wie Kunstharz und Titan oder natürliche wie Knochen, Federn, Muscheln oder Holz verwenden.

Dies ist auch der Grund, daß ich mein Buch um einen Kern von schrittweise aufgebauten Objekten angeordnet habe, so daß Sie die notwendigen Techniken beim jeweiligen Entstehungsprozeß eines Schmuckstücks anwenden, anstatt sich durch eine Folge von nutzlosen abstrakten Übungen quälen müssen. Jeder Kunsthandwerker hat natürlich seine eigene Art Dinge zu schaffen, wie Sie an den dargestellten Beispielen sehen können.

Ich habe versucht, möglichst keine starren Regeln festzulegen, so daß Sie Ihren eigenen Stil finden und voll entwickeln können. Denken Sie vor allem daran, daß Entwurf und technische Ausführung sich ergänzen, und daß die Übung Ihnen nicht nur hilft, die notwendigen handwerklichen Fähigkeiten zu entwickeln, sondern Sie sollten auch diejenige auswählen, die der jeweiligen Aufgabe am ehesten entspricht.

Der Grundgedanke, der sich durch das gesamte Buch zieht, ist mein Glaube, daß Entwerfen von Schmuck erlernbar ist. Mein Ziel ist, Anfängern ohne handwerkliche Vorkenntnisse einen Weg zu zeigen, die notwendigen Fertigkeiten zu erlangen und gleichzeitig anderen, die vielleicht schon praktische Erfahrungen haben, eine Anzahl von Ideen und Techniken nahezubringen, die dazu beitragen, ihre Fertigkeiten zu erweitern. Aber vor allem hoffe ich, daß dieses Buch Ihnen hilft an der Kunst von Schmuckentwurf und -herstellung Spaß zu finden; gleichgültig, ob Sie es als Hobby betreiben oder als Beruf wählen.

Inhalt

Grundlagen für das Entwerfen

Immer, wenn Sie versuchen, den Erfolg eines Schmuckstücks zu beurteilen — sei es Ihre eigene Arbeit oder die eines anderen — sollten Sie sich selbst einige Fragen stellen.

Zuallererst — ohne den eigenen Geschmack ins Spiel zu bringen — steht es dem Träger? Ganz egal wie schön ein Schmuckstück ist, es kann nicht voll zur Geltung kommen, wenn es nicht mit Persönlichkeit und Aussehen des Trägers harmoniert. Ein großer klotziger Ring sieht an kurzen breiten Fingern schwer aus. Eine zarte Perle auf einer silbernen Brosche wird auf grellbunter Kleidung bis zur Bedeutungslosigkeit verblassen.

Wirkt das Schmuckstück auch durch seine handwerkliche Ausführung? Armreifen sollten nicht zu eng oder schwer sein, so daß sie unbequem zu tragen sind. Broschennadeln dürfen nicht so weit überstehen, daß sie entweder die Kleidung beschädigen oder den Träger verletzen.

Wie originell ist das Stück? Kopien sehen immer wie Kopien aus. Nur wenige Stücke können ganz und gar originell sein, aber jedes Teil sollte eine individuelle Note haben, die die Persönlichkeit des Schöpfers widerspiegelt. Gleichgültig ob Sie edlen Schmuck, Modeschmuck oder Bühnenschmuck beurteilen, es muß auch bedacht sein, ob die Möglichkeiten des verwendeten Materials voll ausgeschöpft wurden. Die erfolgreichsten Stücke, deren man sich am längsten erinnert, verbinden harmonisch den Entwurf des Stücks mit dem verwendeten Material; Farbe, Form und Proportion verbinden sich zu einem eindrucksvollen Ganzen.

Es mag stimmen, daß manche mit mehr Talent geboren werden als andere, und auch wenn man die Originalität beim Entwerfen nicht lehren kann, ist es doch jedem möglich zu lernen, wie man anziehenden und individuellen Schmuck herstellt. Selbst wenn Sie sich selbst als künstlerisch nicht begabt einschätzen, werden Sie beim Studium der Grundregeln von Entwürfen und ihrer Ausführung Ihre Fähigkeiten verbessern können und mit mehr Vertrauen Stücke kreieren können, die Ihren eigenen Stil widerspiegeln.

Niemand kann das Entwerfen als solches lernen. Was Sie aber lernen können ist, sich in Ihrer Umgebung umzusehen, das Gesehene aufnehmen und es in einen Entwurf umsetzen, der neu, erstaunlich und ganz persönlich ist. Es gibt keine bessere Möglichkeit, über Entwürfe nachzudenken, als sich so viel Schmuck wie möglich anzusehen. Besuchen Sie Museen und schauen Sie sich Schmuck aus allen Jahrhunderten und Kulturen an. Schauen Sie in die Auslagen von Goldschmieden, gehen Sie auf Märkte und in Trödelläden. Kaufen Sie alte Schmuckstücke und zer-

legen Sie diese, so daß Sie den Aufbau genau erkennen. Nach und nach werden Sie eine Vorstellung von der Art von Schmuck bekommen, die Sie interessiert und von der Richtung, die Sie beim Entwerfen verfolgen wollen. Einflüsse kommen von überall her, beschränken Sie sich deshalb nicht auf das Betrachten von Schmuck. In Museen können Sie erstaunliche Formen und Muster in Schmiedeeisen, Stoffen, Teppichen, Skulpturen, dekorativen Türgriffen, Schlüsseln, Deckenfriesen, Waffen, königlichen Insignien, Bootsverzierungen oder Amtsketten von Bürgermeistern sehen. Anstöße für Entwürfe kommen von allem möglichem — von Elektroteilen, Pflanzen, Fischen, Muscheln, Insekten oder Seegras. Die meisten Berufsdesigner sind leidenschaftliche Sammler von Zeitschriften, Postkarten, Büchern und anderen interessanten Objekten, von Muscheln bis zu Handtaschenverschlüssen. Alles was Sie sehen, kann als mögliche Grundlage für ein Schmuckstück dienen — auf diese Weise wird das Entwerfen zu einem Vorgang sowohl des Auswählens und Verwerfens als auch der Inspiration.

Die Eingebung muß vom Gegenstand auf den Entwurf übertragen werden. Der beste Weg, Ihre eigenen Ideen zu entwickeln ist, Skizzen anzufertigen. Als ich die Alhambra in Spanien besichtigte, war ich sofort gepackt von ihren strengen Mustern und subtilen Farben. Ich verbrachte drei Tage damit, alles zu skizzieren und dann bestimmte Formen und Muster auszuwählen. Wenn Sie keine Zeit haben, um detaillierte Zeichnungen anzufertigen, machen Sie Fotos. Reisen Sie immer mit einem Notizbuch, falls Sie plötzlich etwas sehen, das Sie inspiriert — die Halskette einer Frau, die Ihnen im Bus gegenübersitzt oder die Zeichnung eines farbigen Glassteins in einem Kirchenfenster. Außerdem ist es nützlich für Sie, das Abzeichnen von Objekten zu üben, — z.B. Äpfeln, um ein Gefühl für die Dreidimensionalität eines Gegenstandes zu entwickeln. Je mehr Übung Sie beim Zeichnen solcher Objekte haben, um so leichter wird es Ihnen fallen, Ihre Vorstellungen zu Papier zu bringen.

Wahl von Material und Technik

Wenn Sie bereit sind, Ihre Vorstellungen in die Wirklichkeit umzusetzen, ist es Zeit sich zu überlegen, welches Material Sie verwenden können und ob Ihr Entwurf technisch machbar ist. Im Anfangsstadium ist es leichter Broschen, Ohr-

Halskette und Ohrgehänge von Castellani, 1865 Dieses reich verzierte und zarte Muster ist die Replik eines klassischen griechischen Diadems. Aus purem Gold hergestellt, ist es ein schönes Beispiel von Ziselier-, Treib-, Filigran- und Granulierungsarbeit. Sehen Sie Schmuck wie diesen in einem Museum und fühlen sich inspiriert ein ähnliches Stück zu machen, können Sie mehrfach vorkommende Teile gießen oder ausstanzen, oder Sie wählen Teile des Entwurfs aus und stellen sie um.

ringe und Anhänger zu fertigen. Halsketten und Armbänder verlangen schon mehr, sowohl was Entwurf als auch handwerkliches Können betrifft, und bevor Sie sich an den Entwurf eines Ringes machen, sollten Sie bereits einige Erfahrungen gesammelt haben. Die Einschränkung bei Ringen durch die Form erschwert es sehr, wirklich originell zu sein.

Nehmen wir an, Sie haben einen Fries gesehen, der Sie mit seinen Formen, Mustern und Farben inspiriert hat. Sie haben ihn gezeichnet oder fotografiert, und er hat Ihnen die Idee zu einem Armreif gegeben. Die nächste Stufe könnte darin bestehen, daß Sie sich ein Pappmodell mit dem aufgezeichneten Muster machen; Sie können auch Plastilin, Metallfolie oder selbsthärtende Modelliermasse nehmen. An solchen Modellen kann man gut erkennen, wie das Schmuckstück am besten hergestellt wird und welches Material man verwenden kann. Dann müssen Sie entscheiden, ob Ihr Entwurf am wirkungsvollsten gestanzt, graviert, aus Metall ausgesägt oder mit Einlegearbeit aussieht, ob Sie ihn plattieren oder färben oder mit Steinen oder Granulation verzieren wollen. Nachdem das alles überlegt ist, haben Sie vielleicht Lust, einen anderen Teil des Frieses als Vorlage für ein Paar passende Ohrringe zu nehmen. Ihre wichtigste Überlegung sollte dabei immer der Zweck ihres fertigen Stückes sein. Nachdem Sie auf eine Idee, die Ihnen gefällt, gestoßen sind, sollten Sie sich vergewissern, daß das fertige Teil alle Aufgaben eines Schmuckstücks erfüllt — denn nicht zuletzt wird Schmuck entworfen, um getragen zu werden und die Aufmerksamkeit auf sich zu ziehen.

Das Tragen von Schmuck

Die meisten Leute wissen genau, was ihnen am besten steht und worin sie sich wohl fühlen. Trotzdem finde ich es überlegenswert, wie man Schmuck trägt, da viele ihrer Auswahl an Schmuck weniger Aufmerksamkeit widmen als dem Rest ihrer Garderobe. Es ist schade, wenn man sieht, wie schöne Schmuckstücke mit unpassender Kleidung getragen werden oder durch andere Stücke schlecht ergänzt werden. Ihre Kleidung sollte Ihren Schmuck im besten Licht erscheinen lassen, und Ihr Schmuck sollte Ihre Kleidung und Ihre Erscheinung unterstreichen.

Bevor Sie ein Schmuckstück kaufen oder tragen, sollten Sie zunächst Ihren Körperbau analysie-

Ringe aus dem 16. Jahrhundert
Seit Jahrhunderten werden Ringe als der bedeutendste Teil des Schmucks angesehen. Trotz der Einschränkung durch die Kreisform gibt es eine Vielzahl verschiedener Ringentwürfe. Diese Goldringe aus dem 16. Jahrhundert zeigen ungewöhnliche Fassungen, zarte Emailarbeit und feine Gravuren.

ren. Die Wahl Ihrer Ohrringe zum Beispiel sollte Ihrer Gesichtsform und der Länge Ihres Nackens Rechnung tragen. Wenn Sie ein rundes Gesicht haben, stehen Ihnen wahrscheinlich lange, hängende Ohrringe besser als runde Clips oder Stecker. Es ist immer wichtig, sich Ohrringe und Halsketten als Rahmen des Gesichts vorzustellen. Unerwartete Zusammenstellungen können effektvoll sein, aber sie müssen mit Sicherheit getragen werden.

Kette von Alexander Calder
Schmuck ist unlösbar mit anderen Kunstformen verbunden, und viele große Künstler wie Salvador Dali oder Pablo Picasso haben Schmuck als Ausdrucksmittel benutzt. Die Kette aus geschmiedeten, gehämmerten Drahtspiralen steht in sichtbarer Beziehung zu Calders Mobiles und Skulpturen.

Ohrringe, Ketten und Armbänder werden gewöhnlich ausgesucht, um einander zu ergänzen, und um die Erscheinung zu unterstreichen, während Ringe sowohl unabhängiger als auch persönlicher sind. Es sind die einzigen Schmuckstücke, die Sie immer an sich sehen und an denen Sie sich erfreuen können, deshalb sollten sie zwar mit den übrigen von Ihnen getragenen Schmuckstücken harmonieren, sie können aber sehr wohl individueller sein. Trotzdem sollten Sie die Form Ihrer Hände und Finger bedenken. Klotzige Ringe passen nicht zu plumpen, kurzen Fingern, und schmale, zarte Ringe werden an großen Arbeitshänden mit breiten Fingern unpassend aussehen.

Ihre persönlichen Farben können ebenfalls Einfluß auf die Wahl Ihres Schmucks haben. Haben Sie blaue Augen, wählen Sie wahrscheinlich eher Saphire als Smaragde. Ein blasser Teint und hellblondes Haar wird eher durch Silberschmuck unterstrichen, während Gold auf dunkler Haut besonders wirkungsvoll aussieht.

Nachdem Sie sich eingeschätzt haben, ist der nächste Schritt die Musterung Ihrer Garderobe — die Kleidung, die Sie tragen und was sie über Ihre Persönlichkeit aussagt. Wenn Sie verspielte, feminine Kleider in sanften Pastelltönen bevorzugen, sollte Ihr Schmuck zur Unterstreichung dieses Bildes gewählt sein, es können zarte Filigranarbeiten, blasse Steine wie Citrin, Aquamarin, Rosenquarz und Perlen sein. Sind Sie eine auffallende Persönlichkeit und lieben grelle Farben, werden vielleicht große, kühne Schmuckstücke am besten zu Ihnen passen.

Nachdem Sie Ihre körperliche Erscheinung und Ihre Garderobe gemustert haben, sollten Sie noch einige allgemeine Regeln über das Tragen von Schmuck berücksichtigen. Als erstes ist es unklug, zuviel Schmuck zu tragen, da die Stücke, wenn sie nicht sehr sorgfältig ausgewählt sind, nicht zusammenpassen und kollidieren. Seien Sie vorsichtig beim Zusammenstellen von verschiedenen Metallsorten oder mehreren Farben. Überlegen Sie sich die Zusammenstellung Ihrer Kleidung wie die Ausstattung eines Zimmers, wenn Sie Farben für Vorhänge und Teppiche aussuchen. Eine unübliche Mischung kann überraschend effektvoll sein, aber wenn Sie sich Ihres Geschmacks nicht völlig sicher sind, ist sie wahrscheinlich eher verhängnisvoll.

Wenn z.B. die Hauptfarben Ihrer Kleidung weiß und lila sind, wird Ihre Erscheinung von einem Rubinring nicht günstig unterstrichen. Gold und Silber können erfolgreich miteinander kombiniert werden, wenn sich beide die Waage halten, aber in Verbindung mit viel Goldschmuck wirkt ein Silberring deplaziert und umgekehrt. Wenn Sie echte Goldringe mit Edelsteinen zusammen mit Modeschmuck aus billigem Gold tragen, wird z.B. der Armreif die Ringe abwerten, während er allein getragen sehr effektvoll sein kann. Wenn Ihre Kleidung schon mit Applikationen oder Zierknöpfen ausgestattet ist, sollten Sie sehr einfachen Schmuck tragen, da z.B. reich verzierte Ohrringe und Broschen vom Gesamtbild Ihrer Kleidung ablenken. Obwohl viele denken, Stil sei etwas angeborenes, kann er doch entwickelt werden. Bei Beachtung einiger Grundregeln können Sie sicher sein, daß der Schmuck, den Sie tragen, Ihre äußere Erscheinung unterstreicht und Ihrer Kleidung, ganz gleich was Sie tragen, den letzten persönlichen Schliff gibt.

Die Wahl von Farben und Formen

Farbe spielt beim Entwerfen von Schmuck eine wichtige Rolle. Einige Materialien scheinen sich zu ergänzen, während andere nicht harmonieren. Elfenbein sieht z.B. in einer Silberfassung besser aus als in Gold. Die Kühle des Silbers steigert die Farbe von Elfenbein, während Gold zum Dominieren neigt. Lapislazuli andererseits kann sowohl in Gold als auch in Silber gefaßt werden, während Rubine und Granate sich besser mit Gold vertragen. Seien Sie vorsichtig, wenn Sie verschiedene Steine am gleichen Schmuckstück verwenden wollen. Sind Sie unsicher bei der Zusammenstellung verschiedener Steine, sollten Sie sich Schmuck in Museen anschauen, oder achten bei Arbeiten von Berufsjuwelieren darauf, ob die Steine, die Sie sich vorstellen, gut zusammenpassen. Denken Sie aber daran, daß einige Museumsstücke mit den Jahren nachgedunkelt sind, so daß die Originalfarben von Metall und Steinen weicher erscheinen. Eine moderne Kopie kann dagegen grell und schreiend aussehen, besonders wenn Sie sich das Material nicht in der wie im Original verwendeten Güte leisten können. Die Form ist ein weiterer wichtiger Punkt, den Sie bei Ihrem Entwurf berücksichtigen müssen. Eine Halskette, die zu breit oder zu schwer auf den Schultern liegt und dann spitz zuläuft, sieht unproportioniert aus und wird nicht richtig sitzen. Das Gewicht einer Kette sollte immer so gering wie möglich gehalten werden. Zu schwere Ohrclips werden vom Ohrläppchen rutschen. Tropfenohrringe, bei denen zierliche und schwere Formen kombiniert sind, wirken unproportioniert und schwerfällig.

Licht

Arbeiten Sie mit durchscheinenden Steinen wie Mondstein oder Quarz, verlieren diese ihre zarte Wirkung beim Kombinieren mit starkfarbigen Steinen oder schweren Metallen. Bei durchscheinenden Tropfenohrringen müssen Sie sorgfältig auf die größte Wirkung bedacht sein. Die

Aufhängung für den Tropfen sollte so leicht wie möglich sein und mit einem Minimum an Metall auskommen. Eine kleine Kugel aus demselben Stein wie der Tropfen oder ein harmonierender Stein können sehr effektvoll ergänzen.

Baumelnde Ohrringe aus Glas oder Kunststoff sind sehr reizvoll, da besondere Lichteffekte durch Facettenschliff und unaufdringliche Fassung erzielt werden können. Die Fassung ist ebenfalls von großer Bedeutung, wenn Sie Edelsteine für Ohrgehänge verwenden. Das Licht

Brosche und Ohrringe von Dinny Hall
Als ich die Kathedrale Notre Dame in Paris besichtigte, fühlte ich mich von einer der wunderschönen Fensterrosetten so angesprochen, daß ich gewissenhaft jedes Detail abzeichnete. Später entwarf ich eine Brosche, die das tatsächliche Muster des Fensters wiedergibt. Die fertige Brosche ist eine durchbrochene, versilberte und oxidierte Messingarbeit, mit dekorativer Granulation und einem amethystfarbenen Quarz mit Cabochonschnitt in reich verzierter Fassung. Den Quarz unterlegte ich mit farbig glänzenden Schmetterlingsflügeln, die unter dem durchscheinenden Lila des Steins schimmern.
Die Ohrringe basieren auf strengen islamischen Mustern. In die Mitte jedes Ohrrings hängte ich eine bronze-rote künstliche Perle, um die Farben des oxidierten Metalls zu ergänzen.

Damaszener Ohrringe von Dinny Hall
Die Form dieser aus mehreren Teilen bestehenden Ohrhänger wurde von den strengen Mustern auf maurischen Kacheln und Friesen übernommen. Ich machte zahlreiche Zeichnungen, bis ich mit dem harmonischen Zusammenspiel der Einzelteile zufrieden war und das Ganze einen attraktiven Rahmen für das Gesicht bildete. Der leichte, durchbrochen gearbeitete Entwurf ist dekorativ und macht die Ohrringe angenehm im Tragen.
Die Ohrringe wurden mit Granulation verziert, und das Silber wurde oxidiert, um bei Bewegung den zarten Farbschimmer zu erzielen.

sollte durch die Steine scheinen können und so ihre natürliche Farbe verstärken. Der Schnitt oder Facettenschliff von Edelsteinen ruft verschiedene Lichteffekte hervor. Ein Brillantschliff funkelt am stärksten, aber er kann verwirrend sein, wenn der Stein zu groß ist. Wenn Sie einen wirklich schönen Stein haben, sollte die Fassung ihn hervortreten lassen und nicht die Aufmerksamkeit von ihm abziehen.

Gewicht und Proportion

Schmuck muß bequem zu tragen sein. Wenn er schwer oder massig ist, sieht er wahrscheinlich nicht nur schwerfällig aus, sondern er ist auch eine physische Last. Wenn Sie ein großes Paar Metallohrringe entwerfen, wird eine massive Form wahrscheinlich zu schwer am Ohr sein, während eine Hohlkonstruktion die Ohrringe praktischer macht. Ist eine Brosche zu schwer, kann sie den Stoff zerreißen, an dem sie befestigt ist, besonders wenn es sich um dünne Seide oder Satin handelt. Die Proportionen sind besonders beim Entwerfen von Ohrringen wichtig. Die Rückseite von Ohrhängern ist genauso wichtig wie die Vorderseite, deshalb muß der Entwurf von allen Seiten und Blickwinkeln gezeichnet werden. Die Aufhängung muß ebenfalls sorgfältig bedacht werden, da das Gewicht des hängenden Teils Auswirkungen auf die Gesamtproportion des Ohrrings hat.

Technik und handwerkliche Ausführung

Nach den Überlegungen zu Entwurf, Farbe, Gewicht, Balance und Proportion ist es jetzt an der Zeit, über die mehr praktischen Fragen der in Betracht kommenden Techniken nachzudenken. Ist ihre Form massiv oder plastisch, kann es am vorteilhaftesten sein, sie von einem Gießer nach einem Wachsmodell in Metall gießen zu lassen. Eine sehr zarte Silberarbeit kann in einem dreh- und biegbaren dünnem Silberdraht ausgeführt oder in feiner Durchbrucharbeit hergestellt werden.

Basieren Ihre Ideen mehr auf dem Oberflächenmuster, müssen Sie die Musterung bedenken und überlegen, mit welchen Techniken Sie den gewünschten Effekt erzielen. Wollen Sie Ihren Entwurf farbig ausführen, legen Sie mehr Wert auf die Wahl und Zusammenstellung der Steine oder die Mischung und Färbbarkeit von Metallen. Entwerfen von Schmuck macht Spaß und ist zugleich eine lohnende Aufgabe. Es ist ratsamer, mit einfachen Entwürfen anzufangen und sich Grundkenntnisse in Planung und Ausführung anzueignen, als

Kette von Charmian Inman
Die Idee zu dieser schweren Kette stammt von afrikanischen Perlen und Stoffen. Die kühnen Muster wurden auf die silbernen Teile oxidiert und lackiert. Der Lack fixiert die Zeichnung und gibt dem Metall einen angenehm matten Schimmer. Die Form der Kette ist so ungewöhnlich wie ihre Verarbeitung. Die Silberröhren sind mit Kork gefüllt und die Einzelteile mit geflochtenem schwarzen Seidengarn verbunden. Dieses System verbindet die Teile fest miteinander und läßt der Kette doch genügend Flexibilität. Die Kette wird dann um den Hals gebunden.

Bouton-Ohrstecker von Madelaine Cole
Diese Bouton-Ohrstecker aus gefärbtem und geätztem Aluminium zeigen die Faszination islamischer Zeichnungen und Kalligraphien bei Madelaine Cole. Sie sammelt ihre Ideen in Museen und Büchern, von Postkarten und in privaten islamischen Kunstsammlungen.

Maskenbroschen von Tom Binns
Diese drei Broschen sind die Vorläufer einer Reihe von Schmuckstücken, die Masken in verschiedenen Größen und Materialien darstellen. Die Entwürfe von Tom Binns sind ein persönlicher Ausdruck seiner Gefühle, obwohl er annimmt, daß das Design dieser Broschen unbewußt von Wiener Masken beeinflußt ist. links: Keramikmaske mit sprödem, matten Firnis. Der Taube führt den Blinden in Ebenholz und Elfenbein (Mitte). Schwarz gebrannte Porzellanmaske in Silberfassung (rechts).

sich gleich an zu komplizierte Stücke zu wagen. Nicht jede Idee führt zu einem erfolgreichen Schmuckstück, aber geben Sie auch nicht zu schnell auf. Haben Sie einen Entwurf umgesetzt und stellt Sie der Schmuck nicht ganz zufrieden, machen Sie das Stück noch einmal und noch einmal. Beim vierten Versuch werden Sie Ihrer Idealvorstellung sehr nahe gekommen sein, und auf dem Weg dahin haben Sie viel über Konstruktion und Ausführung gelernt. Werfen Sie

keinen Entwurf weg, bevor Sie ihn nicht voll ausgeschöpft haben. Wenn sie die verschiedenen Techniken der Schmuckherstellung ausprobiert haben und mit den Entwürfen einer Vielzahl von Stücken experimentiert haben, werden Sie feststellen, daß Ihnen einige mehr liegen als andere. Nach und nach werden Sie Ihren individuellen Stil entwickeln, und je mehr Übung Sie haben, desto leichter werden Sie anziehende und originelle Schmuckstücke herstellen.

Schlangenbrosche von Hilary Beane
Dieses Stück ist Teil einer Bühnenschmuck-
Kollektion, die für Liza Minelli angefertigt
wurde. Es ist eine bemerkenswerte Kombination aus Bergkristallen, kleinen Perlen
und goldenen Lilien.

**Krone und Scharfrichteraxt
von Hilary Beane**
Hilary Beane ist fasziniert
von königlichen Insignien
und schuf dieses farbenpräch-
tige Stück, um die Macht des
Königtums durch die Jahr-
hunderte zu zeigen. Sie ver-
wandte eine Vielzahl kleiner
Kugeln und Steine, außer-
dem ausgestanzte Metallteile
und Perlen, gefaßt in Pappmaché. Die Krone und die
Axt haben eigene Ansteck-
nadeln; eine Idee, die auf
keltische Umhangschließen
zurückgeht.

Alhambra-Kollektion von Dinny Hall

Zum ersten Mal sah ich die Alhambra (unten) vor einigen Jahren bei einem Besuch in Granada und fühlte mich sofort von der architektonischen Form und der subtilen Farbvielfalt angesprochen. Die wunderschönen Schattierungen von Gold, Türkis und Purpur, die sich mit der Masse der strengen Muster und den Wasserkaskaden der Springbrunnen mischen, inspirierten mich zu einer Schmuckkollektion. Ich machte zahlreiche Zeichnungen des Palastes und studierte später Bücher darüber. Ich isolierte einzelne Muster und experimentierte mit ihnen, bis ich die für Schmuck passendsten gefunden hatte. Dann fertigte ich Metallmodelle für jedes Stück an, um die Ausgewogenheit zu texten.

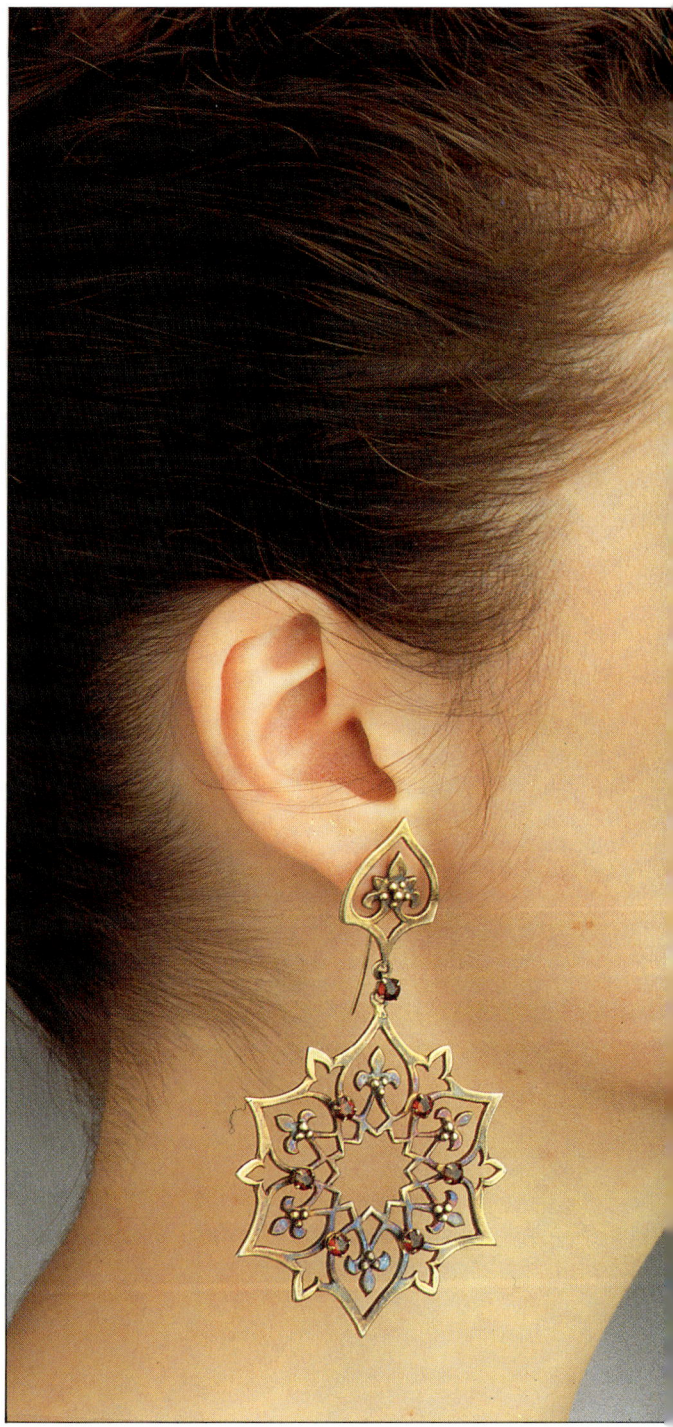

Farbreflexe
Die schimmernden Abstufungen von Gold, Purpur und Blau der Alhambra sind in den subtilen Farbabstufungen dieser Ohrringe eingefangen. Auch ihre Form stammt von den komplizierten Mustern des Mauerwerks und der Kacheln des Palastes.

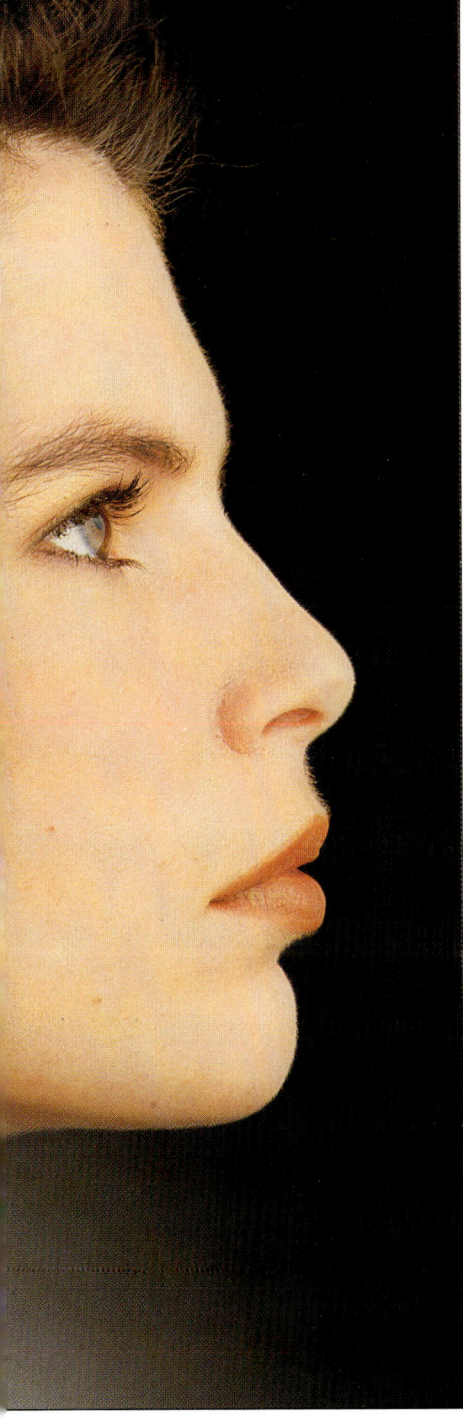

Edelsteine
Das schlichte antike Silber von Ring und Armreif gibt den perfekten Rahmen für exotische, kräftig gefärbte Steine.

Eine Fülle von Mustern
In meinen Entwürfen setzte ich mir zum Ziel, den Formenkanon der Alhambra einzufangen, bei der Zartheit und Strenge aufs engste verbunden sind.

Jane Adam

Jane Adam ist zunächst an Farbe und Muster interessiert, die Form kommt später. Ihre Farben, besonders die hier gezeigten Stücke, sind beeinflußt von Fotografien tropischer Fische und von sanften Porzellanschattierungen. Der metallische Glanz von Keramiken ist für sie eng verwandt mit dem matt metallischen Film des Aluminiums. Die Muster ihrer Stücke sind von japanischen Textilien übernommen, die aus vielen Gewebeschichten bestehen. Sie erreicht den Gewebeeffekt, indem sie ein farbenreiches über ein entsprechendes Muster aus Formen und gekrümmten Linien legt, das in das Aluminium geätzt wurde. Während die benutzten Muster aus verschiedenen Quellen stammen, ist der Schnitt der Form der individuelle Teil ihrer Arbeit.

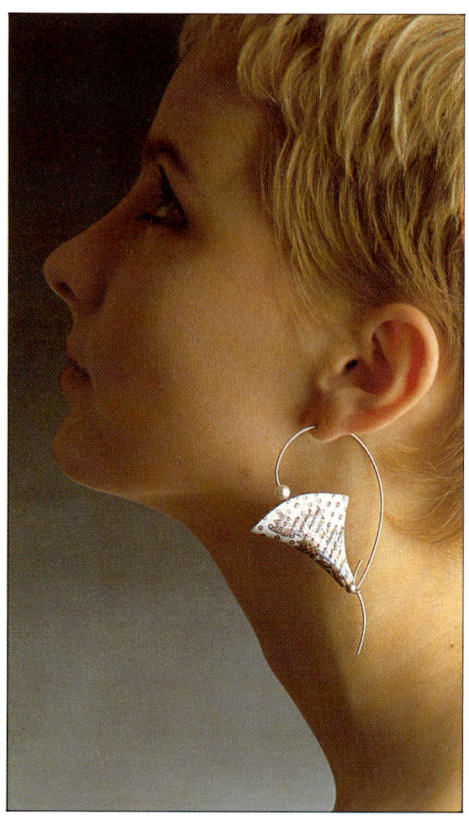

Ohrringbrosche von Jane Adam
Die drei Stücke auf dieser Seite können als Broschen, wobei die Drahtbefestigung durch den Stoff gestochen wird oder als Ohrringe getragen werden. Jedes Stück wurde aus Aluminium geschnitten, geätzt, anodisch oxidiert und eingefärbt, um ein zartes Muster zu erhalten, das sowohl gewebeartig als auch farbenfroh ist.

Tom McEwan

Tom McEwan arbeitet vorwiegend mit Titan. Für ihn ist Farbe das Wichtigste beim Schmuck. Seine kühnen Formen sind spontan und werden inspiriert durch die Linienführung in Modezeichnungen und -entwürfen. Tom fertigt Rohentwürfe aus Papier und überträgt sie dann sorgfältig auf Titan. Die Farbe wird elektrolytisch in Schichten aufgetragen; feine Abstufungen werden mit einem stromleitenden Pinsel hinzugefügt.

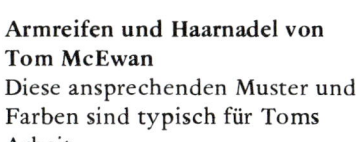
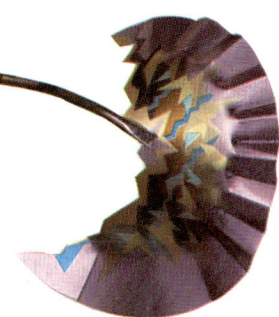

Armreifen und Haarnadel von Tom McEwan
Diese ansprechenden Muster und Farben sind typisch für Toms Arbeit.

Annabelle Ely

Annabelle Ely verkauft ihren Schmuck unter anderem an „Liberty" in London, und ihre Arbeiten werden in Galerien ganz Großbritanniens ausgestellt.

Ohrringe und Armreif von Annabelle Ely
Diese auffallenden Ohrringe wurden auf dem Titelbild von „Vogue" gezeigt und sind in vielen Farben erhältlich. Sie bestehen aus konischen Silberscheiben, die mit Silberdraht eingefaßt sind. Eine glänzende, handgeknüpfte Seidenquaste ist durch die Mitte jedes Ohrrings gezogen. Der passende Armreif entspricht der kühnen Einfachheit der Ohrringe.

Madelaine Cole

Madelaine Cole verkauft ihre Arbeiten an
Harvey Nichols und „Liberty" in London
und an Schmuckläden in New York, Japan
und Australien. Ihr bevorzugtes Material
ist Aluminium, das sie ätzt und färbt. Sie
liebt klassische Farben — Schwarz, Rot,
Silber, Gold und strenge einfache Formen.
Ihre Ideen kommen aus vielen Quellen,
aus Museen, Büchern und Postkarten,
Viktorianisches, besonders Spitze, Möbel-
beschläge, Spiegel und Stoffe inspirieren
sie zu ihren Mustern und Texturen,
während ihre Formen häufig von afrikanischen und japanischen Kunstgegenständen
beeinflußt sind.

Kamm und Ohrringe von Madelaine Cole
Die Idee zu diesem schwarzen, anodisch oxidierten Alumi-
nium-Haarkamm stammt von japanischen Entwürfen. Nach
dem Aussägen wurden Spitzenmuster in den Kamm geätzt,
die einen gewebeartigen Effekt hervorrufen. Der passende
Bouton-Ohrring zeigt — in derselben Grundform wie die
islamischen Ohrringe — wie eine einfache Form durch unterschiedliche Oberflächengestaltung verändert werden kann.

Haarkämme von Madelaine Cole
Die zarten, fast fühlbaren Muster dieser Kämme wurden in Aluminium geätzt.

Fred Riche

Fred Riche arbeitet hauptsächlich auf Bestellung,
wobei er drei bis vier
Wochen zur Fertigstellung
eines individuellen Stücks
braucht. Seine Ein-
gebungen kommen aus
Stimmungen und Natur-
erfahrungen, wie z.B. dem
Brechen von Meereswogen
oder dem durch Blätter
oder Gras streichenden
Wind. Manchmal ist er wie
besessen von einer ge-
wissen Stimmung und
zeichnet und fertigt zahlreiche Stücke, bis er end-
lich ihren sichtbaren Ausdruck gefunden hat. Seine
Sachkenntnis beim Auf-
tragen und Färben von
Email erlaubt ihm mit
dieser Technik zu experi-
mentieren, wobei er auf-
fallende individuelle
Effekte in Form und
Farben erzielt.

Stehende Brosche von Fred Riche
Die wirbelnden Farben und die bogen-
artig ausgezackte Form dieser Brosche
spiegeln die Gewalt und die Grazie
brechender Wellen. Hergestellt aus ge-
triebenem Silber, dünnen Golddrähten
und raffinierten Emailabstufungen,
kann dieses Schmuckstück als Brosche
getragen oder als Kunstobjekt aufgestellt werden.

Halskette von Fred Riche
Emaillierte Formen, Perlen und Gold
bilden eine ins Auge fallende Kombination. Das Kastenschlößchen ist auf
kluge Weise in die Form integriert; es
bildet im geschlossenen Zustand einen
kugelförmigen Körper.

Hilary Beane

Hilary Beane verkauft ihren Schmuck an Geschäfte in ganz Amerika, und zu ihren privaten Kunden zählen Liza Minelli und Madonna. Ihre Entwürfe sind von fast allem beeinflußt, was es an ornamentaler Kunst vor dem 12. und 13. Jahrhundert gab. Sie arbeitet, indem sie Formen aus der keltischen, islamischen, byzantischen und etruskischen Kunst übernimmt und sie in ungewöhnlicher Weise mit unkonventionellen Techniken kombiniert.

Brosche von Hilary Beane
Dieser farbenfrohe Entwurf ist aus Pappmaché, besetzt mit Dutzenden goldgefärbter Perlen, Bergkristall und anderen Kristallen.

Kette von Hilary Beane
Eine barocke, phantasievolle Kette aus Perlen, ausgestanzten, vergoldeten Blättern und Blüten, röhrenförmigen Türkisfassungen mit Kristallen, goldgefärbtem Metall und Bergkristall.

Martin Baker

Zu Martin Bakers Kundschaft gehören
das englische Königshaus, Aristokra-
ten, arabische Fürsten und namhafte
Kunstsammler. Seine Stücke sind im
Viktoria und Albert-Museum in London ausgestellt. Die Quelle seiner Ein-
gebungen ist eine Verbindung von in
der Natur vorkommenden Formen
und Jugendstil. Er ist fasziniert von
den Mustern, die Eis oder Wasser-
dampf auf Glas hinterläßt und von
dem zarten Körperbau der Insekten.
Er sammelt Fotos und Bücher und
verwendet viel Zeit auf das Zeichnen
der Entwürfe, bevor er seine drei-
dimensionalen Objekte beginnt.

Schneckendose von Martin Baker
Sinn für Humor und gelungene Handwerks-
kunst zeichnen dieses einzigartige Stück in
Silber und Horn aus.

Ohrringe von Martin Baker
Martins Schmuck ist zart und sehr
einfach. Diese Ohrringe aus 18karäti-
gem Gold und Mattglasperlen sind
typisch für seinen Stil.

Andrew Logan

Andrew Logan ist wahrscheinlich wegen seiner
bemerkenswerten Skulpturen bestens bekannt.
Sie sind vielteilig aus gefärbtem, zerbrochenem
Spiegelglas und Glas zusammengesetzt und
werden in der ganzen Welt ausgestellt. Sein
Schmuck ist eine Weiterentwicklung seiner Skulpturen und wurde in vielen Modezeitschriften,
Filmen und Videos veröffentlicht. Er sagt, Entwürfe nicht nur aus Büchern oder nach Museums-
besuchen entwickeln zu können, sondern kreiert
sie nach Reisen, z.B. in die Türkei, nach Indien
und Ägypten.

**Ohrringe, Armreifen und Ring von
Andrew Logan**
Die Armreife bestehen aus mit Modellierton
beschichteten gekauften Metallreifen, in die
Glas und Steine eingelegt wurden. Die Ohrringe sind aus zerbrochenen Christbaumku-
geln und Straß.

Collier und Ohrringe von Andrew Logan
Dieses prächtige Collier entstand nach einem Besuch in Ägypten und ist eine Art
Huldigung an die Pharaonen. Es ist aus
Epoxid-Modellierton in eine Torsoform
gegossen und mit Hunderten von kleinen
Perlen, zerbrochenen Glasstücken und
gefärbtem Bergkristall besetzt. Die passenden pyramidenförmigen Ohrringe sind
aus zerbrochenem Spiegelglas und Gold-
glitter.

Tom Binns

Tom Binns benutzt die in seiner Ausbildung er-
worbene Technik, aber er fühlt, daß er seinen individuellen Stil gerade in der Ablehnung aller
starrer Gestaltungsprinzipien der klassischen Gold-
schmiedekunst gefunden hat. Er verkauft seinen
Schmuck in der ganzen Welt — Deutschland,
Italien, Frankreich, Amerika, Australien —, und
seine Arbeiten werden von David Bowie, Elton
John und Michael Jackson getragen. Zur Zeit be-
wegt er sich von der Mode weg hin zum Schmuck
als reinem Kunstobjekt, das an die Wand gehängt
oder in Galerien ausgestellt werden kann.

Ohrringe und Brosche von Tom Binns
Diese aus Silber geschnittenen, vergoldeten Stücke rufen
einem die Worte des Bildhauers Brancussi ins Gedächtnis
„Einfachheit ist Vollkommenheit".

Madame Butterfly von Tom Binns
Eine einfallsreiche Kombination aus „objets trouvés"
in Form einer Brosche, die so anziehend wie ungewöhnlich ist.

**Food for thought (Stoff zum Nachdenken)
von Tom Binns**
Elegant, sogar humorvoll, zeigen diese Ohrringe mit passender Brosche, wie mit Einfallsreichtum aus täglichen
Gebrauchsgegenständen verblüffender Schmuck wird.

Schmuck von Cartier

Die großen Juwelierhäuser, wie z.B. Cartier in Paris, bilden einen großen Kontrast zu den kleineren Läden mit sehr persönlichen Entwürfen.

Cartier, gegründet 1847 von Louis Francois Cartier, ist bekannt für seinen klassischen Schmuck, der die Mode seiner Zeit widerspiegelt und doch zeitlos ist.

Armbänder aus den 40er Jahren
Diese drei Armbänder sind typisch für den Stil von Cartier in den 40ern. Beachten Sie die Art, wie jeder Verschluß perfekt in die Gesamtform einbezogen ist und ein einfacher, aber effektvoller Entwurf entstand.

Brosche aus den 50er Jahren
Eine einfache Fassung in Rot und Gold bringt diesen wunderschönen Rauchquarz zu seiner vollen Entfaltung.

Broschen aus den 40er Jahren
Das Dessin dieser Broschen ist höchst einfach, aber die Verwendung von kostbarem Material ist eindrucksvoll — eine einfache Spange aus geschnittenem Bergkristall mit kleinen Saphiren und gefärbtem Kalzedon (oben), eine 8er-Schlaufe in Weißgold mit Diamanten und Perlen (unten).

Ring von David Webb aus den 60er Jahren
Obwohl es ein schwerer Ring ist, vermittelt er durch die Transparenz des Kristalls und die Zartheit des Dessins den Eindruck von Leichtigkeit.

Steine und Schliff

Edelsteinkunde ist ein eigenes Gebiet, das den Rahmen dieses Buches sprengen würde; trotzdem ist es wichtig, einige Grundkenntnisse über Edelsteine für den Fall zu haben, daß Sie bei einem Juwelier Steine für Ihre eigene Schmuckherstellung aussuchen. Steine werden gemeinhin in zwei Gruppen unterteilt — Edelsteine und Halbedelsteine.

Diamanten, Smaragde, Saphire und Rubine werden normalerweise zu den Edelsteinen gerechnet, während die Halbedelsteine vom Aquamarin bis zum Rosenquarz ein weites Feld abdecken. Diese Unterteilung ist aber nicht sehr nützlich, besonders dann nicht, wenn es um den Preis geht, denn ein schöner Opal oder eine Perle können wertvoller sein als ein Edelstein. Deshalb ist der Begriff Edelstein als übergreifende Beschreibung der gesamten Skala von Steinen vorzuziehen.

Edelsteinarten

Der wertvollste Stein der Beryllgruppe ist der Smaragd. Die Steine von bester Qualität sind von sattem, reinem Grün, aber es gibt sie auch in vielen Farbabstufungen.

Smaragd ist ein relativ weicher Stein, was Auswirkungen auf die Art seines Schliffs hat — meistens Cabochon oder facettierter Schliff.

Der andere wichtige Stein dieser Gruppe ist der Aquamarin. Der ist von blaßblauer Farbe, und obwohl weniger wertvoll als der Smaragd, sind Steine von höchster Qualität sehr gesucht.

Rubine und Saphire sind Steine der Korundgruppe. Obgleich Rubine härter als Smaragde sind, sind sie spröde und werden normalerweise facettiert geschliffen. Saphire variieren in der

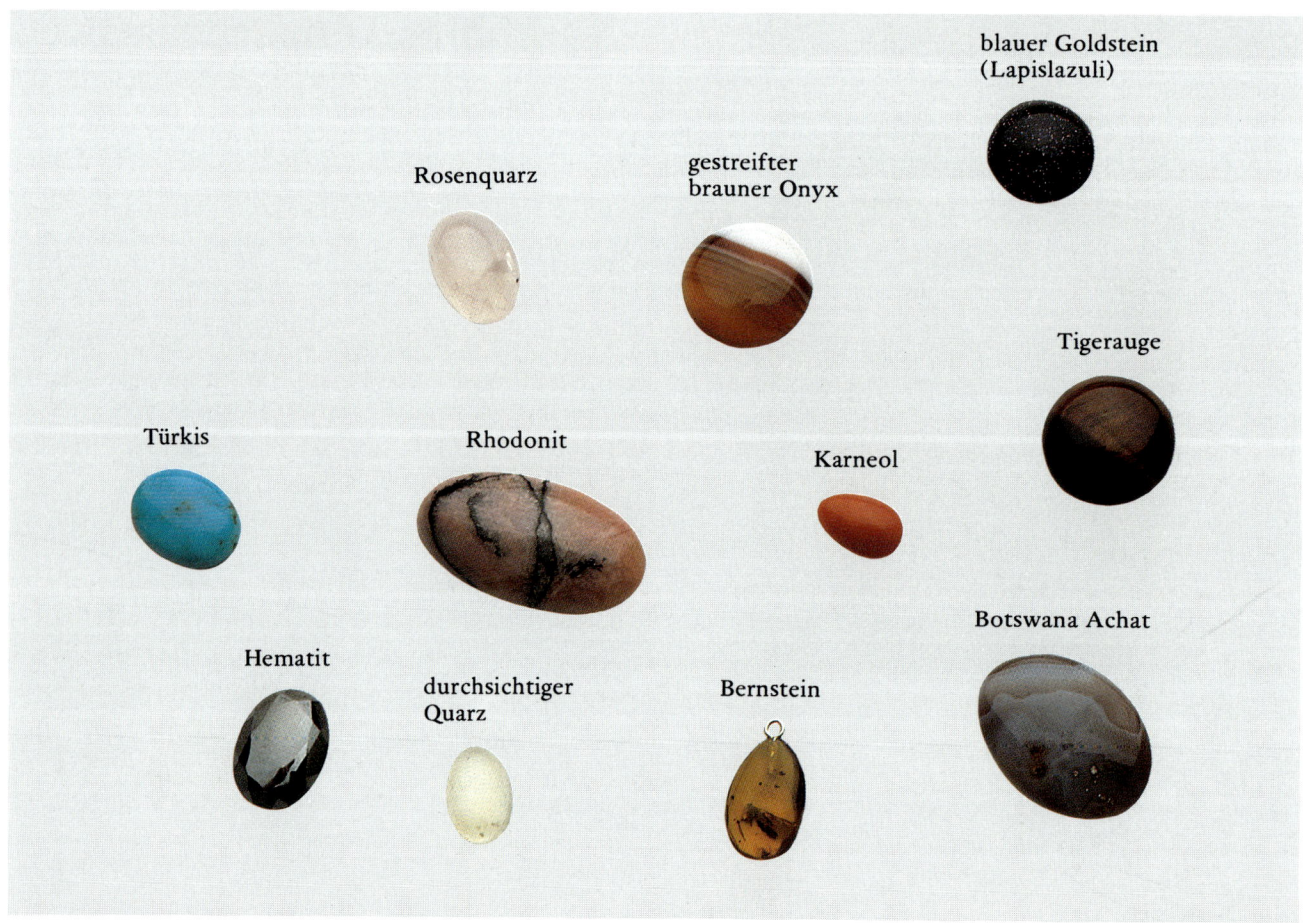

1 synthetischer Rubin; 2 Rauchquarz;
3 synthetischer Amethyst; 4 Rauchquarz; 5 Opal; 6 und 7 Citrin;
8 Amethyst; 9 Olivin; 10 Aquamarin;
11 Topas; 12 Granat; 13 natürliche
Barockperle; 14 Saphir; 15 Rubin;
16 Smaragd; 17 Milchopal; 18 Rosenquarz; 19 Diamant; 20 Smaragd;
21 Turmalin; 22 Mondstein

Drachenbrosche von Martin Baker

Diese kunstvolle, mit Rubinen und Diamanten besetzte Gold- und Emailbrosche hat eine interessante Geschichte. Sie wurde als Preis einer Schatzjagd in Auftrag gegeben und in einem Schloß in Wales versteckt – deshalb auch die Figur des Drachens, dem Wappentier von Wales. Der Diamant mit Navetteschliff ist in den Klauen des Drachens gefaßt, fast so, als wäre er der Preis selbst. Diese Zusammenstellung erfüllt die Grundanforderung an jede Fassung: Sie ist nicht nur außerordentlich originell, sondern bringt den Stein auch zu seiner vollen Geltung.

Farbe von sattem Blau über Weiß, Grün und Gelb, deshalb ist es beim Kauf wichtig, die gewünschte Farbe genau anzugeben. Saphire werden wie Rubine geschliffen.

Diamant ist das härteste uns bekannte natürliche Material, deshalb haben Juweliere über die Jahrhunderte ihre Techniken vervollkommnet, um diese wunderschönen Steine zu schleifen und zu polieren. Diamanten variieren in der Farbe von einem strahlenden Weiß, über Gelb, Blau, Braun bis hin zum Rosa.

Es gibt so viele Halbedelsteine, daß es unmöglich ist, sie alle zu erwähnen. Ich habe die nach meiner Meinung interessantesten und farbenprächtigsten der erhältlichen Steine ausgesucht.

Die größte Gruppe der Halbedelsteine bilden die Quarze. Sie variieren in der Farbe und können undurchsichtig, durchscheinend oder klar sein. Zu den Quarzen gehören Amethyst, Citrin, Rosenquarz, Chalzedon, Chrysopras, Jaspis, Achat, Onyx und Karneol.

Einer der schönsten Steine der Quarzgruppe ist der Topas, der — obwohl man gemeinhin glaubt, er sei von einem warmen Gelbbraun, — in der Färbung von farblos bis blaugrün variieren kann.

Einer der fremdartigsten und schönsten Edelsteine ist der Opal mit seinem strahlenden Feuer. Es ist ein zarter, wenig stabiler Stein, der leicht splittert oder bricht und durch Hitze oder Fett beschädigt werden kann.

Türkis und Lapislazuli werden beide seit Jahrhunderten für die Schmuckherstellung verwendet. Gute Türkise sollten lebhaft blau sein, sie können sich aber bei unsachgemäßer Behandlung mit Fett oder Wasser zu einem stumpfen Grün verfärben. Lapislazuli sollte von tiefer Aquamarinfarbe mit goldenen Flecken sein. Er ist wegen seiner Weichheit ideal für Einlegearbeiten.

Granat ist die Sammelbezeichnung für eine Vielzahl von silikathaltigen Gesteinen, deren Farbe von Blutrot über Purpur, Grün, Orange bis zu Schwarz und Gelb geht. Es sind beliebte Schmucksteine, besonders wenn sie rubinrot eingefärbt sind.

Die wenigsten der Feldspate, von denen es eine noch größere Zahl als von den Quarzen gibt, sind Edelsteine. Der bekannteste ist der hübsche, milchigweiße Mondstein und der Amazonit, der poliert von einem satten Grün ist.

Jade ist ein Sammelbegriff, der Jadeite und Nephrite umfaßt. Jadeit ist die wertvollere Steinart der beiden, und es gibt sie in einer Vielzahl von Farben, von Smaragdgrün bis Braun, Rot und Weiß. Es ist der ideale Stein zum Schnitzen, da er weich und fest ist.

Edelsteine organischer Herkunft

Die meisten Edelsteine sind Mineralien, aber es gibt auch welche wie Perlen, Jett, Korallen und Bernstein, die Produkte der Tier- und Pflanzenwelt sind. Echte Perlen werden von Austern und Muscheln ohne menschliche Eingriffe produziert und sind die wertvollsten. Zuchtperlen werden durch das Einführen eines Fremdkörpers in die Molluskenschale hergestellt — ,,gezüchtet''. Naturperlen können ganz rund oder anders geformt sein — es gibt Saatperlen, Süßwasser- oder Barockperlen, birnenförmige Perlen. Sie variieren auch in der Farbe, von Rosa-weiß bis Schwarz, Blau, Gelb und Grün.

Koralle ist das Skelett eines Meerestieres. Edelsteinkorallen sind meistens rosa oder orangerot, aber es gibt auch die selteneren schwarzen und braunen Korallen.

Jett (= Gagat), der in der viktorianischen Zeit sehr beliebt für Trauerschmuck war, besteht aus versteinertem Holz (Pechkohle) und kann wie ein Mineral geschnitten und poliert werden. Er ist spröde, aber leicht zu schleifen.

Bernstein ist das versteinerte Harz eines ausgestorbenen Nadelbaums. Es gibt ihn in einer Vielzahl von Farben, von Rot bis Gelb, Ocker und Orange. Der teuerste ist der klare orangefarbene Bernstein. Wegen seiner Weichheit ist er leicht zu schleifen und zu polieren.

Synthetische Steine

Es gibt sehr viele künstliche Steine auf dem Markt. Manche von ihnen sehen so echt aus, daß nur das geübte Auge eines Juweliers den Unterschied erkennt. Der Ersatzdiamant, bekannt als würfelförmiger Zirkon, ist der eindrucksvollste der künstlichen Steine.

Türkis kann in gepreßter Form gekauft werden — zerstoßen und wieder zusammengesetzt — was seine Farbe verstärkt, aber den Wert verringert.

Schnitt und Schliff

Die meisten der bei der Schmuckherstellung verwendeten Steine sind geschliffen. Der einfachste Schliff ist der Cabochon. Dieser weiche kuppelförmige Schliff ohne Facetten kann rund, oval, viereckig oder elliptisch sein. Die Grundfläche ist meist flach, kann aber auch konkav sein, um dem Stein mehr Farbe zu geben. Facetten werden so in Edelsteine geschliffen, daß die flachen Seiten die Brechung und Spiegelung des Lichts ausnutzen und dem Stein Brillanz und Farbe geben. Das Schleifen ist eine sehr schwierige Technik, die kein Hobbyjuwelier versuchen sollte.

Der Charakter des Steins bestimmt die Art der Fassung. Cabochons sind leichter zu fassen und geben mehr Raum für Originalität. Das Fassen eines geschliffenen Steins geschieht eher konventionell und verlangt größere Erfahrung. Das Ziel ist dabei, den Stein so zu fassen, daß er seine größte Wirkung entfalten kann. Alles in allem sollte man geschliffene Steine lieber von einem Fachmann fassen lassen, besonders wenn der Stein wertvoll ist.

Die Wahl der Steine

Da sie vor dem Kauf von Steinen wissen sollten, auf welche Merkmale Sie achten müssen, ist es ratsam, zunächst einige Bücher über Edelsteine zu lesen. Beim Besuch eines Edelsteinhändlers werden Sie mit einer verwirrenden Menge von Steinen konfrontiert werden, die alle in Qualität und Preis variieren. Ihre Auswahl wird wahrscheinlich vom Preis bestimmt sein, aber Sie sollten auch andere Faktoren bedenken. Es ist wichtig, sich einen angesehenen Händler zu suchen, da Sie sich weitgehend auf seinen Rat verlassen müssen, d.h. es ist nicht ratsam, Steine auf Märkten oder an anderen exotischen Stellen auf Reisen zu kaufen, da Sie wahrscheinlich betrogen werden, wenn Sie nicht sehr erfahren im Auswählen von Steinen sind. Auch lohnt es sich nicht, ungeschliffene Steine zu kaufen, da die Bearbeitung von Steinen sehr teuer ist. Das wichtigste Charakteristikum von Steinen ist ihre Härte und Farbe. Die Härte ist ein wichtiger Gesichtspunkt, wenn Sie Steine für ein bestimmtes Schmuckstück suchen, da ein relativ weicher Stein an einem Armreif oder Ring zerkratzt oder angestoßen werden kann und sich deshalb eher für eine Kette oder Brosche eignet.

Ist ein Stein hauptsächlich wegen seiner Farbe berühmt — z.B. Lapislazuli, Türkis, Citrin, Amethyst, Jade, Granat — gilt die Regel: je voller und reicher die Farbe, desto besser der Stein. Dieser Unterschied sollte sich im Preis wiederspiegeln. Untersuchen Sie die Klarheit eines Steins, indem Sie ihn gegen das Licht halten. Achten Sie auf Trübungen und Einschlüsse und vergewissern Sie sich, daß der Stein im Preis entsprechend bewertet ist. Die Rundung eines Cabochon sollte perfekt und die Unterseite flach sein, da der Stein sonst schwer zu fassen ist. Die Facetten eines Steins sollten sauber und ausgewogen geschliffen sein.

Grundlagen der Schmuckherstellung

Obwohl ich nicht glaube, daß man regelrechtes „Entwurfstraining" braucht, um praktischen und anziehenden Schmuck herzustellen, ist es doch wichtig, einige Kenntnisse über die grundlegenden Materialien, Werkzeuge und Techniken zu haben, die auch Fachleute benutzen, um ihren Schmuck nach höchsten Anforderungen herzustellen. Sie sollten zunächst so viel wie möglich über die Eigenschaften ihrer Materialien lernen, besonders über Metalle als dem Grundmaterial des meisten Schmucks. Das heißt nun nicht, daß Sie die gesamte komplizierte Zusammensetzung oder alle technischen Daten kennen müssen; die praktischen Seiten sind in diesem Stadium viel wichtiger. Ich habe versucht, diesen Teil so eindeutig und einfach wie möglich zu machen, indem ich die Einführung in die grundlegenden Techniken mit praktischen, schrittweise aufgebauten Projekten verband. Nach einigen einführenden Übungen sind Sie so in der Lage, das

Gelernte bei der Herstellung Ihrer eigenen anziehenden Schmuckstücke in die Praxis umzusetzen. Vielleicht stellen Sie fest, daß Sie einige Techniken schneller beherrschen als andere. Trotzdem sollten Sie die Möglichkeiten jedes Verfahrens voll ausschöpfen, vielleicht merken Sie, daß Sie Ihre schönsten Stücke mit einem Verfahren herstellen, das Ihnen zunächst mißfallen hat.

Da viele der Zangen und Werkzeuge nicht spezifisch sind, werden Sie die meisten Ausrüstungsgegenstände in Ihrem örtlichen Eisenwarenladen kaufen können. Eisenwarenläden sind auch eine gute Bezugsquelle für einige der von Ihnen benötigten Chemikalien, außerdem für Epoxidkleber, Messingketten und -ringe, Bürsten, Behälter, Terpentin und Reinigungsmittel. Speziellere Ausrüstungsgegenstände erhalten Sie in Läden für Kunstgewerbe- oder Goldschmiedebedarf.

Das Einrichten der Werkstatt

Sie brauchen keine große Fläche, um eine Goldschmiedewerkstatt einzurichten. Fast jeder Raum — Mansarde, Waschküche, Keller, Schuppen oder Garage — kann in einen funktionierenden Arbeitsraum umgewandelt werden. Es ist jedoch weder praktisch noch sicher, Ihre Küche oder einen anderen, stark frequentierten Teil Ihrer Wohnung zu benutzen, denn die Schmuckherstellung kann eine ziemlich schmutzige Angelegenheit sein; außerdem werden Sie gefährliche Chemikalien benutzen.

Luftzufuhr und Licht

Bei der Einrichtung Ihrer Werkstatt sind Sauerstoffversorgung und Licht die wichtigsten Faktoren, die Sie berücksichtigen müssen. Sie brauchen eine angemessene Belüftung — entweder große Fenster oder einen Ventilator mit Außenverbindung — für die Arbeitszeit mit Chemikalien. Natürliches Licht ist stets vorzuziehen; wenn Sie sich mit künstlichem Licht begnügen müssen, achten Sie darauf, daß es ausreichend hell und günstig plaziert ist.

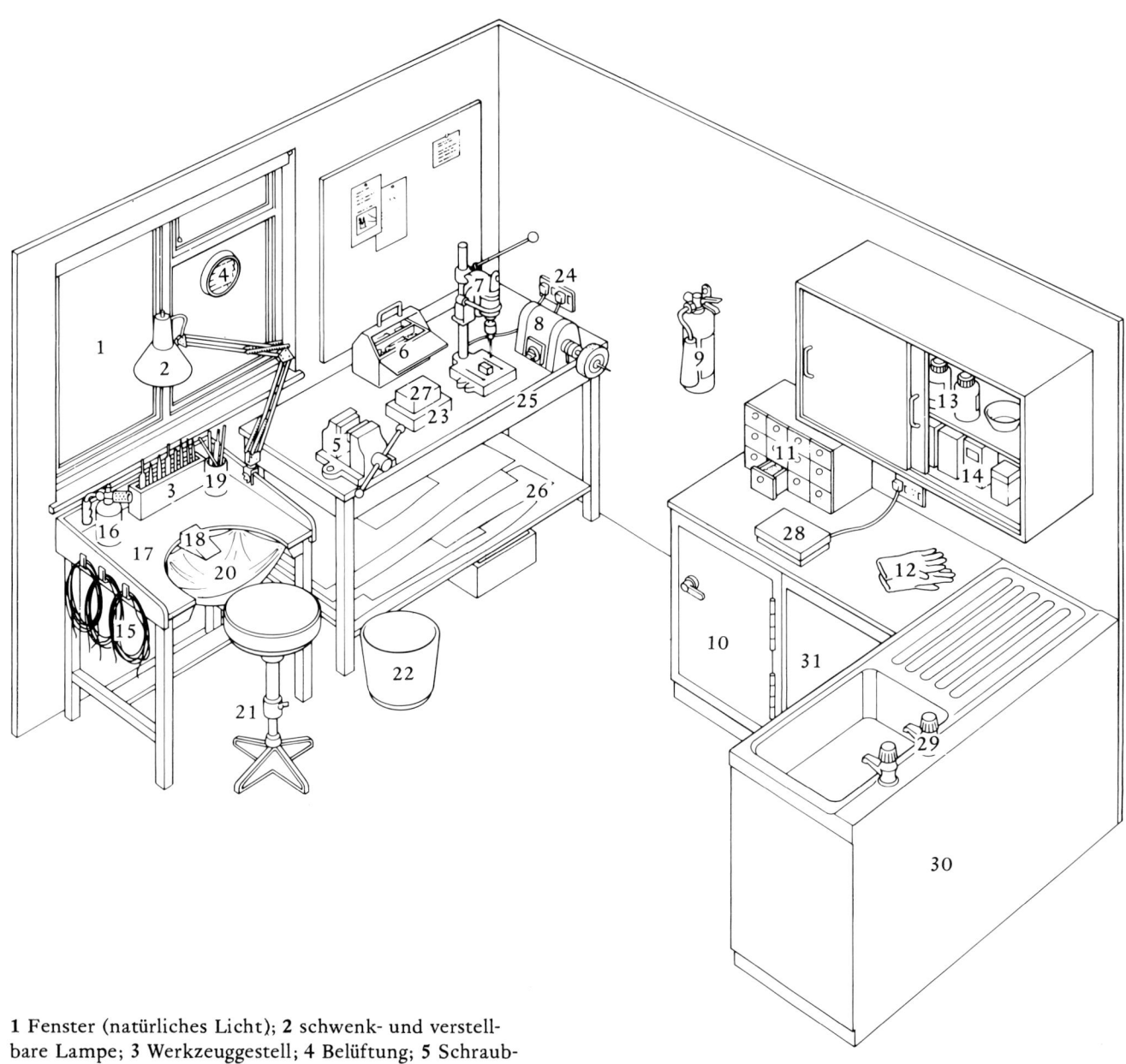

1 Fenster (natürliches Licht); 2 schwenk- und verstellbare Lampe; 3 Werkzeuggestell; 4 Belüftung; 5 Schraubstock; 6 Werkzeugkasten; 7 Elektrobohrer; 8 Polierscheibe; 9 Feuerlöscher; 10 stabiler verschließbarer Schrank für gefährliche Chemikalien; 11 kleine Schubladen für Verschlüsse, Verbindungsstücke usw.; 12 Handschuhe; 13 Säuren; 14 Harze; 15 Drahtrollen; 16 Gaslötbrenner; 17 Werkbank; 18 Feilnagel; 19 Bleistiftbehälter; 20 Lederstück, „Fell" genannt, um Metallspäne usw. aufzufangen; 21 Drehstuhl (besser ist ein fünfbeiniger Stuhl); 22 Abfalleimer; 23 feuerfeste Holzkohleunterlage;

24 Stromanschluß; 25 stabiler Tisch; 26 Brett oder Fach für Metalle; 27 Bretteisen; 28 Kochplatte oder Gaskocher; 29 Wasserzufluß; 30 Raum für Reinigungsutensilien; 31 Kühlschrank

Gesundheit und Sicherheit

Eine Goldschmiedewerkstatt ist wahrscheinlich nicht gefährlicher als jede Durchschnittsküche, aber man muß sich der möglichen Gefahren bewußt sein. Die meisten Sicherheitsvorkehrungen verstehen sich von selbst, doch gibt es Bereiche, die besondere Aufmerksamkeit erfordern, besonders wenn Sie kleine Kinder haben.

Chemikalien

1. Die Behälter müssen sicher verschlossen und außerhalb der Reichweite von Kindern aufbewahrt werden.

2. Bei der Arbeit mit Chemikalien oder anderen gefährlichen Stoffen sollten Sie stets Gummihandschuhe ohne Löcher tragen.

3. Nahrungsmittel und Getränke nie in Kontakt mit Säuren, Flußmitteln, Blei, Harzen und Poliermittel bringen.

4. Bei der Verwendung von Säuren stets in der Nähe von fließendem Wasser arbeiten.

Ausrüstung

1. Lassen Sie kleine Kinder nie unbeaufsichtigt in Ihre Werkstatt.

2. Beim Gebrauch von Bohrer und Polierer binden Sie langes Haar zurück.

3. Es ist ratsam, keinen baumelnden Schmuck oder Kleidung mit weiten, flatternden Ärmeln zu tragen.

4. Tragen Sie geschlossene Schuhe für den Fall, daß Sie ein Stück rotglühendes Metall oder einen schweren Gegenstand fallenlassen.

Allgemeine Sicherheitsregeln

1. Drehen Sie den Gashahn nach Gebrauch sofort wieder ab.

2. Halten Sie einen Feuerlöscher und einen Erste-Hilfe Kasten griffbereit. Der Erste-Hilfe-Kasten sollte Pflaster, ein antiseptisches Mittel und Brandsalbe für kleinere Verbrennungen enthalten.

3. Tragen Sie — falls notwendig — eine Schutzbrille.

4. Arbeiten Sie nicht bei schlechtem Licht, und benutzen Sie einen Stuhl in der richtigen Höhe.

Wasser und Elektrizität

Fließendes Wasser ist in Ihrem Werkraum von Vorteil, sollte dies nicht möglich sein, achten Sie stets darauf, einen genügenden Wasservorrat in der Nähe zu haben. Ein Stromanschluß ist unbedingt notwendig, sowohl für Lampen als auch für die Werkzeugmaschinen. Achten Sie bei der Planung Ihrer Werkstatt auf die Lage des Stromanschlusses.

Arbeitsraum

Ihr Arbeitsraum sollte so groß sein, daß Sie bequem eine Werkbank sowie Regale, Schränke und Fächer für Werkzeuge, Chemikalien und Material aufstellen können. Außerdem muß Platz für Bohrer und Poliergerät vorhanden sein. Im Idealfall sollten Sie noch genügend Raum für Zubehörmaterial haben.

Möbel

Das wichtigste Stück der Werkstatteinrichtung ist die Goldschmiedewerkbank. Sie sollte ca. 90 cm hoch und aus solidem Holz sein, mit einer halbrunden Ausbuchtung, so daß Sie Ihre Arbeit dicht vor sich haben. Es ist ratsam, sich eine fertige Werkbank zu kaufen. Außerdem brauchen Sie einen Drehstuhl oder -hocker, eine solide Unterlage zum Hämmern, z.B. einen stabilen Tisch oder einen abgesägten Baumstamm, einen Kühlschrank für Chemikalien und Acrylharze, und Haken, um Werkzeuge, Drahtrollen usw. aufzuhängen.

Werkzeuge

Sie brauchen zunächst nicht alle in diesem Buch aufgeführten Werkzeuge, aber die folgenden sind für die Herstellung von professionell aussehendem Schmuck unentbehrlich: Goldschmiedelaubsäge, Zange, Feilen, Pinzette, Blechschere, Bohrer, Lötblock, Feilnagel, Chemikalien zum Beizen, Lötpistole oder Gasbrenner mit Flaschengas, Flußmittel, diverse Hämmer, Holzhammer, Stahllineal, Schmirgelpapier und Schmirgellatten, eine Scheibe mit Polierrot und Tripelmop, Ringriegel, Reißnadel, Reinigungsbürsten, Drahtbürste und Bretteisen.

Werkzeuge und Zubehör

Wenn Sie anfangen, Schmuck herzustellen, brauchen Sie zunächst nur einige Ausstattungsstücke, andere können Sie je nach Bedarf nach und nach kaufen. Die hier abgebildeten Werkzeuge reichen für den Anfang.

1 gebogene Blechschere (Figurenschere); 2 Blechschere; 3 Parallelflachzange; 4 gebogener Polierstahl; 5 Schere; 6 Holzhammer, oder ein mit Leder, Gummi oder Plastik überzogener Bleihammer; 7 Skalpell; 8 Spann- und Polierhammer; 9 Niethammer; 10 Stahllineal; 11 Schmirgelpapier in Blattform, feine bis grobe Körnung; 12 Schmirgellatte; 13 Boraxkegel und Untersatz; 14 Sperrhaken (Amboß), um konische Formen und ausgewogene Bögen

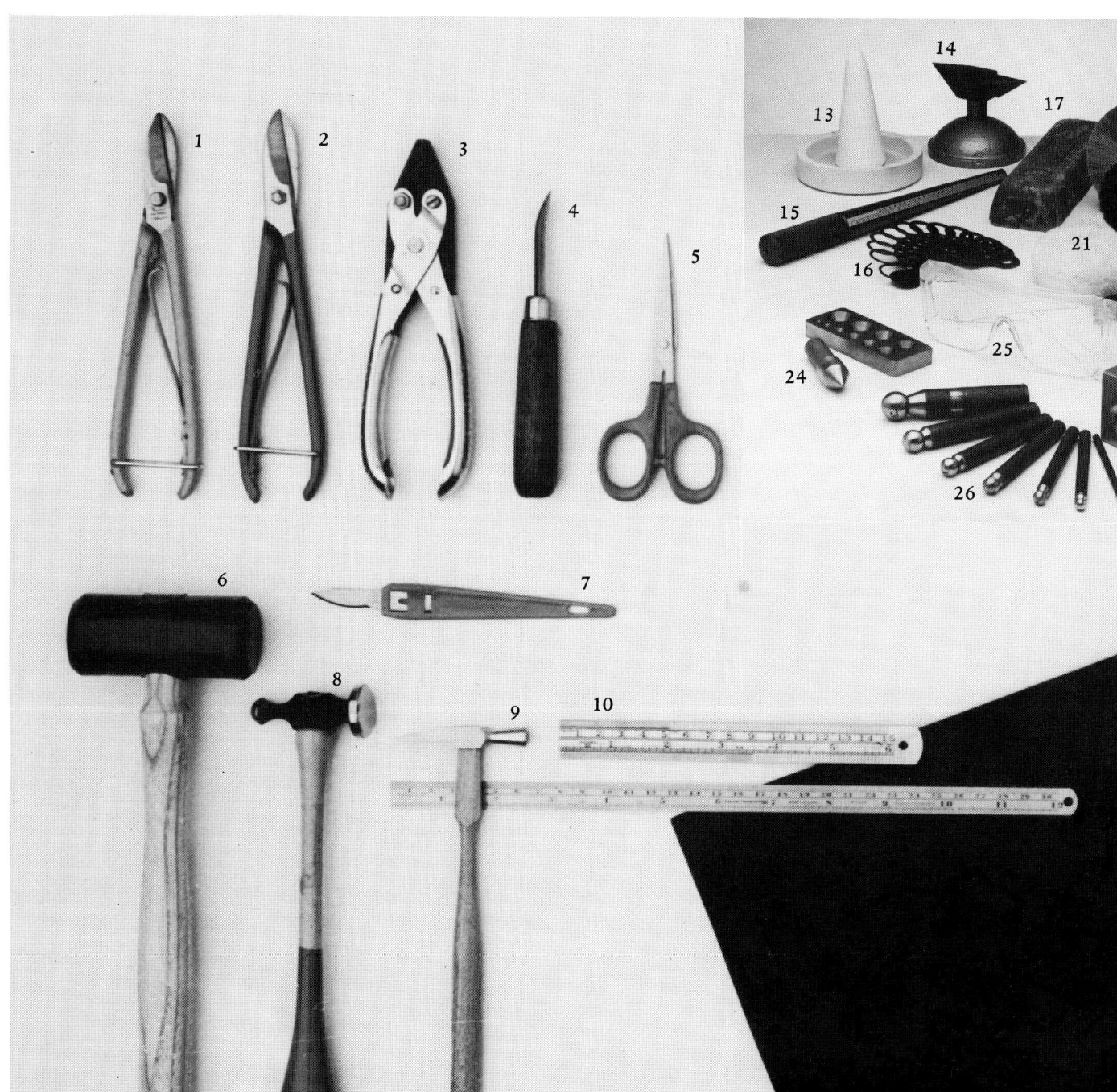

herzustellen; **15** standardisierter Ringstab oder Ringriegel; **16** Satz verschiedener Ringgrößen; **17** Tripel in verschiedenen Schleifgraden; **18** Messingrundbürste; **19** Filzscheibe; **20** Schwabbelscheibe; **21** Polierrotrundbürste; **22** kleine Polierrundbürste; **23** Butangaslötpistole; **24** Fassungsgesenk mit Dorn; **25** Schutzbrille; **26** Satz von Treibfäusten; **27** Würfelanke; **28** Drahtschneider; **29** Langbeckzange; **30** Rundzange; **31** Flachzange (Allzweckzange); **32** Spitzzange; **33** Lötkreuzpinzette mit Feder; **34** Messingpinzette; **35** Plastikpinzette für Chemikalien und Säuren; **36** Reißnadel; **37** runde Nadelfeile; **38** halbrunde Nadelfeile; **39** flachstumpfe Nadelfeile; **40** Vierkantfeile; **41** flachstumpfe Feile; **42** halbrunde Feile; **43** Bretteisen; **44** Körner; **45** Zirkel; **46** Goldschmiedelaubsäge und eine Auswahl Sägeblätter von fein bis grob

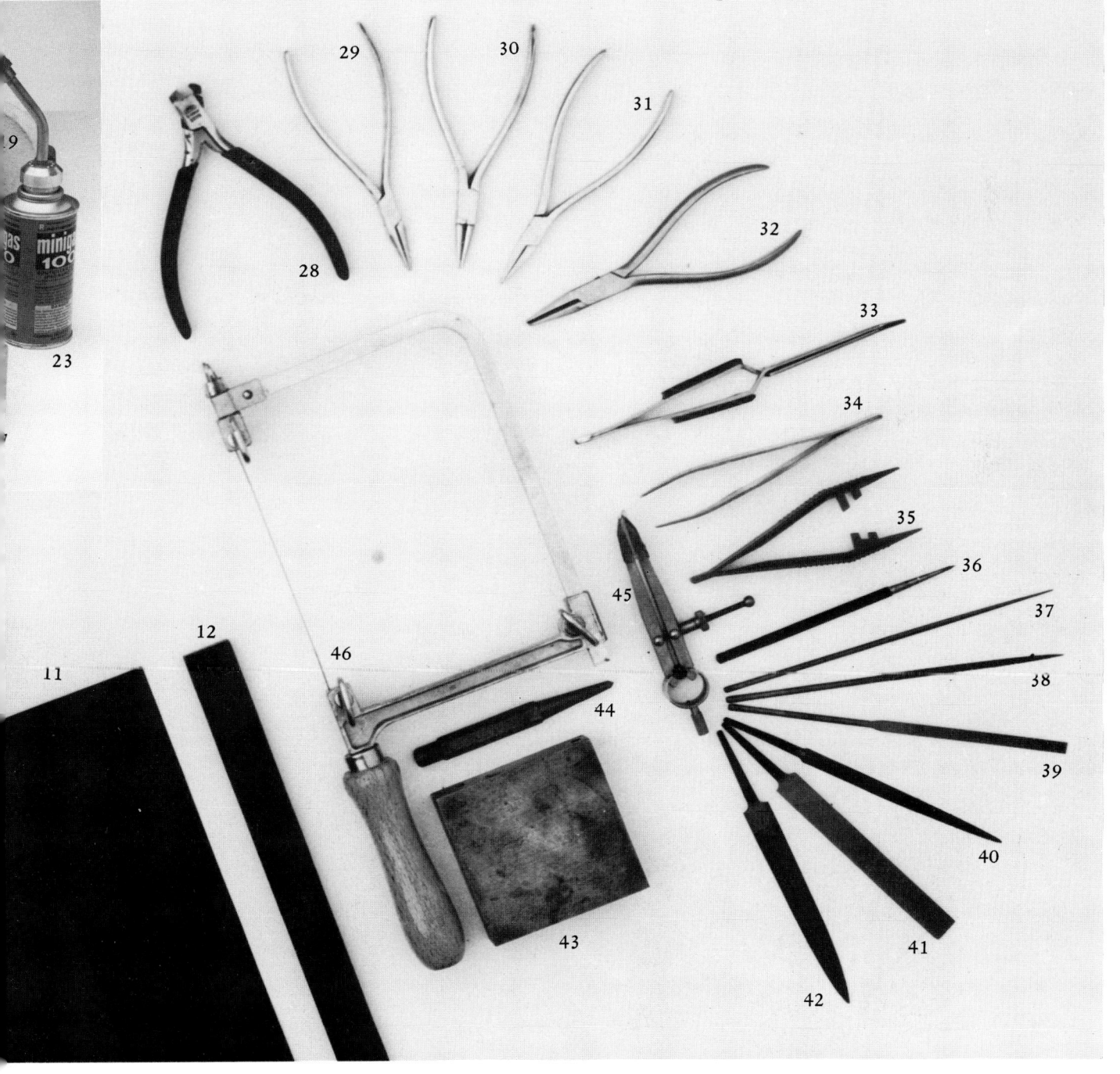

Grundkenntnisse über Schmuck

Löten, Bohren, Gravieren, Treiben sind alles Fertigkeiten, die wir eher mit der heutigen Schmuckherstellung verbinden, als mit jener der Vergangenheit. Heute ist die Auswahl so groß, daß moderne Goldschmiede die genau passende Herstellungsweise für eine bestimmte Kreation auswählen können.

Nichteisenmetalle

Der Begriff „Nichteisenmetalle" besagt, daß das so bezeichnete Metall kein Eisen enthält. Alle Edelmetalle fallen unter diese Kategorie.

Gold ist das am häufigsten gebrauchte Edelmetall. Seine Qualität, der Feingehalt, wird in Karat angegeben. Je höher die Karatzahl, desto qualitativ wertvoller ist es.

Verwechseln Sie die in diesem Zusammenhang gebrauchten Begriffe nicht mit ihrer Verwendung bei Edelsteinen; im letzteren Fall wird Karat als Gewichtsmaßstab gebraucht.

24-karätiges Gold ist als Feingold bekannt. Es ist gänzlich rein und deshalb sehr weich und gelb in der Farbe. Diese Weichheit bedeutet, daß es bei der Schmuckherstellung keine Verwendung findet, sondern hauptsächlich zum Vergolden benutzt wird.

22-karätiges Gold ist gelb oder hellgelb. Es ist kein reines Gold, sondern eine Legierung aus Gold und Feinsilber oder Kupfer. Der Prozentsatz des Reinmetalls der Legierung wird in Teilen pro Tausend angegeben. 22-karätiges Gold besteht aus 907 Teilen Gold. Wie das 24-karätige Gold ist es sehr weich und wird am besten für Ziselier- oder Treibarbeiten oder zum Gießen kleinerer Objekte verwendet.

1 biegsames Drahtnetz; 2 geflochtener Drahtstreifen; 3 Kupferfolie; 4-9 runde, halbrunde und streifenförmige Stäbe und Draht in verschiedenen Dicken; 10 dekorative, ausgestanzte Borte; 11 Fassungsgalerie; 12-16 ausgestanzte Kupferbleche; 17-18 maßgeschnittene Metallbleche

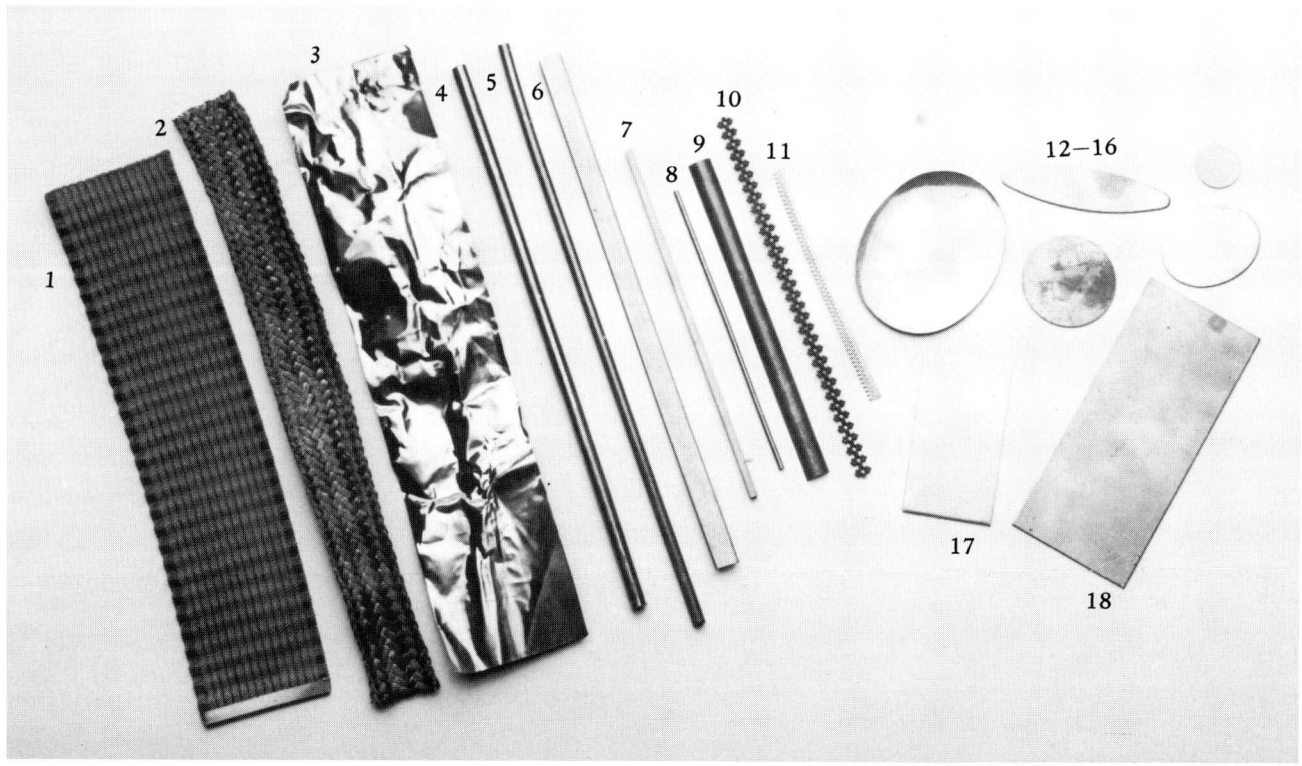

18-karätiges Gold (750/1000) ist gewöhnlich leicht rot oder gelb, obwohl es, abhängig von der Legierung, auch tiefgelb, rot, orangerot oder sogar weiß sein kann. Die gebräuchlichsten Legierungsmetalle sind Silber, Kupfer, Nickel — oder zusammen mit Weißgold — Zink. 18-karätiges Gold ist in der Schmuckherstellung sehr gebräuchlich, da es verformbar und hart ist.

14-karätiges Gold (585/1000) ist grüngelb, blaßgelb, dunkelgelb, rotgelb, rotorange oder weiß, wiederum abhängig von der Legierungsbeimischung aus Feinsilber, Kupfer, Nickel oder Zink.

9-karätiges Gold (375/1000) ist rot oder gelb. Es wird meistens für die Massenschmuckproduktion verwendet. Es ist ziemlich hart, aber es verfärbt sich leicht bei Erhitzung. Es ist die niedrigste der erhältlichen Goldqualitäten.

Normalerweise ist reines Silber zu weich, um bei der Schmuckherstellung Verwendung zu finden, obwohl es sich für einige dekorative Formen gut eignet (siehe unten). Um es härter zu machen, wird Kupfer zugegeben, dadurch werden verschiedene Qualitätsabstufungen erzielt.

Feinsilber ist reines Silber. Es ist weich und verformbar und deshalb ideal für Treib- und Ziselierarbeit. Bei dieser Technik zieht man buchstäblich den Entwurf und die Ornamentierung dreidimensional durch Treiben und Ziselieren vom flachen Metall hoch.

Britanniasilber (948/1000) ist mit Kupfer legiert; wie Feinsilber ist es weich und verformbar.

Sterling- oder Standardsilber (925/1000) ist die gebräuchlichste Silberart, auch sie ist mit Kupfer legiert. Obwohl dieses Silber sehr leicht zu bearbeiten ist, darf es nich überhitzt werden, da sonst das Kupfer oxidiert und sich Flecke von Kupferoxid auf der Oberfläche bilden. Dieser Vorgang ist als Korrosion bekannt. Normalerweise kann man Korrosionsflecke von der betroffenen Oberfläche wegpolieren, aber in schweren Fällen kann es sein, daß das Schmuckstück mit Silber plattiert werden muß, um die Trübung zu verbergen.

Die anderen Nichteisenmetalle, auf die Sie stoßen werden, sind Kupfer, Messing, Vergoldungsmetall, Tombak (obwohl dies nur von historischem Interesse ist, da es heute nicht mehr hergestellt wird), Nickel, Nickelsilber, Bronze, sogenanntes Weißblech, Hartzinn und Aluminium.

Zink ist selten allein gebräuchlich, da es zu spröde zum Bearbeiten ist, aber es ist in fast allen hier aufgeführten Legierungen enthalten.

Kupfer ist entweder weich oder hart. Im Reinzustand ist es von einem warmen Rosarot. Es ist verformbar, geschmeidig und leicht zu gestalten und vergleichsweise billig. Dies macht es zu einem idealen Material für Sie, wenn Sie mit Ihren ersten Schmuckexperimenten beginnen. Vorausgesetzt, daß das von Ihnen verwendete Kupfer rein ist, können Sie es mit Silber- oder Bleilot löten. Trotzdem hat Kupfer zwei Nachteile. Erstens verbiegt oder verzieht es sich aufgrund seiner Weichheit leicht, zweitens bilden sich leicht Flecke, so daß Sie die fertige Oberfläche plattieren sollten; Sie können die Oberfläche auch mit Chemikalien oxidieren, um so interessante Grün-, Braun- oder Schwarztönungen zu erreichen, oder Sie lackieren mit klarem Metallack, obwohl dies die natürliche warme Schönheit des Kupfers etwas beeinträchtigt.

Messing ist eine Kupfer-Zinklegierung. Es ist stärker und härter als reines Kupfer, wobei seine Farbe von dem Zinkgehalt abhängt, die von blassem Gelb bis Gelb variieren kann.

Vergoldungsmetall ist eine Form von Messing. Der Unterschied besteht in dem sehr hohen Kupfer- und geringen Zinkgehalt. In der Farbe ist es Gold sehr ähnlich, dies ist der Grund dafür, daß eine seiner Varianten — Tombak — von den Goldschmieden des 19. Jahrhunderts als Goldimitat verwendet wurde.

Nickel ist ein hartes, grausilbernes Metall, das gewöhnlich in Legierungen vorkommt. Wegen seiner Härte benutzen Modeschmuckhersteller es häufig, um Ketten, Schließen und Ösen herzustellen.

Nickelsilber hat seinen Namen aufgrund seiner Farbe, die sehr der von Silber ähnelt; tatsächlich sind seine Bestandteile Kupfer, Nickel, Zink. In Drahtform wird es beim Vernieten und als Rohmaterial für Broschennadeln gebraucht.

Weißblech ist eine Zinnlegierung; es wird zum Gießen von billigem Modeschmuck benutzt. Es ist schmutzig weiß und sehr leicht.

Zinn ist das weichste der Nichteisenmetalle, das bei der Schmuckherstellung benutzt wird. Grundsätzlich besteht es aus einer Zinnlegierung mit geringeren Zusätzen von Blei, Kupfer und/ oder Zink. Es hat einen außergewöhnlich niedrigen Schmelzpunkt und läßt sich gut hämmern oder gießen.

Aluminium ist leicht im Gewicht und hell in der Farbe. Häufig wird es für Modeschmuck benutzt, da es in unterschiedlichen Schattierungen eingefärbt werden kann und außerdem leicht zu ätzen und zu prägen ist.

Eisenhaltige Metalle

Gußeisen kann in der Schmuckherstellung verwendet werden, obwohl es gemeinhin zu spröde für feine Arbeit ist. Der Hauptnachteil dieses Metalls ist, daß es zu schnell rostet und korrodiert. Im 19. Jahrhundert stellten Berliner Goldschmiede trotzdem einige schöne gegossene Eisenarbeiten her, die durch eine dicke schwarze Oxidschicht vor Korrosion geschützt wurden.

Baustahl (Schmiedeeisen) hat einen geringen Kohlegehalt, ist weich und widerstandsfähig. Obwohl er in der Schmuckherstellung nicht oft verwendet wird, kann er in heißem und kaltem Zustand geschmiedet werden.

Rostfreier Stahl (Edelstahl) hat eine Eisengrundlage mit Chrom und/oder Nickelbeimischung. Er ist sehr korrosionsbeständig und behält die äußere Politur für einen beträchtlich langen Zeitraum. Obwohl er schwierig zu löten ist, kann man sowohl mit Loten, die einen niedrigen als auch mit solchen, die einen hohen Schmelzpunkt haben, arbeiten. Moderne Goldschmiede färben Stücke aus rostfreiem Stahl häufig und geben ihnen entweder ein hochglänzendes oder ein mattes „finish".

Widerstandsfähige Metalle

„Widerstandsfähig" bedeutet streng genommen, schwer zu schmelzen oder zu bearbeiten. Diese Metalle teilt man in zwei Gruppen — Metalle mit hohem Schmelzpunkt (über dem von Eisen) und leichte Metalle von geringer Dichte. Zu den ersteren zählen Titan, Niobium, Tantal, Platin, Chrom, Palladium, Rhodium und ihre Legierungen; die zweite Gruppe umfaßt Aluminium, Magnesium und ihre Legierungen.

Platin ist das teuerste der Edelmetalle. Dies, zusammen mit seinem außerordentlich hohen Schmelzpunkt, macht es zu einem ungeeigneten Material für Sie zum jetzigen Zeitpunkt, außerdem ist es durch seine Härte und geringe Verformbarkeit schwer zu bearbeiten. Professionelle Goldschmiede verarbeiten Platin in Verbindung mit Edelsteinen, besonders Diamanten.

Chrom und Rhodium werden gewöhnlich bei der Plattierung benutzt. Das erste wird für billigere Stücke verwendet. Rhodium hat ein glänzendes „finish" und wird zur Plattierung von Weißgold verwendet.

Titan, Niobium und Tantal sind ebenfalls teuer, deshalb sollten Sie diese Metalle erst dann verwenden, wenn Sie sich Ihrer Fähigkeiten sicher sind.

Aussägen, Feilen und Polieren

Da Metalle so wichtig sind, sollten Sie die grundlegenden Metallbearbeitungstechniken kennen.

Zum Sägen benötigen Sie eine Goldschmiede-Laubsäge. Zusammen mit einer Zange ist dies das wichtigste aller Werkzeuge, da die Säge nicht nur Metalle, sondern auch Holz, Muschelschalen, Elfenbein und Kunststoff schneidet. Kaufen Sie eine mit verstellbarem Rahmen, damit dieser zu unterschiedlich langen Sägeblättern paßt. Halten Sie die Säge stets senkrecht mit nach unten zeigenden Sägezähnen, da es im Gegensatz zur Holzverarbeitung der nach unten führende Strich ist, der die Sägearbeit leistet. Sie können Sägeblätter im Bund kaufen. Die Feinheit des benötigten Blatts hängt von der Dicke des zu bearbeitenden Materials oder der Feinheit des Entwurfs ab. Für komplizierte Arbeiten benötigen Sie ein sehr feines Sägeblatt (Abstufung 8/0 bis 3/0), Standardsägeblätter gehen von 2/0 bis 1/0, grobe Sägen gehen aufwärts von 1 bis 4. Diese Abstufungen basieren auf der Anzahl der Sägezähne pro Zoll — je feiner das Sägeblatt, desto höher die Anzahl der Zähne. Je dicker das zu bearbeitende Material ist, desto grober muß die benötigte Säge sein. Beim Einpassen jedes Sägeblatts müssen Sie sich vergewissern, daß es sicher im Rahmen befestigt ist. Bevor Sie es sichern, sollten Sie überprüfen, daß die Zähne nach unten zeigen — dies mag Ihnen als eine übertriebene Vorsichtsmaßregel erscheinen, aber sie ist es wert, erwähnt zu werden. Sichern Sie das obere Ende zuerst, indem Sie die obere Schraube der Säge fest anziehen. Drücken Sie das Ende der Säge gegen einen festen Gegenstand, z.B. Ihre Werkbank, und ziehen Sie die untere Schraube an, um das andere Ende des Sägeblatts zu sichern. Überprüfen Sie die endgültige Spannung sorgfältig. Ziehen Sie die Schrauben zu fest an, kann das Sägeblatt brechen, wenn Sie zu sägen anfangen; sitzt das Sägeblatt andererseits zu locker, wird es sich verbiegen, und Sie verlieren die Kontrolle über die Sägerichtung.

auf und nieder, während Sie gleichzeitig den Rahmen drehen, bis das Sägeblatt in eine andere Richtung zeigt. Verzweifeln Sie nicht, wenn Sie zunächst einige Sägeblätter zerbrechen — wie alle Techniken der Schmuckherstellung braucht perfektes Sägen Übung. Wenn Sie stets daran denken, den Rahmen senkrecht zu halten, wird Ihr Sägeblatt eine beträchtliche Zeit halten — manchmal bis es stumpf ist und ersetzt werden muß.

Aussägen des Entwurfs

Sie können Ihren Entwurf mit einer Reißnadel direkt auf das Metall auftragen oder ihn zunächst auf Zeichenpapier (Karo- oder Millimeterpapier) ausführen und diesen dann mit doppelseitigem Klebeband auf dem Metall befestigen. Wählen Sie die günstigste Stelle, um mit dem Aussägen zu beginnen, und markieren Sie diese mit einer drei- oder viereckigen Nadelfeile (s. unten). Durch diese Kerbe erhält das Sägeblatt im Metall Halt. Vor dem Sägen reiben Sie das Sägeblatt mit Bienenwachs so ein, daß etwas Wachs an den Zähnen hängenbleibt — dieses Gleitmittel dient dazu, das Sägeblatt am Steckenbleiben im Schnitt zu hindern. Wie schon erwähnt, halten Sie das Sägeblatt stets in senkrechter Stellung und das zu sägende Metall fest in der einen Hand, den Griff der Säge in der anderen. Sägen Sie mit langen, regelmäßigen Bewegungen, und nutzen Sie die volle Länge des Sägeblatts. Um Ecken zu umsägen, bewegen Sie das Sägeblatt wackelnd

Sägen von Metallblechen. Halten Sie die Säge stets senkrecht und sägen Sie mit langen, gleichmäßigen, nach unten gerichteten Strichen.

Feilen

Es gibt ein großes Spektrum davon; die folgenden sind unentbehrliche Anschaffungen. Sie benötigen eine flache Allzweckfeile mit breiter Oberfläche zum Zurichten und Abschrägen von Kanten und um plane Fugen herzustellen. Diese Feilen gibt es in verschiedenen Feinheitsabstufungen (Hieb 2 ist das Durchschnittsmaß). Eine Dreikantfeile ermöglicht winklige Ecken zu bearbeiten. Sie kann ebenfalls für glatte Oberflächen benutzt werden. Eine halbrunde Feile ist unentbehrlich zum Bearbeiten innerer Rundungen, zum Beispiel an Ringen oder Armreifen. Die flache Seite kann für herkömmliches Feilen benutzt werden. Für weichere Rundungen brauchen Sie eine Vogelzungenfeile mit zwei gerundeten Seiten. Die Rundungen dieser Feile sind weniger ausgeprägt als die der halbrunden Feile.

Eine der wichtigsten Erwerbungen wird ein Satz Nadelfeilen sein, mit denen Sie die Stellen, die ansonsten unerreichbar wären, bearbeiten können. Obwohl Sie diese Feilen einzeln kaufen können, ist ein Zwölferpack eine gute Investition, denn je mehr Sie davon haben, umso besser. Für sehr feine Arbeiten können Sie Uhrmacherfeilen benutzen, die noch feiner sind oder Riffelfeilen, deren Enden in verschiedenen Formen auslaufen. Es gibt 18 verschiedene Riffelfeilen.

Feilarbeiten

Üben Sie das Feilen zunächst an einem eckigen Stück Metall, dann an einem runden. Halten Sie Ihre Arbeit gut fest, und feilen Sie in langen, gleichmäßigen Strichen, indem Sie das Werkzeug fest packen und in dauerndem Kontakt mit dem Metall lassen. Ihr Handgelenk sollte die Bewegung

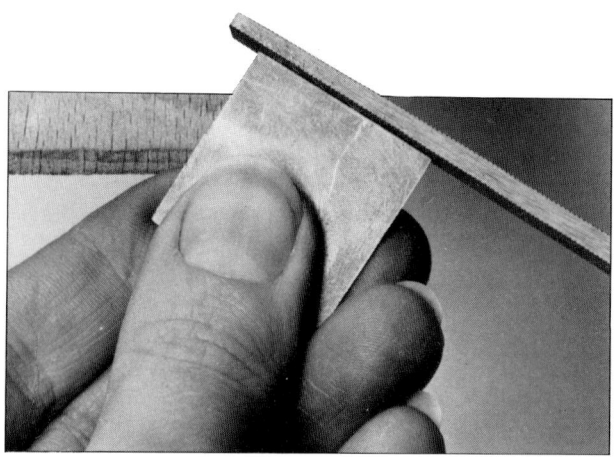

Feilen von Kanten. Feilen Sie regelmäßig und mit dem nach unten gerichteten Strich.

kontrollieren. Die Feile läßt sich besser halten, wenn Sie sich ein hölzernes Feilheft kaufen (ein Heft reicht für alle Feilen). Das Heft wird auch Ihre Hände schützen. Nicht dieselbe Feile für verschiedene Materialien benutzen. Es ist besonders wichtig, saubere Feilen zu benutzen, wenn Sie mit Edelmetall arbeiten, da die Oberfläche des Metalls sowohl für das Löten als auch für das Stempeln (falls gewünscht) sauber sein muß. Heben Sie alte Feilen für das Bearbeiten von Kunststoff, Stahl und Blei auf.

Bohren

Ein Hängebohrer ist eine nützliche, wenn auch keine notwendige Anschaffung. Diese Bohrer sind motorgetrieben und haben einen flexiblen Schaft; das bedeutet, daß der Bohrer fast ebenso leicht wie ein Bleistift oder Füllhalter zu handhaben ist. In der Spannvorrichtung können Sie außer den Bohrstiften in verschiedenen Größen — sie sind der Teil des Bohrers, der die eigentliche Bohrarbeit leistet — auch Brenner, Polierräder oder andere Werkzeuge befestigen. Außerdem können Sie die Geschwindigkeit des Bohrers regulieren, meistens mit einem Fußpedal wie bei einer Nähmaschine. Was Sie brauchen, ist ein guter elektrischer Allzweckbohrer, den Sie entweder in der Hand halten oder für schwierige Arbeiten an einen Bohrständer montieren können. Solche Bohrer sind außerordentlich genau. Es sind viele verschiedene Modelle erhältlich, manche mit zusätzlichen Feinheiten, wie z.B. regulierbarer Geschwindigkeitskontrolle, prismenförmigen und flachen Auflagen. Kaufen Sie den

besten, den Sie sich leisten können. Für einige Arbeiten benötigen Sie einen kleinen Handbohrer. Um diesen zu halten, brauchen Sie ein Nadelheft. Er ist leicht zu handhaben und außerordentlich vielseitig, da er zum Halten verschiedener Werkzeuge gebraucht werden kann, vom Bohrer bis zur Bohrfräse (eine Art Bohrer, der benutzt wird, um Löcher zu vergrößern oder zu verjüngen und um Metalloberflächen zu masern) und Brenner. Trotzdem werden Sie feststellen, daß diese Art des Bohrens zeitraubend ist, da die nötigen Drehbewegungen einzig aus Ihrem Handgelenk kommen.

Einen Körner benötigen Sie, um den Anfangspunkt auf dem Metall zu markieren, bevor Sie zu bohren beginnen. Sie können einen automatischen oder einen handgetriebenen Körner kaufen. Wenn Sie letzteren wählen, brauchen Sie einen Hammer, um den Körner zu schlagen.

Bohrarbeiten

Wählen Sie den Bohrer, der Ihrer derzeitigen Arbeit am besten entspricht, das kann ein Hängebohrer, ein herkömmlicher Elektrobohrer oder für kleine Arbeiten ein Handbohrer sein. Wie oben erwähnt, sollten Sie einen Körner benutzen, um durch eine kleine Einkerbung den Anfangspunkt zu markieren. Er hindert den Bohrer am Wegrutschen oder Schleudern und unliebsame Kratzer auf Ihrem Werkstück werden vermieden. Natürlich hängt die Dicke des Bohrers von der Größe des benötigten Loches ab. Wenn Sie einen

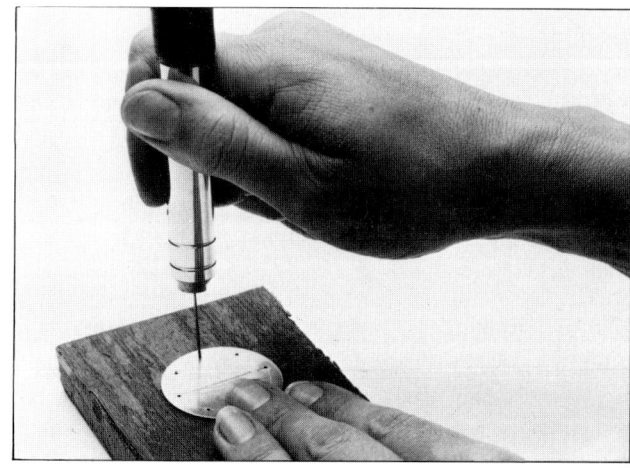

Bohren mit einem Hängebohrer. Legen Sie einen Holzklotz unter Ihre Arbeit, und halten Sie den Bohrer senkrecht.

sehr dünnen Spiralbohrer nehmen, müssen Sie besonders aufpassen, da diese Bohrer nur zu leicht abbrechen. Überzeugen Sie sich stets, daß der Bohrer fest im Heft sitzt, andernfalls wackelt er beim Bohren.

Polieren

Das bestmögliche „finish" (letzter Schliff) zu erreichen, ist eine der Grundfertigkeiten eines Goldschmieds. Beginnen Sie mit den unvermeidbaren Kratzern, die durch das Feilen entstehen. Diese müssen mit Schmirgelpapier entfernt werden. Nehmen Sie zuerst die gröbste Körnung und benutzen Sie nacheinander die feinere (240/360/600), und beenden Sie Ihre Arbeit mit Polierrotpapier, das besonders fein ist. Wickeln Sie ein Stück des Papiers um einen flachen oder gerundeten Stab und fahren Sie ruhig über die Oberfläche, indem Sie das Werkzeug wie eine Feile handhaben. Sie können schwer zugängliche Stellen erreichen, indem Sie ein Stück Schmirgelpapier um den Finger oder um ein Streichholz wickeln. Das Abschlußpolieren führen Sie von Hand oder mit der Maschine aus. Polieren von Hand bedeutet, daß Sie sich durch alle Körnungen des Schmirgelpapiers arbeiten, vom gröbsten zum feinsten (s. oben). Danach reiben Sie Tripel, eine Politurmischung, mit einem sauberen Tuch gut in die Oberfläche ein. Entfernen Sie den Tripel mit Spiritus, und reinigen Sie das Schmuckstück sorgfältig in Seifenwasser. Für den letzten „Schliff" tragen Sie Polierrot mit einem anderen sauberen Tuch oder einem Stück Baumwollstoff auf und entfernen den Überschuß mit einer weichen Bürste und sauberem Seifenwasser.

Wie die Darstellung zeigt, ist das Polieren von Hand sehr mühsam und zeitaufwendig. Deshalb sollten Sie sich einen Poliermotor als Teil der Grundausstattung Ihrer Goldschmiedeausrüstung anschaffen. Sie können Polierscheiben mit verschiedenen Schleifgraden je nach Bedarf an der Motorspindel befestigen. Sie benötigen einen Filzmop für weiche, plane Oberflächen, einen Borstenmop für gemaserte und getriebene Oberflächen, einen Kalikomop (Baumwollmop), den Sie mit Tripel für Allzweckpolitur benutzen und einen weichen Woll- oder feinen Baumwollmop für den Gebrauch mit Polierrot. Ein Drahtmop aus Stahl oder Messing kann hilfreich sein, um Kratzer zu beseitigen, während ein Ringriegel aus Filz ein nützliches Extra ist, um die Innenfläche

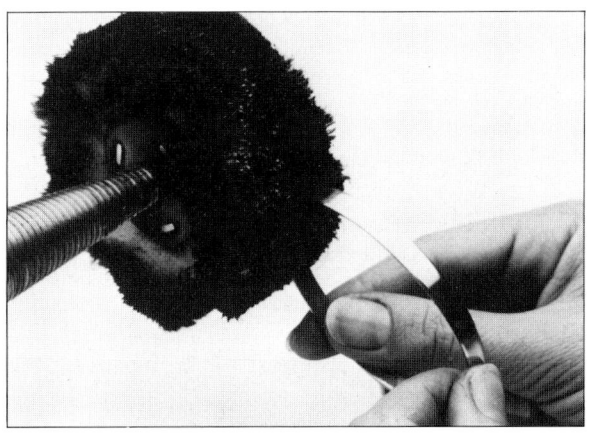

Maschinelles Polieren. Halten Sie Ihr Werkstück fest gegen den Mop und drehen Sie es, daß es überall gleichmäßig poliert wird.

von Ringen zu polieren. Beim Benutzen einer elektrisch betriebenen Scheibe müssen Sie stets beachten, daß Sie Ihr Werkstück gut festhalten. Wenn Sie wackeln oder den Griff lockern, kann die Antriebskraft der Scheibe Ihnen das Schmuckstück aus der Hand schlagen, so daß es beschädigt wird oder zerbricht. Denken Sie immer daran, den Tripel vor dem endgültigen Polieren mit Polierrot zu entfernen, außerdem müssen Sie einen neuen Stoffmop vorm ersten Gebrauch stets „frisieren", d.h. alle überlangen oder losen Fäden abschneiden.

Goldschmiede vom Fach verfügen meist über einen Walzen- oder Trommelpolierer. Dieser ist außergewöhnlich nützlich, wenn Sie sehr viel Polierarbeit ausführen müssen, besonders bei Modeschmuck. Das Gerät besteht aus einer elektrisch betriebenen, rotierenden Trommel, die mit verschiedenartig geformten Schleifkörpern (rund oder dreikant) und Seifenwasser gefüllt ist. Diese polieren das Werkstück, während die Trommel rotiert.

Ausglühen und Härten

Das Ausglühen ist eine der wichtigsten Grundkenntnisse. Besonders wenn Sie mit Metallblechen arbeiten, werden Sie feststellen, daß das Rohmaterial bei der Fertigung „gehärtet" wurde. Dies bedeutet, daß das Material härter als normal und deshalb schwer zu bearbeiten und zu formen ist. Um es in seinen Urzustand zurückzuversetzen, müssen Sie es ausglühen. Dieser Vorgang stellt die Flexibilität des Materials wieder her, so daß es gebogen oder gedreht werden kann.

Es ist ratsam, den Vorgang des Ausglühens während der Bearbeitung zu wiederholen, dies geschieht deshalb, weil Arbeiten wie Biegen, Hämmern und Drehen das Material wieder härten, und ohne wiederholtes Ausglühen würde das Material schließlich brechen.

Sie müssen das Metall so lange erhitzen, bis es bearbeitbar ist. Achten Sie darauf, das Metall nicht zu überhitzen, d.h. nur bis zu dem Augenblick, wo es eine stumpfrote Farbe annimmt — da Sie es ansonsten zerstören. Außerdem müssen Sie die gesamte Oberfläche gleichmäßig erhitzen, weil sich das Metall sonst verbiegt und krümmt. Je dicker das Metall ist, umso länger dauert das Ausglühen. Es hängt von der Art des Metalls ab, ob Sie es auf natürliche Weise langsam abkühlen lassen, oder ob Sie es schnell abkühlen, indem Sie es in Wasser ablöschen. Welche Methode Sie auch wählen, das Ziel bleibt das gleiche — das Metall soll danach weich genug zum Bearbeiten und Formen sein. Um sich an das Arbeiten mit dem erweichten Metall zu gewöhnen, probieren Sie die hier gezeigte Biegetechnik aus. Nehmen Sie Kupfer dafür, da es ziemlich billig und von Natur aus leicht bearbeitbar ist. Sie werden feststellen, daß ausgeglühtes Metall in eine Vielzahl

ansprechender Formen gebogen, gehämmert und gedreht werden kann — alle sehr geeignet für die Schmuckherstellung.

Das Härten des Materials kann ebenfalls sehr nützlich sein, besonders wenn Sie mit von Natur aus weichen Metallen arbeiten. Eine reinsilberne Broschennadel z.B. mag ausgesprochen anziehend aussehen, aber es ist unwahrscheinlich, daß Silber in seinem Naturzustand das Gesamtgewicht der Brosche halten kann. Wenn Sie aber die Nadel drehen können, härten Sie sie genügend, um sie „lebensfähig" zu machen.

Beizen

Ein Nachteil des Ausglühens ist, daß der Vorgang oft Oxidablagerungen auf dem Metall hinterläßt, die es fleckig machen oder sogar abblättern lassen. Um Flecken oder Abschuppungen zu entfernen, müssen Sie das Metall beizen, mit anderen Worten: die Flecken mit einer chemischen Lösung wegwaschen. Es kann sein, daß Sie den Vorgang bei besonderen Schmuckstücken mehrmals wiederholen müssen. Normalerweise ist der Hauptbestandteil der Beize Schwefelsäure, verdünnt mit 6 bis 10 Teilen Wasser, je nach der gewünschten Stärke. Als Alternative können Sie in Wasser gelöstes Alaunpulver benutzen.

Um die Schwefelsäure herzustellen, brauchen Sie Gummihandschuhe, ein kleines Glas oder einen Porzellantopf — sie müssen hitzebeständig sein — einen Gasbrenner oder eine heiße Kochplatte, eine Asbestunterlage oder asbestverstärkten Gitterdraht und die Säure selbst. Stellen Sie den Topf mit der Säure auf die heiße Platte, schützen Sie den Boden des Topfes mit der Asbestunterlage, und erhitzen Sie das Ganze langsam. Lassen Sie die Lösung nicht kochen. Wenn die Beize heiß ist, legen Sie das zu waschende Metall mit einer Plastikpinzette vorsichtig in die Lösung. Die Säure wird den Oxidbelag nach und nach abtragen. Waschen Sie das Metall sorgfältig mit kaltem Wasser und trocknen Sie es.

Denken Sie daran, beim Arbeiten mit Säuren sollten Sie stets die grundlegenden Sicherheitsvorkehrungen beachten: Die Säure nie aus den Augen und nicht kochen lassen, da die Dämpfe gefährlich sein können (in jedem Fall neigt die Lösung dazu, natürlich zu verdampfen, je mehr sie das tut, umso mehr Dämpfe entstehen). Schützen Sie Hände und Augen und tragen Sie einen Overall.

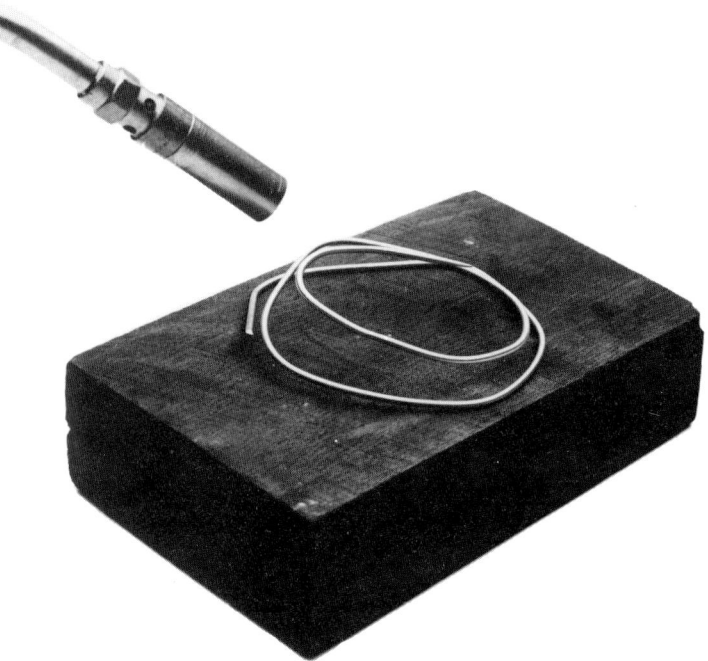

Ausglühen von Draht. Erhitzen Sie das Metall, bis es stumpfrot ist; in diesem Zustand ist es weich und bearbeitbar. Wenn der Draht härtet, glühen Sie ihn nochmals aus.

Beim Herstellen der Lösung rühren Sie stets die Säure in das Wasser, nie umgekehrt, da sonst die Säure explosionsartig verspritzt. Spritzt die Säure auf Ihre Haut, waschen Sie die betroffene Stelle sofort mit kaltem Wasser ab. Vermeiden Sie Tropfen und Spritzer.

Beizen Sie keine Stücke, die Blei, Stahl oder Eisen enthalten, da die Säure mit diesen reagiert. Sie sollten die Lösung durch neue ersetzen, wenn sie trüb grün oder grauschwarz wird, d.h. wenn Kupfer darin gelöst ist.

Auftiefen

Eine andere grundlegende Methode, die einige Übung voraussetzt, ist das Auftiefen. Diese Technik wird angewandt, um runde Vertiefungen in ausgeglühtes Material zu machen. Sie setzt den Gebrauch einer Kugelanke und eines Kugelpunzens voraus. Die Anke ist normalerweise ein Metall- oder Stahlwürfel mit Vertiefungen von verschiedenen Durchmessern, die Kugelpunzen gibt es im Satz; ihre Größen variieren von 2 mm bis 25 mm. Wenn Sie eine größere Wölbung benötigen, fertigen Sie sich eine eigene hölzerne Anke und kaufen einen größeren, hölzernen Kugelpunzen.

Herstellung einer aufgetieften Scheibe. Sägen Sie eine Scheibe aus, die genau in eine der Vertiefungen der Kugelanke paßt. Glühen Sie die Scheibe aus. Mit einem schweren Hammer schlagen Sie den Kugelpunzen in die Vertiefung, wobei Sie den Punzen gleichmäßig auf der Oberfläche der Scheibe bewegen.

Löten

Jeder Berufsgoldschmied wird Ihnen sagen, daß korrektes Löten „lebenswichtig" ist. Wesentlich ist, die zu verbindende Nahtstelle nicht mit einer dicken Schicht Lot zu füllen, sondern so wenig Lot wie möglich zu verwenden, um eine fast unsichtbare Verbindung zu schaffen. Das setzt voraus, daß die Oberflächen, die Sie löten wollen, möglichst gut gefugt sein müssen; dies erreichen Sie durch sauberes Feilen, andernfalls fließt das Lot nicht gleichmäßig und die entstandene Verbindungsstelle wird kein zufriedenstellendes Ergebnis zeigen. Aus demselben Grund müssen auch die Oberflächen sauber sein.

Es gibt verschiedene Sorten von Lot im Handel, die Gradabstufung basiert auf den Schmelzpunkten des einzelnen Lots. Die gebräuchlichsten Lote sind Hartlot, Mittel- und Weichlot. Je weicher das Lot, desto höher ist sein Anteil an schmelzpunktsenkendem Metall. Normalerweise werden Sie überall hartes Lot benutzen können, aber in einigen Fällen, wenn es sich um ein sehr komplexes Schmuckstück handelt, müssen Sie vielleicht verschiedene Lote benutzen. In solch einem Fall erledigen Sie das harte Löten zuerst. Ohne Rücksicht auf die verschiedenen Schmelzpunkte bestehen Lote aus zwei Elementen, einem bestimmten Metall (Gold im Fall von Goldlot, Silber im Fall von Silberlot) und einem Anteil eines unedlen Metalls. Das von Ihnen ausgewählte Lot muß den Erfordernissen des zu lötenden Metalls entsprechen. Wenn Sie z.B. Gold löten, sollte das Lot in Farbe und Qualität dem Gold entsprechen, d.h. wenn Sie mit 18-karätigem Gelbgold arbeiten, sollte das Lot die gleiche Farbe und Güte haben. Die Ausnahme dieser allgemeinen Regel bildet das Silberlot. Sie können es für unedle Metalle benutzen, wie z.B. Nickel, Messing und Kupfer, wenn eine sehr belastungsfähige Verbindung gebraucht wird. Es ist auch ideal bei Stücken, die mehrfach gelötet werden müssen. Beide, Gold- und Silberlot, gibt es in Form von Streifen oder dünnen Blechen, die Sie mit einer Metall- oder Blechschere in sehr kleine Stücke von nicht mehr als 0,5 mm Kantenlänge schneiden. Goldschmiede nennen diese Stücke „Paillons". Bewahren Sie sie in einem kleinen luftdicht verschlossenen Behälter bis zum Gebrauch auf, und plazieren Sie dann die einzelnen Stücke gleichmäßig entlang der zu lötenden Fuge, mit einem Abstand von 0,5 bis 2,0 mm.

Zusätzlich zu diesen zwei Hauptlottypen können Sie bei der Herstellung von Modeschmuck Weich-

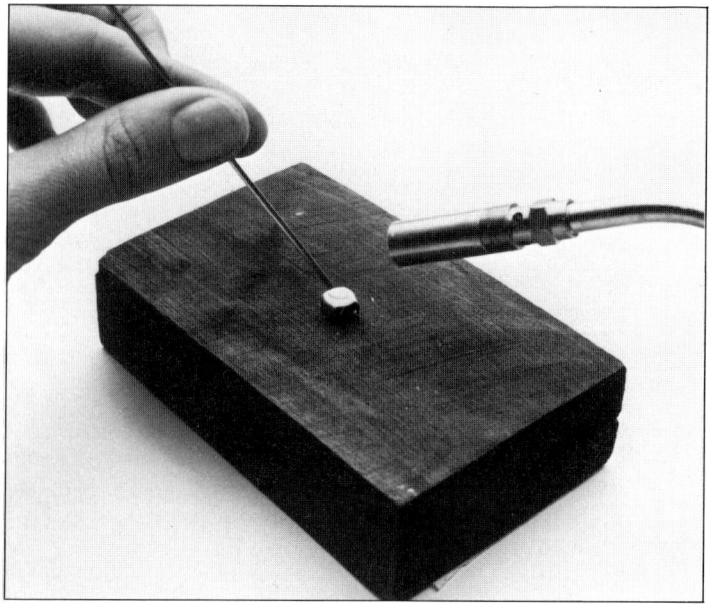

Löten von Blei. Tragen Sie weißes, boraxhaltiges Flußmittel auf und erhitzen Sie es, bevor Sie das Lot schnell auf die Oberfläche geben. Schmelzen lassen, in die richtige Position geben und erneut erhitzen, so daß das Lot zwischen die Oberflächen fließt.

lot benutzen. Es wird auf Rollen verkauft und kann, sobald das Metall erhitzt ist, in die zu verbindende Lücke gegeben werden. Dies ist zweifellos die schnellste Art zu löten, da die im Lot enthaltenen Metalle alle einen niedrigen Schmelzpunkt haben. Da es aber Zinn oder Blei enthält, sollten Sie Weichlot nicht zum Löten von Edelmetallen verwenden.

Flußmittel

Ohne Gebrauch eines Flußmittels kann keine Form des Lots effektiv sein. Das Flußmittel hält die zu verbindenden Stücke während des Erhitzens sauber, beugt Oxidbildung vor und hilft dem Lot zu fließen. Wie bei den Loten sind auch verschiedene Arten von Flußmittel erhältlich. Sie sollten dasjenige, das dem spezifischen, von Ihnen gewählten Lot am besten entspricht, verwenden. Sie tragen das passende Flußmittel auf die zu lötenden Oberflächen auf, nachdem Sie diese vorher leicht erwärmt haben. Bei Platin, Gold und Hartsilber benutzen Sie einen speziellen Flußmitteltee, der fast schillernd grün ist. Gemahlener Borax mit destilliertem Wasser zu einer milchigen Paste verrührt, kann mit fast allen Silberloten verwendet werden. Leichtflüssiges Flußmittel gibt es ebenfalls in Pulverform und wird auch mit Wasser zu einer milchigen Paste verrührt. Mit Weichlot zusammen sollten Sie weißes boraxhaltiges Flußmittel verwenden, das Sie in vielen Eisenwarenläden kaufen können. Im Idealfall sollten Sie das Flußmittel

mit einem speziellen Pinsel auftragen, es kann auch ein kleiner Malerpinsel genommen werden. Halten Sie diesen durch häufiges Abspülen mit Wasser sauber.

Die goldenen Regeln für die Lötpraxis

Wenn Sie mit dem Löten anfangen, denken Sie an die 5 goldenen Regeln. Diese sind:

1. Erwärmen Sie Ihr Werkstück leicht, bevor Sie das Flußmittel auftragen.

2. Denken Sie daran, daß das Flußmittel eine ebenso wichtige Rolle wie das Lot selbst spielt. Wenn Sie es auf die erwärmten Teile auftragen, sollte es leicht eindicken und gleichmäßig glasig schmelzen. Dieses gleichmäßige Verlaufen ist wichtig für ebenmäßiges Löten.

Es ist wichtig, die richtige Temperatur zu finden. Wenn das Metall zu kalt ist, trocknet das Flußmittel, indem es Flecke bildet, anstatt in die Verbindungsstelle zu fließen. Außerdem schmilzt es ungleichmäßig. Ist das Metall zu heiß, trocknet das Flußmittel zu schnell, ebenfalls ohne die Fuge gleichmäßig zu bedecken.

3. Erwärmen Sie Ihre Arbeit vorsichtig. Ihr Ziel ist das Erhitzen ohne die Farbe zu verändern.

4. Lassen Sie das Werkstück leicht abkühlen, und plazieren Sie die Lotstückchen mit einer Pinzette

oder der Pinselspitze. Die Lote, die Sie benutzen, sind schnellflüssig; das bedeutet, daß das gesamte Lot sofort schmilzt und mit der zu lötenden Oberfläche legiert wie bei einem Kleber.

5. Erhitzen Sie die Lötstelle gleichmäßig. Sofort wenn das Lot flüssig wird, nehmen Sie die Flamme weg.

Vorsichtsmaßregeln beim Löten

Löten ist nicht so schwierig, wie Sie vielleicht zunächst annehmen werden; je mehr Sie es üben, desto besser werden Sie mit der Technik vertraut. Nach kurzer Zeit werden Sie genau beurteilen können, wann das Lot flüssig wird und wieviel davon Sie in eine Fuge geben müssen. Um Ihnen dabei zu helfen, merken Sie sich die folgenden Vorsichtsmaßregeln:

Denken Sie daran, daß Sie die Hitze gleichmäßig über die gesamte Lötstelle verteilen und keine glühende konzentrierte Hitze nur auf einen Punkt richten. Wenn die Hitze zu stark ist, bildet das Lot Tröpfchen, die vom Werkstück herunterfallen können. Ungleichmäßige Hitze oder zu starke, nur auf eine Stelle gerichtete Hitze hat zur Folge, daß das Lot weg von der Fuge zu der heißen Stelle läuft. Passiert dies, benutzen Sie Ihre Pinzette, um es zurückzuschieben. Bei gleichmäßiger Hitze „schießt" das Lot in die Fuge.

Ein weiteres Problem mag anfangs das Abschätzen der benötigten Lotmenge sein. Sie sollten versuchen, wirklich eine möglichst dünne Schicht geschmolzenes Lot in die Lotfuge zu bringen. Denken Sie daran, daß geschmolzenes Lot wie Wasser fließt, nehmen Sie deshalb stets etwas weniger Lot als Sie zunächst abgeschätzt haben, Sie können immer noch welches hinzufügen und nachlöten. Wenn Sie zuviel Lot genommen haben, wird es über die Oberfläche laufen und muß wieder weggefeilt werden. Wenn Sie andererseits zu wenig genommen haben, be-

deckt es nicht die ganze Oberfläche der Lötfuge, wie es der Fall sein sollte. Sie werden dies beim Schmelzen des Lots sehen können, wenn nicht, wird der Fehler nach dem Beizen und Trocknen zu sehen sein, da bei diesem Vorgang alle Risse und Sprünge sichtbar werden.

Hitzequellen

Bei der Schmuckherstellung kann man keinen gewöhnlichen Lötkolben verwenden. Sie benötigen als eines Ihrer Grundausstattungsmittel eine Lötpistole. Lötpistolen sind mit Ventilen ausgestattet, die die Menge des zufließenden Gases regulieren. Sie sind außerdem mit einem zweiten Gummi- oder Plastikrohr versehen, durch das Sie der Flamme durch Blasen zusätzlich Luft zuführen, ohne dies wäre die natürliche Hitze des Gases zu schwach zum Löten. Die eingeblasene Luft ist „lebensnotwendig", damit die Flamme die richtige Temperatur erreicht. Auch Gasbrenner mit Flaschengas funktionieren nach diesem Prinzip, der Unterschied ist nur, daß sie durch Flaschengas versorgt werden. Mit einiger Übung werden Sie lernen, wie die Größe und Hitze der Flamme den Anforderungen Ihres Werkstücks gemäß reguliert werden muß. Im allgemeinen läßt sich am Geräusch feststellen, wann die Flamme am heißesten ist. Blasen Sie nicht zu fest, da sonst die Flamme ausgeht. Für das normale Löten brauchen Sie eine weiche, buschige Flamme. Um diese zu erhalten, drehen Sie das Gas ganz auf und blasen leicht. Für feine Lötarbeiten, zum Löten von Ösen oder Verbindungsteilen, brauchen Sie eine stärkere Flamme. Dies bedeutet, daß die Oberfläche oxidiert, so daß Sie Ihre Arbeit nach dem Lötvorgang beizen müssen, um den Oxidbelag zu entfernen. Bei feiner Arbeit können Mikroschweißgeräte hilfreich sein, da sie eine sehr kleine Flamme haben. Sie können die Flammengröße variieren, indem Sie das entsprechende Lötrohr an der Lötpistole befestigen und dann löten.

Hohle Stecksilberkreolen

Da Sie für dieses Projekt Silberröhren (Scharnier) verwenden, kann die Größe der Ohrringe nach individuellen Wünschen verändert werden, Material und Methode sind ideal, um ziemlich große Ohrringe herzustellen.

Es ist wichtig, die Scharnierrohre beim Biegen und Hämmern vor dem Verbeultwerden zu schützen. Das erreichen Sie durch gut geölten und in zwei Teile geschnittenen Draht, den Sie durch die Scharniere ziehen. Lassen Sie kleine Enden herausstehen, dann können Sie den Draht später leicht wieder herausziehen.

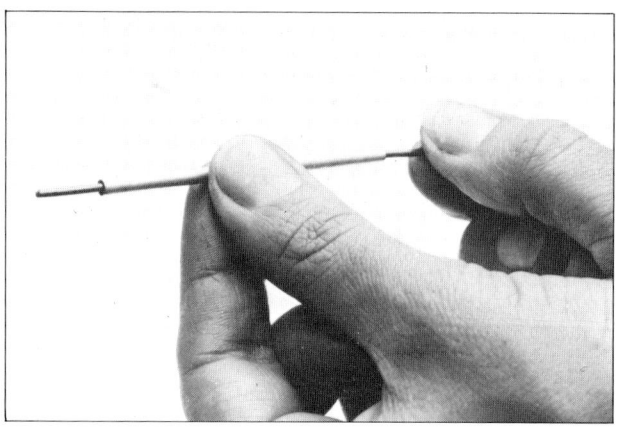

1 Schneiden Sie zwei 7,5 cm lange Stücke Silberscharnierrohr zu. Ölen Sie ein Stück Draht und ziehen Sie es durch die Rohre.

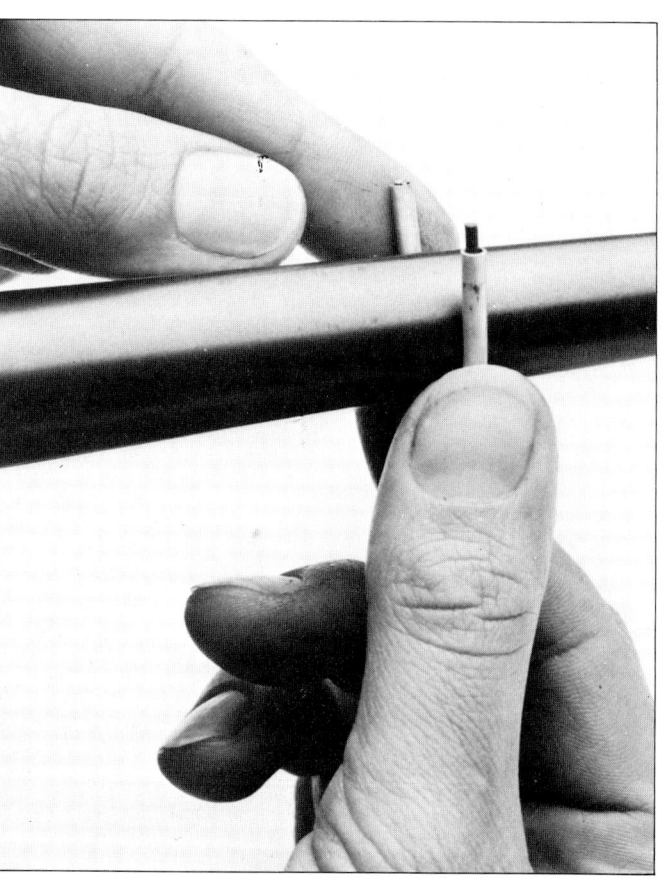

2 Glühen Sie die Rohre aus (s. S. 45) und biegen Sie diese vorsichtig um einen Ringriegel, glühen Sie nochmals aus und hämmern Sie die Rohre vorsichtig zu einem Kreis, bei dem Sie eine Lücke von ca. 5 mm lassen.

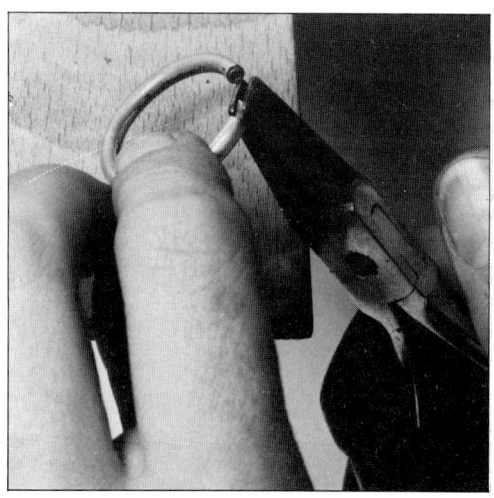

3 Wenn der Kreis fertig ist, ziehen Sie den geölten Schutzdraht mit einer Zange heraus. Steckt er fest, geben Sie einen Tropfen Öl in die Rohre, um ihn leichter herausziehen zu können.

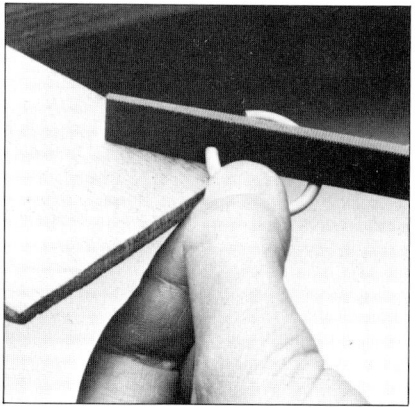

4 Feilen Sie das Ende der Rohre mit einer Allzweckfeile glatt, anschließend je ein Ende, auf das der Stecker gelötet wird, zu einer Schrägen von ca. 45° feilen. Glätten Sie mit einer Schmirgellatte nach.

5 Befestigen Sie den Stecker mit einer Stecknadel und löten Sie ihn, indem Sie eine reichliche Menge Hartlot benutzen, um die Verbindung haltbar zu machen. Beizen Sie (s. S. 46). Legen Sie den Ohrring in fließendes Wasser, um alle Säurereste zu entfernen.

6 Trocknen Sie den Ohrring, feilen Sie die Lötverbindung bis sie glatt ist, und entfernen Sie Kratzer mit Schmirgelpapier. Sie können das andere Ende des Ohrrings offen lassen oder verschließen, indem Sie silbernen Draht einlöten.

7 Polieren Sie mit Tripel auf der Polierscheibe und dann mit Polierrot.

Messingarmreif

Metallarmreifen gibt es in allen Formen und Größen, aber diese grundlegende Technik kann an alle speziellen Entwürfe oder Materialien angepaßt werden. Sie können z.B. die Weite des Armreifs variieren oder ein anderes Material als Messing nehmen. Wenn Sie Messing verwenden, kann der fertige Armreif versilbert oder vergoldet, mit Mustern versehen, gefärbt oder oxidiert werden. Es ist ratsam, den Armreif etwas größer als nötig zu machen, da durch das Feilen noch Länge verloren geht. Welches Lot Sie nehmen, liegt bei Ihnen, aber im großen und ganzen ist Silberlot zu empfehlen, selbst wenn Sie mit unedlen Metallen arbeiten, da es stärker und sauberer in der Anwendung als alle Alternativen ist.

1 Schneiden Sie einen 16 bis 18 cm langen Streifen von einem 1 mm dicken Metallblech. Feilen Sie die rauhen Kanten glatt, dann ausglühen, beizen (s. S. 46) und nachwaschen. Biegen Sie den Streifen um einen Armriegel oder ein Metallrohr von 7 cm Durchmesser. Hämmern Sie den Streifen bis Sie einen Kreis geformt haben. Hämmern Sie nicht zu fest, da Sie sonst Dellen schlagen, die Sie wieder entfernen müssen. Sie können den Streifen biegen, bis sich die Ränder treffen, oder, falls der Reif groß genug ist, bis sie sich überlappen.

2 Feilen Sie die Fuge mit einer Allzweckfeile plan. Den Armreif sorgfältig halten, damit er nicht aus der Form gedrückt wird, und mit gleichmäßigen, nach unten gerichteten Strichen feilen. Der Winkel der Fuge muß genau sein, wenn das Löten erfolgreich sein soll.

3 Tragen Sie reichlich Silberlot auf, so daß die Fuge nach dem Feilen unsichtbar ist. Sie können Bleilot verwenden, aber ich würde es nicht empfehlen. Falls doch, denken Sie daran, daß es nicht gebeizt werden soll, und daß Sie eine extra Feile für die Bleilotstelle nehmen sollten, dann beizen und nachwaschen.

4 Feilen Sie die Lötstelle glatt. Um alle Kratzer zu entfernen, einen Polierstab und Schmirgelpapier in verschiedenen Körnungen nehmen. Sie fangen mit Körnung 240 an, fahren mit 360 fort und beenden den Schmirgelvorgang mit Papier in der Körnung 600, bis die Oberfläche gänzlich glatt ist.

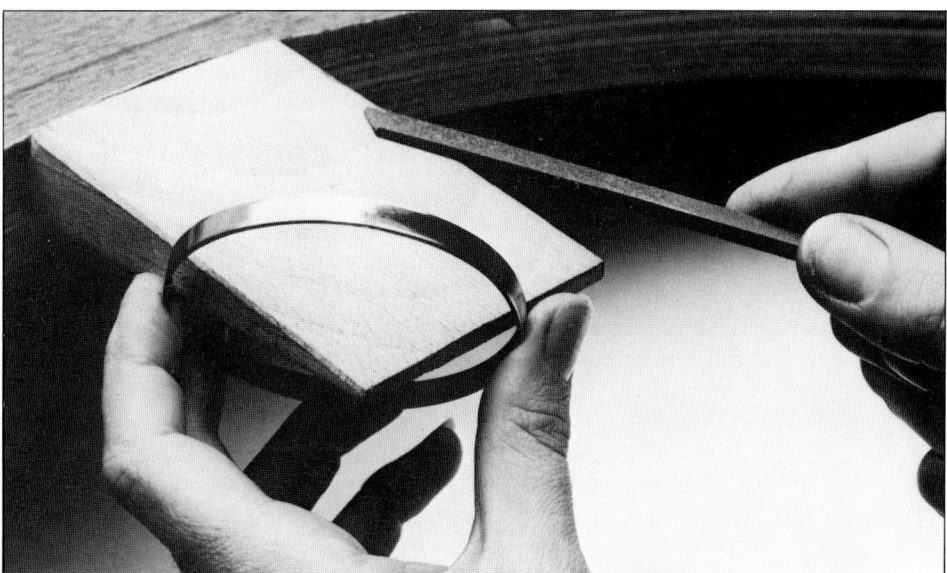

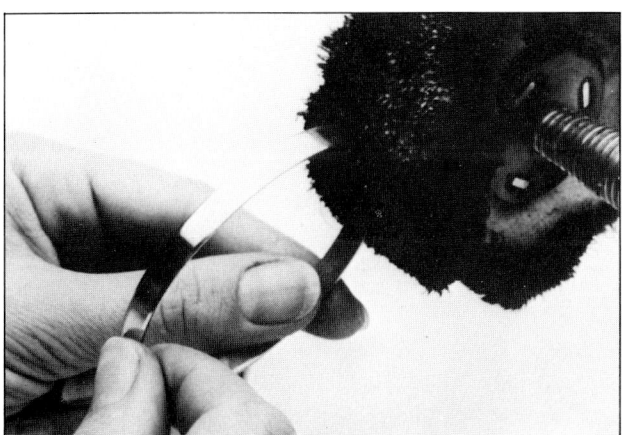

5 Polieren Sie den Armreif zum Schluß auf der Scheibe, zuerst mit Tripel, dann mit Polierrot. Halten Sie den Reif fest gegen das Zentrum der Scheibe und drehen Sie ihn langsam, bis die gesamte Oberfläche poliert ist.

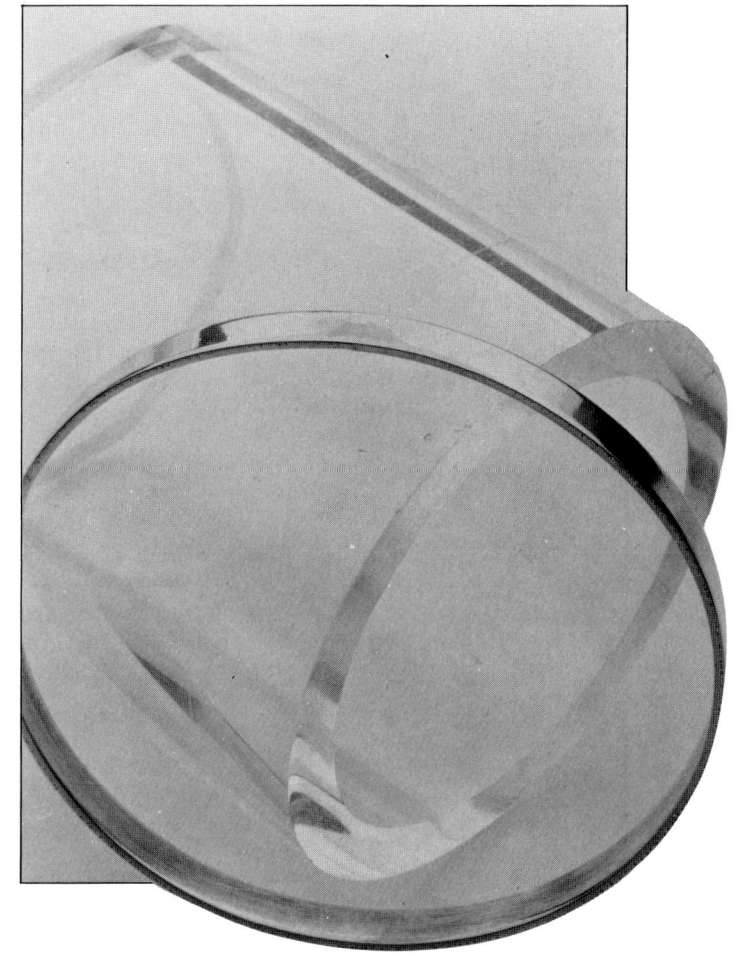

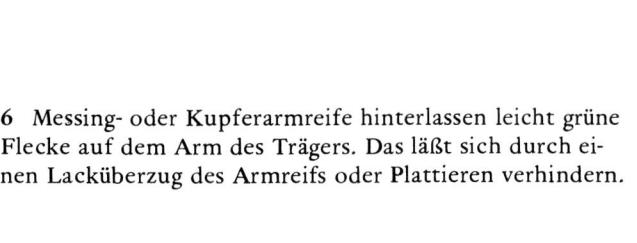

6 Messing- oder Kupferarmreife hinterlassen leicht grüne Flecke auf dem Arm des Trägers. Das läßt sich durch einen Lacküberzug des Armreifs oder Plattieren verhindern.

Einfache Ringanfertigung

Für diesen Ring habe ich Silber verwendet, aber Sie können auch, wenn Sie sicherer geworden sind, nach derselben Technik in Gold arbeiten, wobei Sie dann Goldlot nehmen.

Sie benötigen 3 mm halbrunden silbernen Draht, der mit einer Goldschmiedelaubsäge in die richtige Länge geschnitten wird. Um die richtige Länge zu ermitteln, probieren Sie an einem Satz Ringschablonen, bis Sie die passende Größe gefunden haben. Messen Sie den inneren Durchmesser, halbieren Sie ihn und multiplizieren ihn mit 3,42. Geben Sie etwas zum errechneten Maß dazu, so daß Sie etwas Überschuß haben, um eine saubere Fuge zu feilen. Es ist immer besser, die Ringschiene ein wenig eng zu machen, da sie ausgeglüht und auf einem Ringriegel gehämmert werden kann, um das Material zu dehnen und den Ring weiter zu machen. Ist der Ring zu weit, müssen Sie ein Stück aus dem Metall herausschneiden und es wieder zusammenlöten.

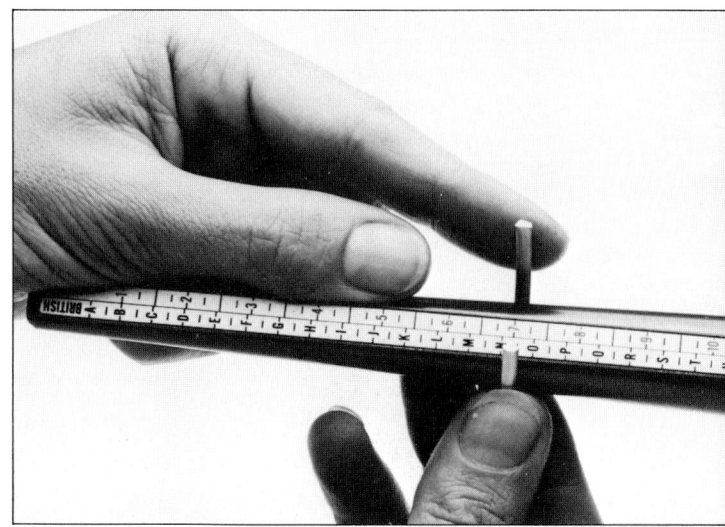

1 Erhitzen Sie das Drahtstück, bis es pflaumenfarben ist (s. S. 45). Biegen Sie es vorsichtig mit Ihren Fingern um einen Ringriegel zu der benötigten Größe.

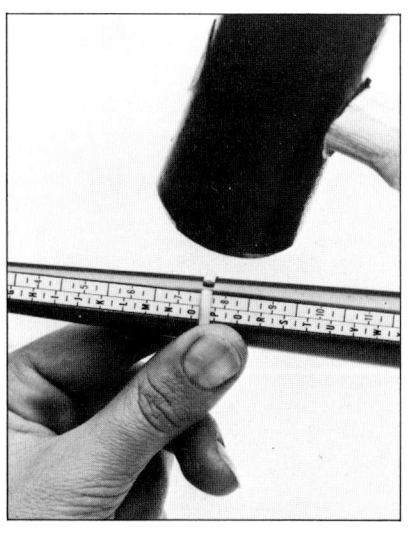

2 Glühen Sie die Schiene nochmals, wenn das Silber weniger biegbar wird. Vorsichtig mit einem Hammer um den Ringriegel schlagen, bis ein Kreis geformt ist. Denken Sie daran, daß noch Material weggefeilt wird, um eine saubere Verbindung zu erhalten. Ich gebe normalerweise ca. 3 mm zu, aber je genauer Sie arbeiten, desto geringer ist der Verlust.

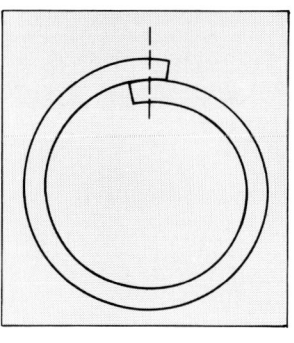

3 Stellen Sie eine Verbindung her, indem Sie die Enden des Drahts übereinander drücken und dann durchsägen. Sind die Flächen glatt, muß wenig nachgefeilt werden.

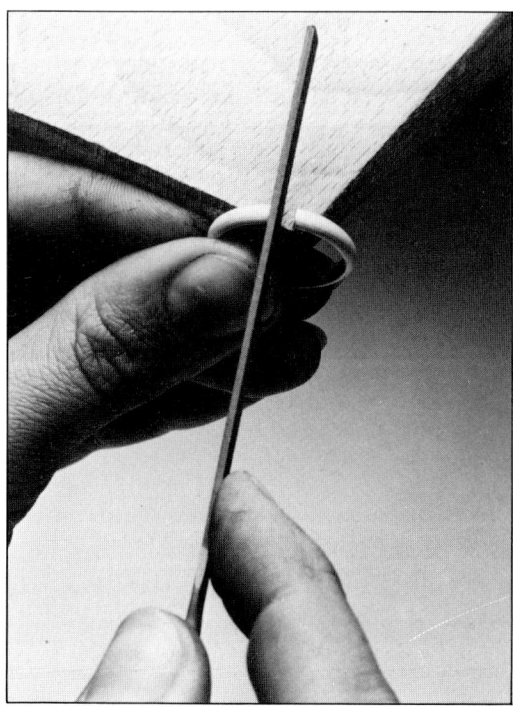

4 Feilen Sie die Enden mit einer flachen Feile, bis sie exakt aufeinanderpassen. Dies ist eine wichtige Voraussetzung für das Löten.

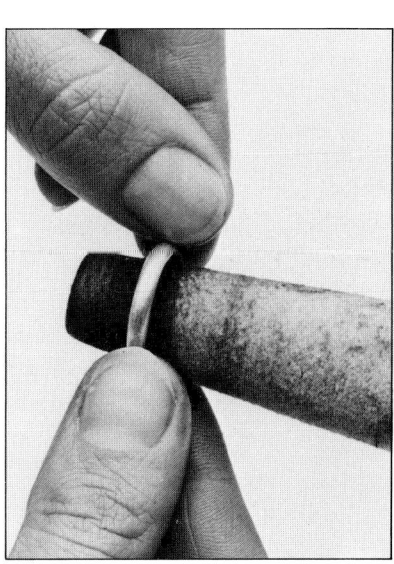

5 Geben Sie Flußmittel in die Fuge und tragen Sie drei oder vier Stücke Hartsilberlot auf. Erhitzen Sie, bis das Lot flüssig ist und der Ring rotglühend wird. Nicht überhitzen, da sonst das Silber schmilzt, dann den Ring abkühlen lassen, beizen und nachwaschen. Vorsichtig die Rundung auf dem Ringriegel nachhämmern. Achten Sie darauf, das Silber nicht einzudellen. Ist der Ring zu weit, sägen Sie die Lötnaht mit der Säge heraus und feilen den Ring auf die richtige Größe.

6 Die Fuge sollte gänzlich vom Lot verborgen sein und mit einer Allzweckfeile glatt gefeilt werden. Benutzen Sie eine halbrunde Feile für die Innenseite, aber den Ring nicht durch Wegfeilen von Metall weiter machen. Entfernen Sie alle Kratzer, indem Sie die Oberfläche mit einer Schmirgellatte behandeln.

7 Polieren Sie mit Tripel auf einer Polierscheibe, dann den Tripel mit Spiritus entfernen, trocken bürsten und innen und außen mit Polierrot polieren.

Das Fassen von Steinen

Durch die Jahrhunderte waren Edelsteine ein wesentlicher Bestandteil bei der Anfertigung von Schmuck. Zunächst wurden die Steine einfach durchbohrt und zu Ketten aufgefädelt, aber mit der Verfeinerung der Techniken der Metallverarbeitung wurden verschiedene Möglichkeiten zum Fassen von Steinen entwickelt. Die wichtigste Aufgabe jeder Fassung (das ist der Teil, in dem der Stein sitzt) ist, ihn sicher festzuhalten. Es gibt viele Methoden, eine Fassung anzufertigen — diejenige, die Sie wählen, hängt natürlich von der Größe und Form des zu fassenden Steins ab, trotzdem bleibt das Grundprinzip dasselbe: Der breiteste Teil des Steins, die Rondiste genannt, muß auf einer flachen Auflage ruhen. Es ist sehr wichtig, daß der Stein gut ausbalanciert und die Unterseite flach ist, andernfalls rutscht er hin und her oder kann beim Fassen sogar brechen.

Einfache Zargenfassung

Dies ist die passende Fassungsart für geschliffene Steine wie Cabochons. Sie wird hergestellt, indem ein engsitzender Metallstreifen um die Grundfläche des Steins gelegt und die Fuge gelötet wird. Die Oberkante des Streifens wird mit einem entsprechenden Fasserstahl soweit nach innen gedrückt, bis sie den Stein fest greift. Die Breite des Streifens hängt von der Höhe des Steins ab. Der Streifen sollte so schmal wie möglich sein, damit der Stein voll zur Geltung kommt, aber breit genug, um den Stein sicher zu halten.

Eine Zargenfassung kann rund, oval oder viereckig sein. Sie kann auch verziert werden, indem man die Kante des Streifens zu einem durchbrochenen Muster spitzenähnlich aussägt.

Krappen- oder Stotzenfassung

Eine Krappen- oder Stotzenfassung basiert auf einer gehämmerten Zarge und wird für geschliffene Steine verwendet. Eine einfache Krappen- oder Stotzenfassung kann mittels eines Fassungs-

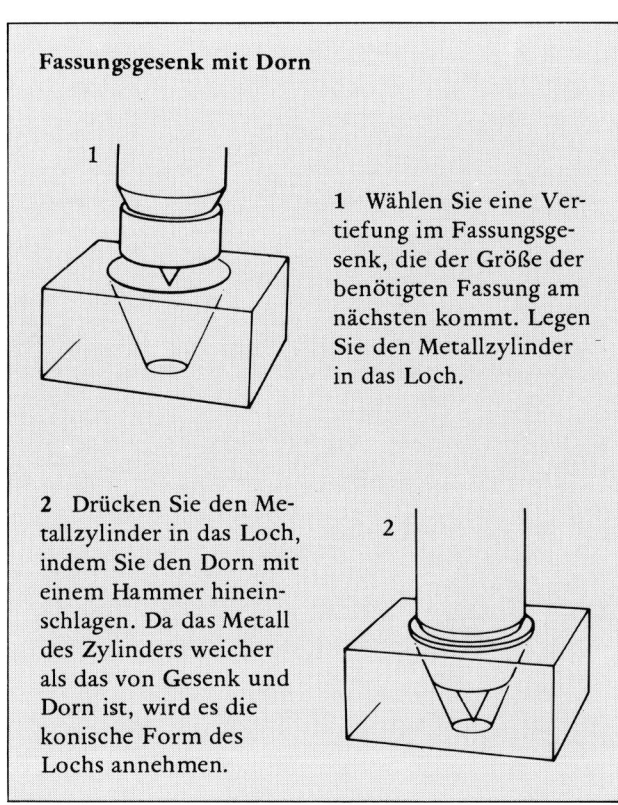

Fassungsgesenk mit Dorn

1 Wählen Sie eine Vertiefung im Fassungsgesenk, die der Größe der benötigten Fassung am nächsten kommt. Legen Sie den Metallzylinder in das Loch.

2 Drücken Sie den Metallzylinder in das Loch, indem Sie den Dorn mit einem Hammer hineinschlagen. Da das Metall des Zylinders weicher als das von Gesenk und Dorn ist, wird es die konische Form des Lochs annehmen.

gesenks und eines Dorns hergestellt werden. Der Dorn und das Gesenk dienen dazu, einen Metallzylinder in ein sich verjüngendes Loch zu drehen. Wählen Sie ein Loch in dem Gesenk, das der gewünschten Fassung am nächsten kommt. Legen Sie den Metallzylinder in das Loch, und schlagen Sie den Dorn mit dem Hammer hinein. Wenn die Zarge den richtigen Winkel hat, können die Stotzen an der Außenseite der Fassung angelötet oder wahlweise aus der Zarge selbst ausgesägt werden. Wenn die Stotzenfassung einen Auflagering für die Rondiste braucht, ist es ratsam, den Stein von einem Fachmann fassen zu lassen, da das Ausschneiden eines Auflagerings in eine sich verjüngende Fassung erhebliche Erfahrung erfordert.

Drahtfassung

Draht kann für einfache Stotzenfassungen verwendet werden oder, wenn Sie mehr Übung haben, für kunstvolle und einfallsreiche Dessins.

Es ist eine geeignete Methode, um runde Steine bis zu 8 mm Durchmesser zu fassen. Fertigen Sie zwei runde Drahtringe, einen um den Stein direkt unter der Rondiste zu unterstützen, und einen, der als Basis dient. Stellen Sie eine Stotzenfassung wie auf der Abbildung her, und löten Sie diese zwischen zwei Ringe. Sägen Sie das Zentrum der Fassung aus, biegen Sie die Stotzen vorsichtig nach oben, und bringen Sie sie in die richtige Lage. Anschließend den Stein in die Fassung setzen und die Stotzen darüber drücken.

Herstellen einer Drahtfassung

1 Schneiden Sie runden Draht in Stücke, um zwei Ringe und die Arme des Kreuzes zu bilden. Kerben Sie jeden Arm in der Mitte ein.

2 a) Stein; b) Ring als Unterstützung der Rondiste; c) Basisring

3 Löten Sie das Kreuz zwischen die Ringe. Sägen Sie die Mitte der Fassung aus, und bringen Sie die Stotzen in die richtige Lage.

4 Setzen Sie den Stein in die Fassung, biegen Sie die Stotzen vorsichtig hoch und über den Stein.

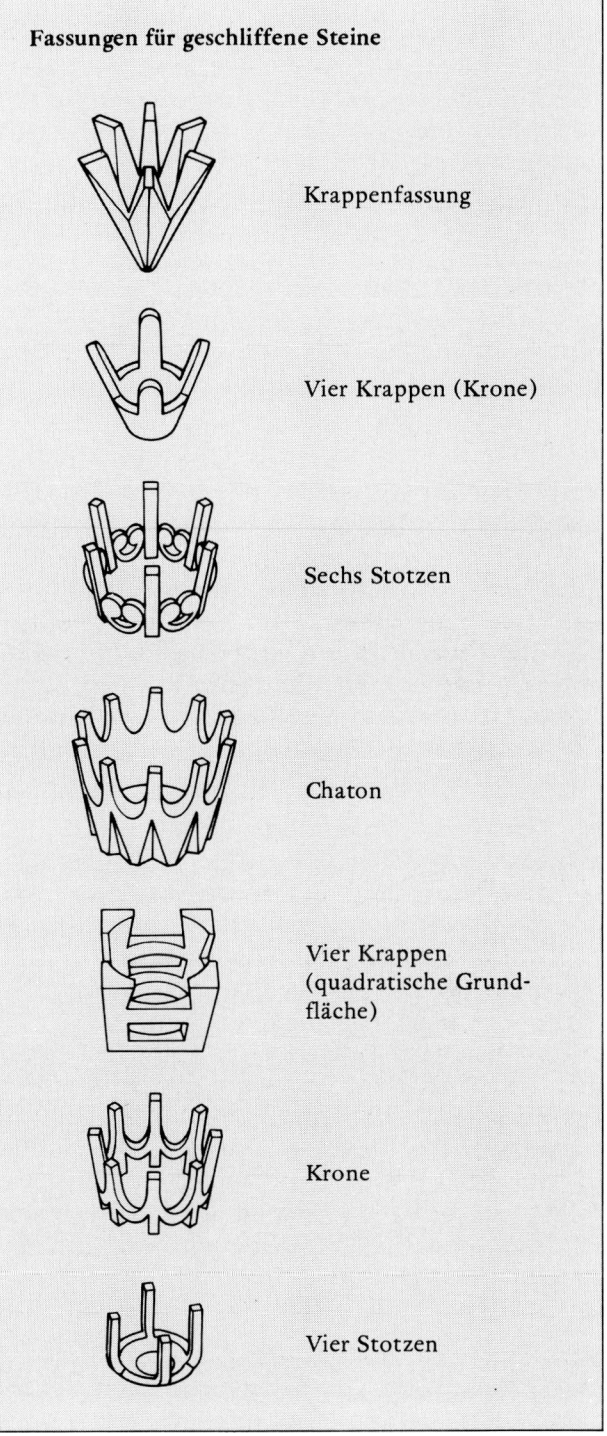

Fassungen für geschliffene Steine

Krappenfassung

Vier Krappen (Krone)

Sechs Stotzen

Chaton

Vier Krappen (quadratische Grundfläche)

Krone

Vier Stotzen

Spezielle Fassung

Das Fassen von Steinen ist eine hochspezialisierte Fertigkeit, die eine richtige Ausbildung erfordert. Von jedem Typ einer Fassung gibt es hundert mögliche Variationen, von der einfachsten bis zur kompliziertesten. Wenn der Stein einen ungewöhnlichen Schliff hat, muß die Fassung entsprechend den speziellen Anforderungen dieses Steins entworfen werden. Abgesehen von Zargen- und einfachen Stotzenfassungen sind passende, fabrikmäßig hergestellte Fassungen vorzuziehen, von denen eine große Anzahl erhältlich ist. Das ist besser als eigene zu machen. Fertigfassungen sind entweder gegossen oder ausgestanzt, und es gibt sie von Messing und vergoldeten Metallen über Silber, Gold bis zu Platin. Wenn Sie einen besonders schönen oder ungewöhnlichen Stein haben, empfiehlt es sich, ihn vom Fachmann montieren und fassen zu lassen, da eine falsche Fassung den Stein beschädigen könnte.

Eingelassene Fassung

Eingelassene Fassungen sind für eine Vielzahl von Edelsteinen geeignet. Ihre Herstellung erfordert eine beträchtliche Kunstfertigkeit, weshalb es ratsam ist, sie vom Fachmann anfertigen zu lassen. Das Grundprinzip dieser Technik besteht darin, daß jeder Stein von einem oder mehreren Metallkörnern auf seinem Platz gehalten wird.

Aus einer Fassungsgrundlage werden Metallspäne herausgekratzt, die so eine Vertiefung für jeden Stein hinterlassen. Die Steine müssen fest in diese Löcher gesetzt werden, bevor die Späne zu Körnern gerundet werden und dann über die Kanten der Steine geschoben werden. Diese

kleinen Körner genügen, um die Steine in ihren Fassungen zu halten.

Pavéfassung (Pflasterfassung)

Auch die Pflasterfassung überläßt man am besten einem Fachmann. Sie wird ebenfalls für Trauben von Steinen verwendet, aber anders als bei der eingelassenen Fassung werden die Steine so dicht zusammengesetzt, daß die Metallkornfassung kaum noch sichtbar ist.

Werkzeuge zum Fassen

Für das Fassen benötigt man spezielle Werkzeuge. Die Enden der Fasserstähle haben verschiedene Formen, die für bestimmte Aufgaben entworfen wurden. Es gibt einen Stichel, um das Metall nach dem Fassen rund um die Steine zu säubern, ein halbrundes Korneisen, um Körner aus der Metallfassung zu formen, einen Flachstichel zum Verschneiden des Auflagerings, einen Finierfräser, um die Enden der Stotzen abzurunden und einen Steinfassungsandrücker oder Polierstahl, um die Stotzen oder Krappen über die Steine zu schieben. Sie brauchen außerdem Fasserkitt, der das Schmuckstück in der richtigen Lage hält, während die Stotzen oder die Zarge an den Stein gedrückt werden und der dann vorsichtig wieder von der Fassung abgebrannt wird.

Ohrstecker mit Cabochonfassung

Diese einfachen Ohrstecker können mit jeder Art und Größe eines cabochon-geschliffenen Steins hergestellt werden. Ich habe mich für Granate in einer Silberfassung entschieden.

Sie benötigen Cabochons (in diesem Fall ein Paar runde Granate von 5 mm Durchmesser), ein 0,25 mm dickes Silberblech für die Fassungen, einen 1,5 mm langen Silberstreifen von 0,9 mm Dicke als Grundfläche und ein Paar Silberstecker mit Schmetterlingsmuttern. Aus Ersparnisgründen rate ich zum Kauf von großen Silberblechen von 0,25 und 0,9 mm Dicke. Diese Standardgrößen benötigen Sie für alle Fassungen und Böden.

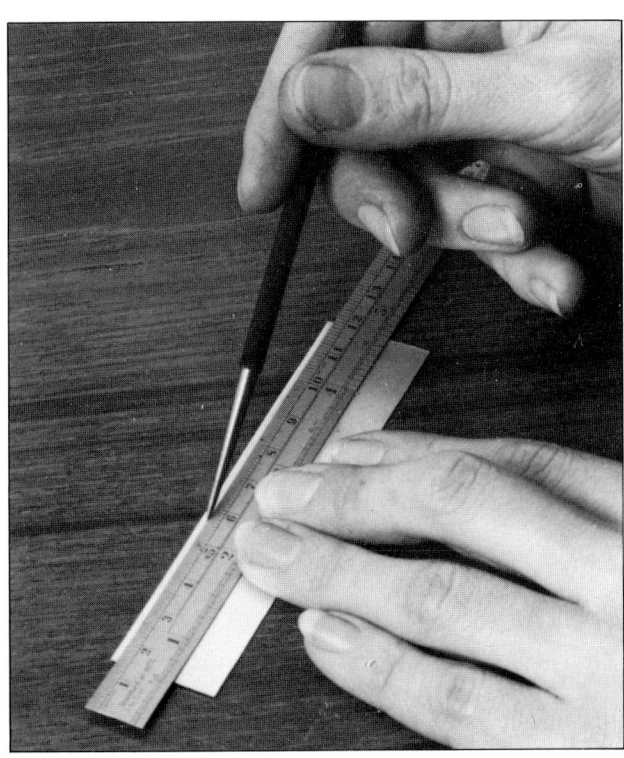

1 Benutzen Sie eine dünne Klinge zum Schneiden eines Metallstreifens, der die doppelte Länge des Steinumfangs hat, plus etwas Zugabe. Der Streifen sollte so breit sein, daß er gerade über den Punkt geht, an dem der Stein sich verjüngt.

2 Biegen Sie die Fassungen um einen kleinen Ringriegel. Feilen Sie die Fugen mit einer kleinen Nadelfeile plan. Löten Sie die Fugen, indem Sie leicht und gleichmäßig erhitzen. Setzen Sie die Zargen wieder auf den Ringriegel und

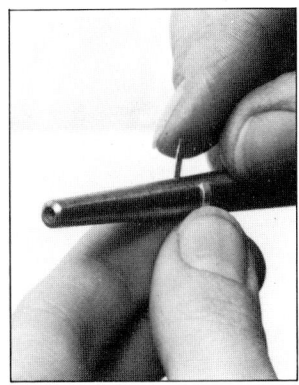

hämmern Sie vorsichtig, um einen Kreis zu erhalten, der fest um den Stein sitzt.

3 Das Bodenblech kann ausgeglüht und mit einem Hammer flachgeklopft oder mit Schmirgelpapier abgerieben werden. Die Unterseite der Cabochonfassung sollte mit Schmirgelpapier in der Körnung 360 oder 480 glattgeschmirgelt werden.

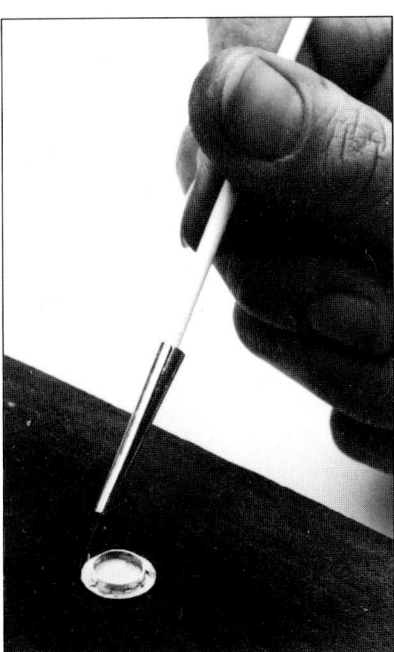

4 Setzen Sie die Zarge auf ihre Unterseite. Plazieren Sie kleine Lotstücke gleichmäßig um die Außenseite der Fuge. Anschließend löten, beizen und nachwaschen.

5 Sägen Sie so dicht wie möglich an der Lötfuge entlang, aber nicht verkratzen. Feilen Sie die Sägestelle rund um den Boden, bis sie glatt ist, dann schmirgeln, bis das Silber glänzt.

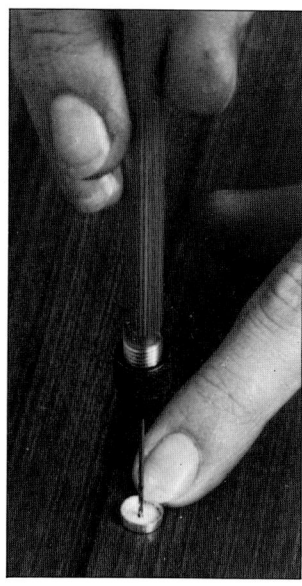

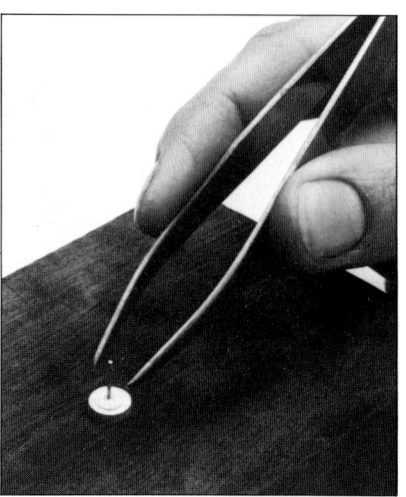

6 Bohren Sie ein Loch in die Mitte des Bodens. Setzen Sie den Stein in die Fassung, um die Größe zu probieren, dann stoßen Sie ihn wieder heraus, indem Sie eine Nadel durch das eben gebohrte Loch stecken. Schmirgeln Sie den Boden mit Schmirgelpapier glatt.

7 Löten Sie einen Stecker mit mittlerem Lot in die Mitte jeder Fassung, dann beizen und nachwaschen. Sie können ein Stück 0,9 mm silbernen Draht in das Loch löten oder einen Stecker mit flacher Rückseite kaufen.

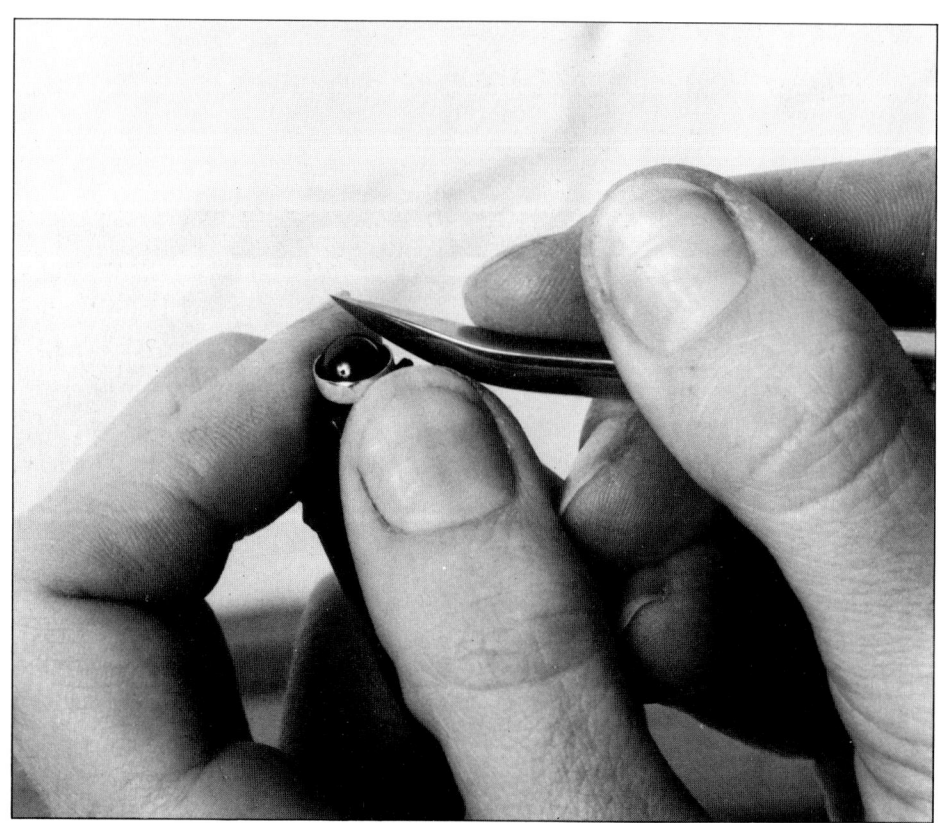

8 Der Stein muß eben in der Fassung sitzen. Drücken Sie die Fassung entweder mit speziellen Werkzeugen oder mit einem Polierstahl an den Stein, indem Sie den Ohrring sorgsam aber fest drehen und das Metall über den Stein drücken. Nach und nach wird die Zarge den Stein fassen. Vergewissern Sie sich, daß die Kante glatt ist, und polieren Sie das fertige Stück.

Ring mit Cabochonfassung

Dieser Typ Fassung war besonders in viktoriani-schen Zeiten beliebt. Schmetterlingsflügel, Sei-denfäden und Gold- oder Silberblätter wurden

unter Glas oder Bergkristall gefaßt, so daß sie durch den klaren Stein durchscheinen konnten. Ich habe einen Cabochon auf eine Drahtschiene gesetzt, Sie können die Ringschiene aber auch aus Metallblech herstellen. Sie brauchen ca. 12 mm Silberdraht, einen Streifen Silber für die Fassung, einen durchsichtigen Quarz mit Cabo-chonschliff, Schmetterlingsflügel, Silber für den Boden und Klammern. Diese halten das Metall zusammen, und während des Lötens in der richtigen Position.

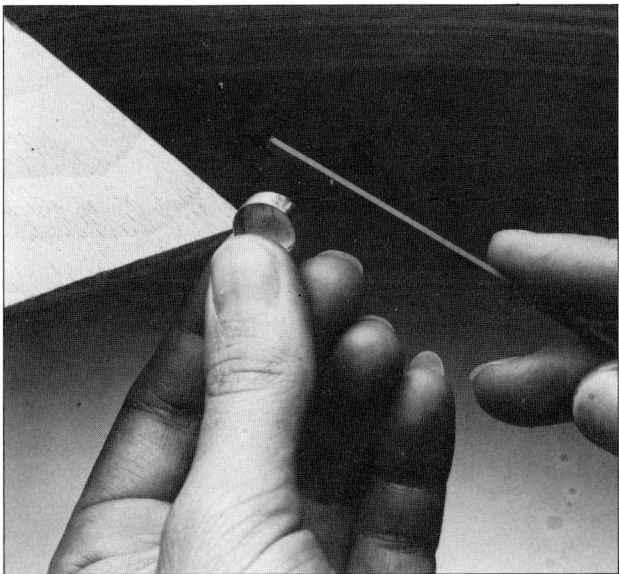

1 Fertigen Sie eine Fassung gemäß den Anweisungen auf S. 58. Bohren Sie mit einem 0,8 bis 0,9 mm-Bohrer ein Loch in die Mitte. Als nächstes fertigen Sie zwei Ringe von gleicher Größe aus Silberdraht (s. S. 54).

2 Löten Sie die Ringe auf der Unterseite der Schiene zusammen, benutzen Sie Stecknadeln, um die oberen Seiten der Ringe 1 cm auseinander zu halten. Es muß genau gelötet werden, andernfalls kann die Fassung nicht ausgewogen angebracht werden. Beizen und waschen (s. S. 46).

3 Löten Sie die Fassung mit mittlerem oder leicht-flüssigem Lot genau an den Mittelpunkt der Schienen-oberseite. Die Ringschiene kann mit einer Federpinzette oder mit Nadeln in aufrechter Position gehalten werden. Nochmals beizen und waschen.

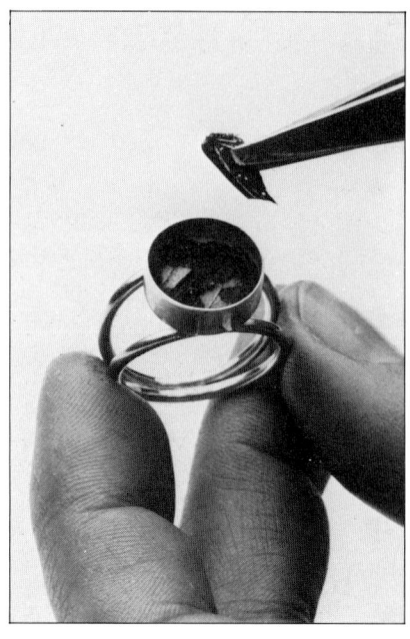

4 Feilen Sie die Lötstellen mit einer Allzweckfeile und glätten Sie die Oberfläche abschließend mit Schmirgelpapier, das Sie sich um den Finger wickeln. Das Schmirgeln von Hand hilft Ihnen, die Kreisform beizubehalten.

5 Benutzen Sie ein Skalpell, um ausgewählte Teile der Schmetterlingsflügel vorsichtig auszuschneiden. Achten Sie darauf, den Staub, der die schmückenden Farben bildet, nicht abzuwischen.

6 Die Flügelteile dekorativ in die Zarge legen und mit einem milden Allzweckkleber befestigen.

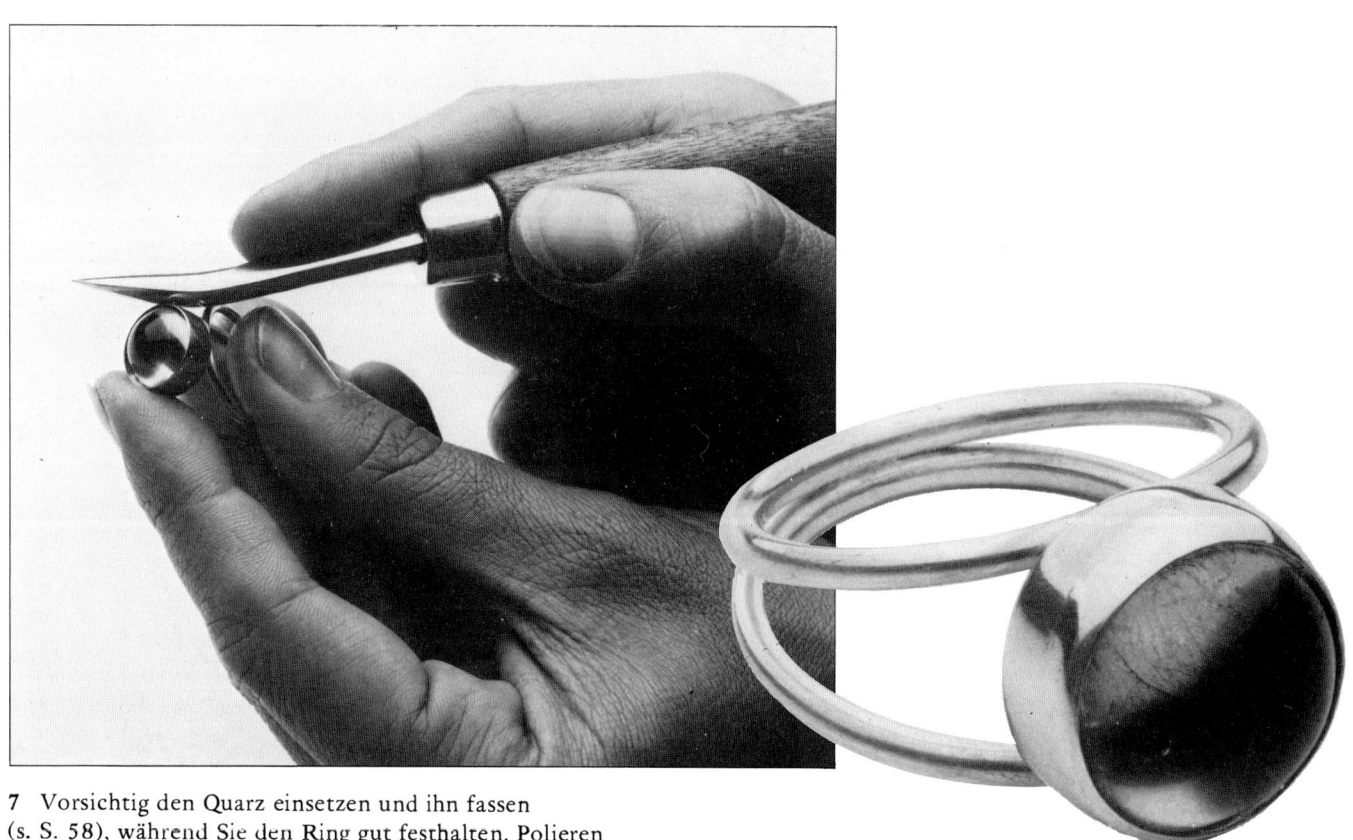

7 Vorsichtig den Quarz einsetzen und ihn fassen (s. S. 58), während Sie den Ring gut festhalten. Polieren Sie den Ring, und passen Sie auf, daß er nicht naß wird, damit sich die Schmetterlingsflügel nicht verfärben.

Cabochon ist eine anziehende, ungewöhnliche Art der Fassung, die Sie in zahlreichen Varianten anwenden können, um Ihrem Schmuck Individualität und Stil zu verleihen.

Kugelkette

Diese Grundtechnik des Auffädelns kann an eine Vielzahl verschiedener Ausführungen angepaßt werden. Kupferdraht kann durch Gold- oder Silberdraht ersetzt werden, Porzellan- oder Holzperlen oder Halbedelsteine oder eine Kombination von allen können anstelle der hier gezeigten Glasperlen verwendet werden.

Sie haben die Möglichkeit, die Länge der Kette, die Größe der Perlen oder Steine nach Ihrem eigenen Geschmack zu variieren. Kürzere Teile von aufgefädelten Perlen können für Armbänder verwendet oder an Clips als Ohrringe befestigt werden.

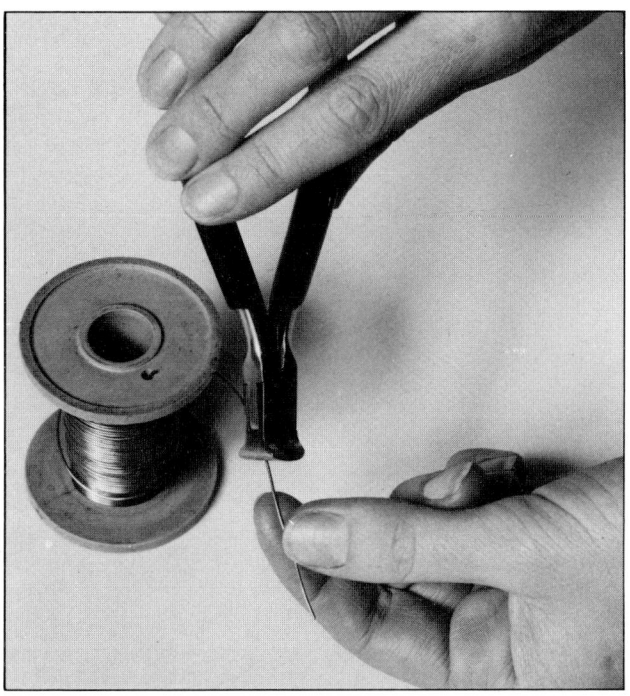

1 Schneiden Sie mit einem Drahtschneider 2,5 cm lange Stücke 0,8 mm Ø Kupferdraht, ein Stück für jede Perle. Wenn der Draht nicht leicht durch die Kugeln geht, nehmen Sie dünneren.

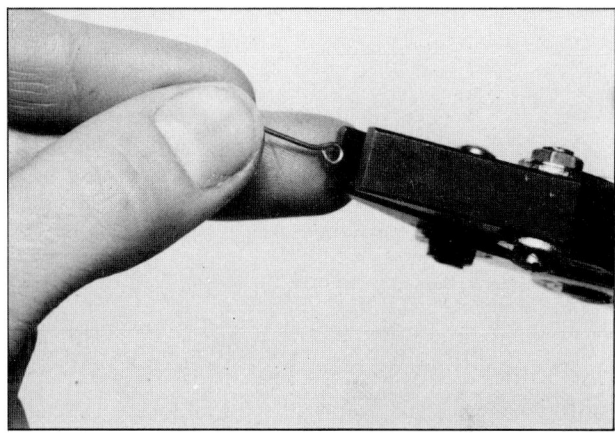

3 Flachen Sie die Schlinge mit einer Flachzange sorgfältig ab (was der Kette ein geschmackvolles Aussehen gibt). Fädeln Sie die erste Kugel auf den Draht.

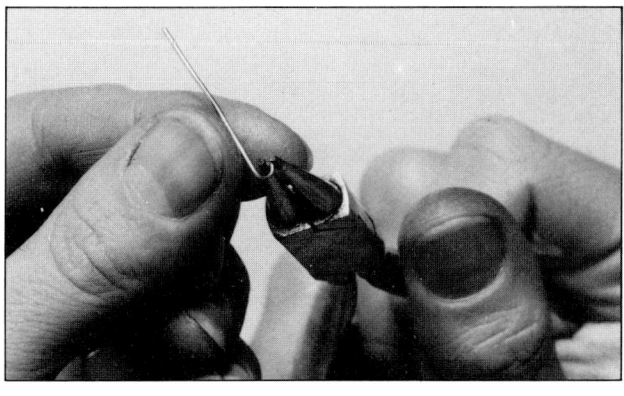

2 Halten Sie ein Ende des Kupferdrahtstücks fest in einer Hand, fassen Sie das andere Ende mit einer Rundzange, und biegen Sie es um das Ende der Zange. Ihr Ziel ist, eine kleine Schlinge zu fertigen.

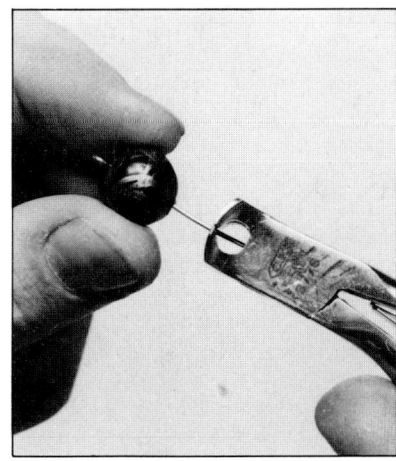

4 Bringen Sie das offene Ende des Drahts mit einem Drahtschneider auf eine Länge von ca. 6 mm. Biegen Sie den Draht wie oben beschrieben, und flachen Sie die Schlinge ab. Wiederholen Sie den Auffädelvorgang mit allen Perlen.

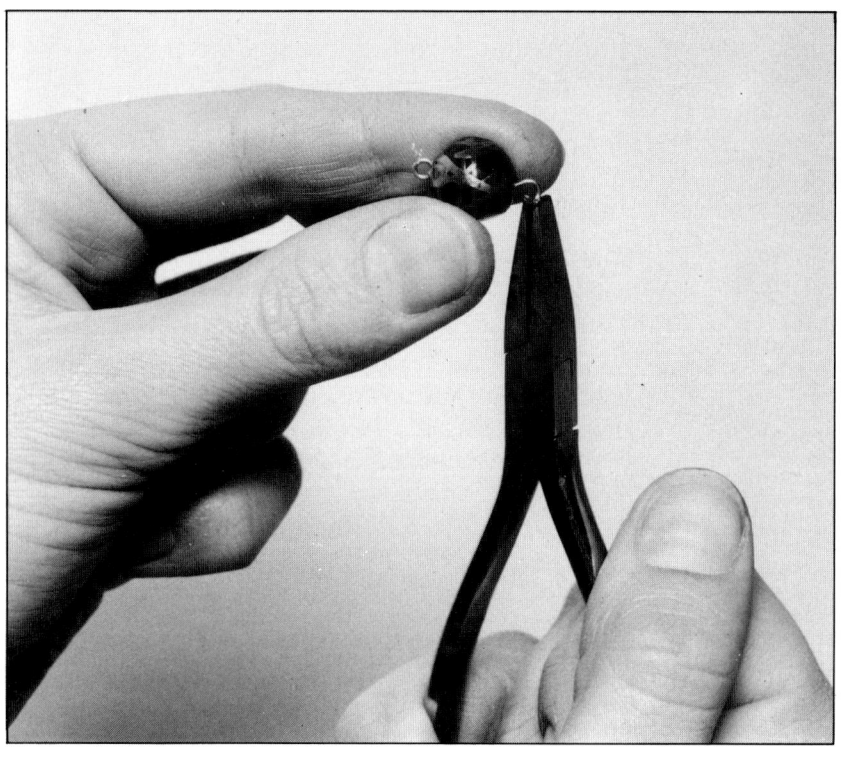

5 Um die Perlen zu verbinden, öffnen Sie bei allen aufgefädelten Kugeln an einem Ende die Schlinge vorsichtig zur Hälfte.

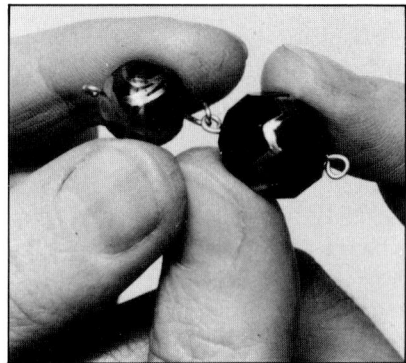

6 Haken Sie die Schlingen ineinander. Dann schließen Sie die Lücke wieder gut mit einer Allzweckzange.

7 Fahren Sie mit dem Verbindungsprozeß Perle für Perle fort, bis Sie genug Perlen für eine Kette der gewünschten Länge miteinander verbunden haben.

8 Befestigen Sie einen handelsüblichen Verschluß, um die Enden der Kette schließen zu können. Dieser kann in derselben Weise wie die Einzelglieder an der Kette befestigt werden.

Durchbrochene Ohrringe

Zu dem Design dieser Ohrringe wurde ich angeregt durch die maurische Architektur der Alhambra in Spanien. Wenn Sie wollen, können Sie die Größe der Ohrringe variieren oder Steine anstelle der Granulierung verwenden.

Sie benötigen ein 5 x 9 cm großes und 1 mm dickes Stück Silber oder Messing. Um die dreidimensionale Wirkung zu verstärken, nehmen Sie ein etwas dickeres Metallblech und schrägen die

Ränder ab. Außerdem benötigen Sie runden Draht (1 mm), silbernen Ohrringdraht (0,8 bis 0,9 mm) und 6 Biegeringe.

Bei schwierigen Entwürfen wie diesem ist es ratsam, ihn auf Millimeter- oder Karopapier vorzuzeichnen. Fixieren Sie die Zeichnung mit Künstlerfixativ oder Haarspray, da sonst die Reibung, die durch das Aussägen entsteht, die Vorlage verwischen kann.

Diese Ohrringe sind ein Beispiel dafür, wie fremde Kulturen Schmuckentwürfe beeinflussen können.

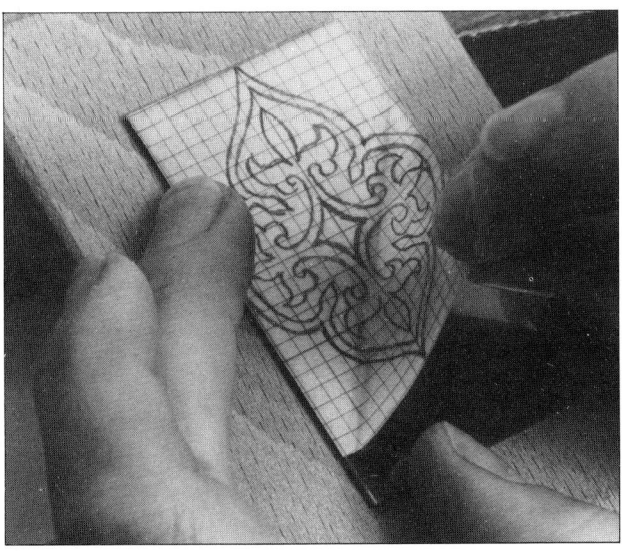

1 Nach dem Zeichnen wird der Entwurf mit doppelseitigem Klebeband auf dem Metallblech befestigt.

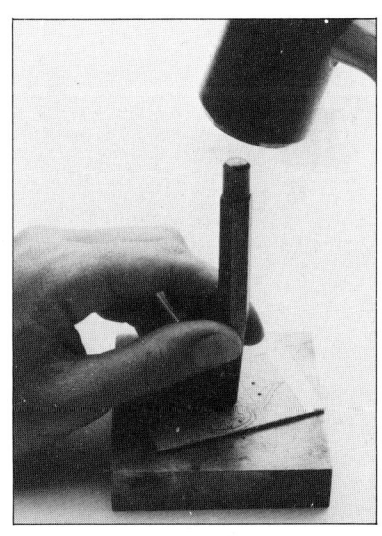

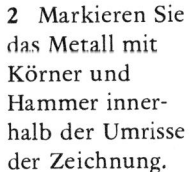

2 Markieren Sie das Metall mit Körner und Hammer innerhalb der Umrisse der Zeichnung.

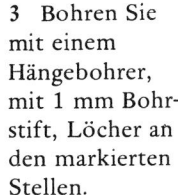

3 Bohren Sie mit einem Hängebohrer, mit 1 mm Bohrstift, Löcher an den markierten Stellen.

4 Lösen Sie die untere Schraube der Säge, ziehen Sie das Sägeblatt durch eins der Löcher und schrauben Sie das Sägeblatt wieder fest. Halten Sie Ihr Werkstück fest, das Sägeblatt senkrecht und sägen Sie gleichmäßig. Folgen Sie genau der Vorlage. Diesen Vorgang wiederholen Sie, bis Sie den gesamten Entwurf ausgesägt haben.

5 Schneiden Sie erst jetzt den äußeren Umriß des Ohrrings aus, und feilen Sie die Kanten glatt.

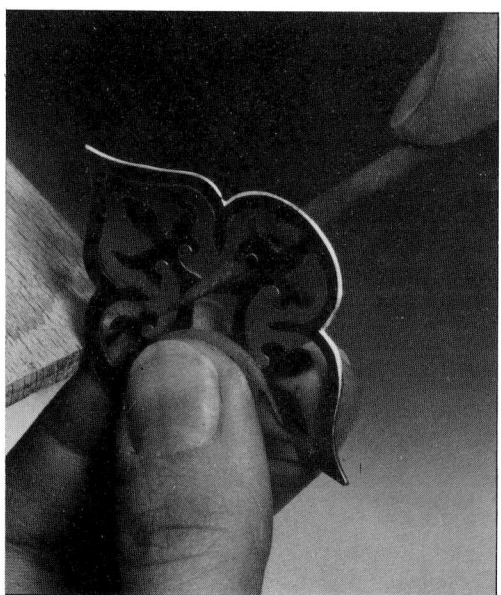

6 Benutzen Sie Nadelfeilen, um alle rauhen Kanten des durchbrochenen Musters zu glätten. Schneiden Sie 1 mm Silberdraht in sehr kleine Stücke von 1 bis 2 mm für die Granulierung. Erhitzen Sie jedes Stück mit einem Lötbrenner, bis es zu einer winzigen Kugel schmilzt.

7 Markieren Sie die Lage der Granulierung mit einem Körner. Tragen Sie Flußmittel auf, und setzen Sie die Granalien auf die gewünschte Stelle. Anschließend Hartsilberlot an die äußeren Ränder der Granalien drücken, das Ganze langsam erhitzen, danach in Schwefelsäure beizen und nachwaschen.

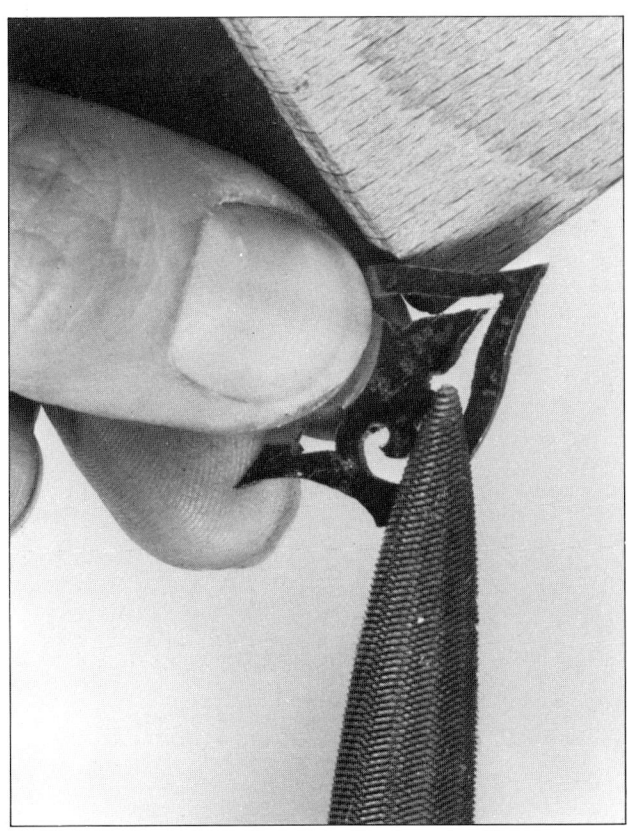

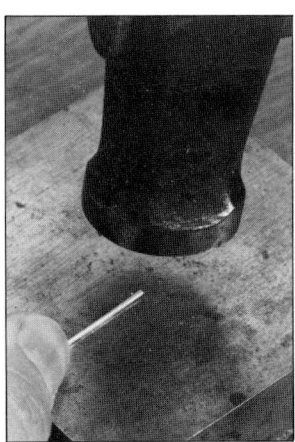

9 Schneiden Sie zwei 4 cm lange Stücke silbernen Ohrringdraht. Legen Sie auf ein Brettchen jeweils ein Ende des Drahtes, das Sie mit einem Hammer etwas flach schlagen. Wahlweise können die Enden auch in einer Walze etwas abgeflacht werden.

8 Löten Sie einen Biegering an jeden Ohrring da, wo er aufgehängt werden soll. Fertigen Sie die oberen Teile der Ohrringe, indem Sie Schritt 1 bis 7 wiederholen.

10 Belassen Sie den gehämmerten Teil flach, biegen Sie jeden Draht mit einer Rundzange um. Die abgeflachten Enden ermöglichen eine haltbarere Verbindung, wenn sie an den oberen Teil des Ohrrings gelötet werden.

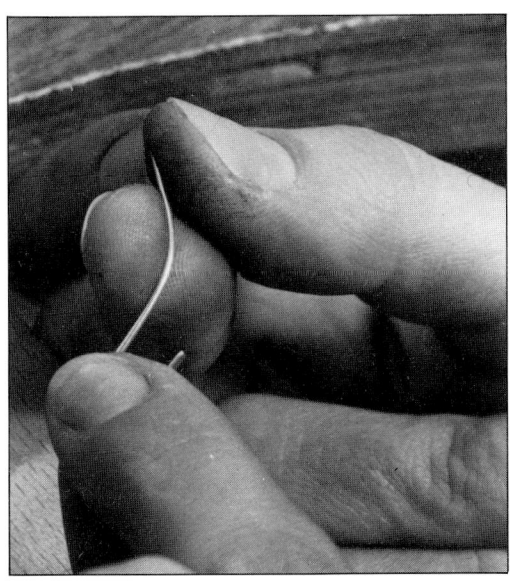

11 Das lange Teil des Ohrdrahtes sieht besser aus, wenn es leicht gebogen ist; am besten gelingt dies, wenn es mit den Fingern geformt wird. Feilen Sie die Enden des Ohrdrahtes, bis sie leicht durch ein Ohrläppchen gehen.

12 Löten Sie den Ohrdraht an den oberen Teil des Ohrringes. Halten Sie Ihre Arbeit mit einer Federpinzette (Lötkreuzpinzette mit Feder) in der richtigen Position, und verwenden Sie leichtflüssiges Lot. Beizen und nachwaschen. Glätten Sie alle Unebenheiten mit Schmirgelpapier, das Sie um Ihren Finger wickeln.

13 Polieren Sie mit Tripel und Baumwollmop auf einer Scheibe. Halten Sie Ihre Arbeit fest, besonders den oberen Teil, der wegen der Ohrdrahtbefestigung schwierig zu polieren ist.

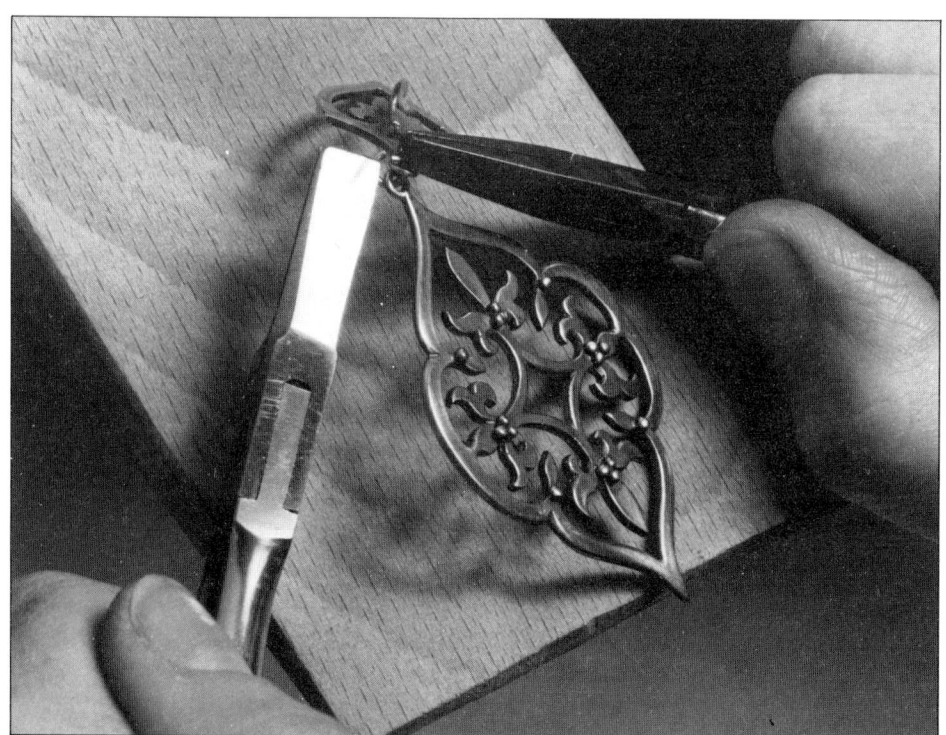

14 Verbinden Sie die beiden Teile mittels einer Zange durch einen Biegering. Entfernen Sie alle Reste von Tripel mit Spiritus, und polieren Sie mit Polierrot. Zusätzlich können Sie die Ohrringe versilbern und oxidieren.

Das Gießen

Das Gießen ist eine sehr alte Technik. Die Ursprünge liegen ungefähr 5000 Jahre zurück. Gießen wird angewandt, um identische Kopien eines einzigen ursprünglichen Meisterwerks anzufertigen oder um eine Form herzustellen, die mit anderen Techniken nur schwer anzufertigen ist. Die Grundtechnik besteht in der Herstellung einer hohlen Form des Originals, in die geschmolzenes Metall gegossen wird. Wenn das Metall erkaltet und hart geworden ist und die Form entfernt wird, hat man eine Replik des Originalobjekts. Die Form kann aus einer Vielzahl von Materialien hergestellt werden, die vom Rückenschulp des Tintenfischs (Ossa-Sepia-Guß) über Ton, Gummi bis zu einem speziellen Formgips reichen.

Wenn Sie Spaß daran haben, können Sie natürlich Ihre eignen Wachs- oder Metallmodelle machen, aber das wirkliche Gießen sollten Sie einem Fachmann überlassen. Das Schmelzen von Metallen ist schwierig und kann sogar gefährlich sein. Außerdem sind vom Fachmann hergestellte Gußformen glatter in der Ausführung. Nachdem Ihr Stück gegossen ist, können Sie ihm den letzten Schliff geben.

Ossa-Sepia-Guß

Der Ossa-Sepia-Guß ist die einfachste Gießmethode, aber Sie sollten sie erst dann versuchen, wenn Sie sicher im Umgang mit geschmolzenen Metallen sind. Mit dem Ossa-Sepia-Guß kann nur eine Kopie eines harten Objekts gegossen werden, und man sollte ihn nicht für kleine Feinarbeiten verwenden.

Sie benötigen zwei Sepiaschalen (Rückenschulp des gemeinen Tintenfisches), einige Längen Draht, die als Nägel benutzt werden und rauhes Sandpapier.

Glätten Sie die weichen Innenseiten der Schalenhälften mit Sandpapier. Die beiden Hälften müssen plan aufeinanderpassen, da sonst das geschmolzene Metall aus der Gußform läuft.

Drücken Sie Ihr Modell bis zur Hälfte fest in die eine der Schalen, und drücken Sie dann die andere Schale darauf. Wahlweise können Sie Ihren Entwurf je zur Hälfte in eine Schale schneiden.

Um sicher zu gehen, daß die Hälften genau aufeinanderpassen, drücken Sie Drahtstücke in die Ecken der unteren Schale, so daß die Drahtenden nach oben zeigen. Pressen Sie dann die obere Schale fest auf die Drähte. Sind Sie mit dem Sitz der beiden Schalen aufeinander zufrieden, nehmen Sie Ihr Modell heraus und schneiden einen Kanal vom Ende des Sepiaschulps bis zum äußeren Rand Ihres Modellabdrucks. Diesen Kanal nennt man Eingußtrichter, er dient dem geschmolzenen Metall als Einlauf in die hohle Form, in der der Abdruck entsteht. Pinseln Sie den Abdruck mit feinem Öl aus, und binden Sie die beiden Schalenhälften mit Draht zusammen. Für den Ossa-Sepia-Guß ist Silber das geeignete Metall, da es ziemlich rein ist und sich gut gießen läßt. Erhitzen Sie das Silber (s. S. 117), und gießen Sie das geschmolzene Metall in den Eingußtrichter. Lassen Sie es hart werden, und nehmen Sie dann die Sepiaschalen weg.

„Verlorene Form"/Wachsschmelzverfahren

Dies ist eine ausgeklügelte Gießtechnik zum Reproduzieren sehr feiner, schwieriger Objekte. Bei dieser Technik wird ein Metall- oder Wachsmodell angefertigt. Ist Ihr Original aus Metall, fertigen Sie davon eine Gummiform, in der Ihr Entwurf in Wachs reproduziert werden kann. Die fertigen Nachbildungen werden so mit Eingußkanälen versehen, daß sie wie bei der Form eines Baumes um einen zentralen Wachsstamm angeordnet sind. Dieser „Wachsbaum" wird aufrecht in eine Schale gestellt, die dann mit Einbettmasse gefüllt wird. Das Wachs wird ausgeschmolzen, und die Höhlung mit geschmolzenem Metall gefüllt. Wahlweise können Sie Ihr Modell auch gleich aus Wachs ausschneiden. Wachs für Dentalbedarf ist eine ideale Modelliermasse, da sie sowohl mit Gravurwerkzeugen als auch mit warmen Messern gut bearbeitet werden kann. Typ und Form des Dentalwachses, das Sie wählen, hängt von Ihren besonderen Erfordernissen ab. Am besten besprechen Sie die Möglichkeiten vor dem Kauf mit einem Gießer. Da Dentalwachs sehr rein ist, hinterläßt es keine Verunreinigungen in der Form.

Eingußkanäle

Ein ganz wichtiger Punkt beim Gießen ist die Plazierung des Eingußkanals. Ein einfaches Modell erfordert nur einen Kanal, bei komplizierteren sind drei bis vier nötig. Die Kanäle können gerade oder gebogen verlaufen und sollten so angeordnet sein, daß das Metall gleichmäßig und leicht in jeden Teil der Form fließt. Mehrere Kanäle sollten gleichmäßig so um das Modell angeordnet werden, daß sie in einem Hauptkanal zusammenlaufen. Wenn Sie Zweifel über die Anordnung Ihrer Gußkanäle haben, fragen Sie einen professionellen Gießer um Rat. Löten Sie die Gußkanäle mit Hartlot an Ihr Modell, da Bleilot während des Gießprozesses schmilzt. Wenn die Gußarbeiten vom Gießer zurückkommen, müssen die Kanäle abgesägt und die Kanten sauber gefeilt werden.

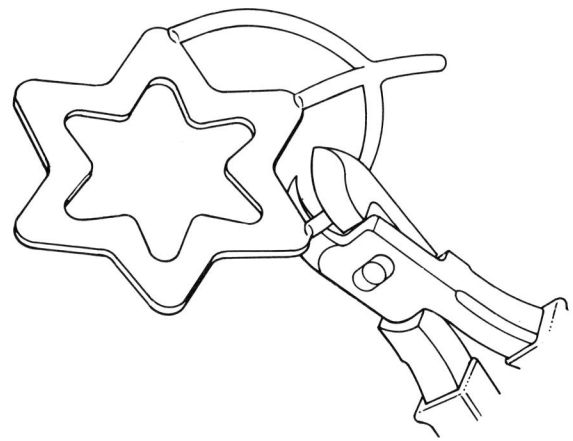

Entfernen von Gußkanälen
Nehmen Sie eine Zange für kleinere und eine Säge für größere Gußkanäle.

Gummiformen

Gummiformen werden zur Reproduktion hoher Stückzahlen eines bestimmten Objekts benutzt. Die Formen sind langlebig, sehr flexibel und in der Lage, auch Feinheiten wiederzugeben. Obwohl es einfacher ist, Gummiformen von einem Berufsgießer machen zu lassen, ist es doch nützlich zu wissen, wie sie hergestellt werden.

Man kann verschiedene Gummiarten zum Herstellen von Formen verwenden, aber alle müssen mit einem entsprechenden chemischen Reagenz, das als Katalysator zum Härten dient, gemischt werden. Bei Silikongummi ist es besonders wich-

Herstellen einer Gummiform

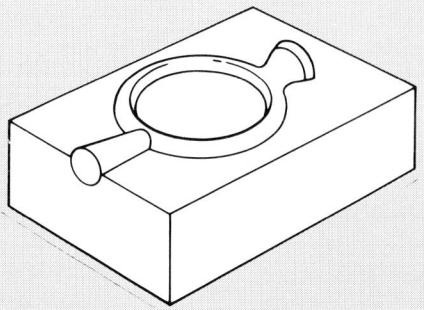

1 Drücken Sie Ring und Gußkanal zur Hälfte in einen Plastilinblock.

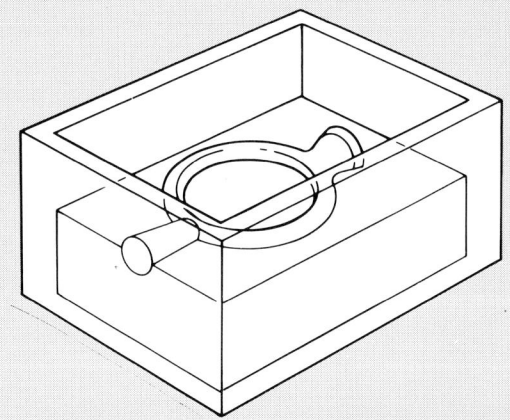

2 Bilden Sie eine Plastilinwand um den Block.

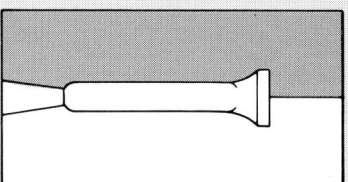

3 Gießen Sie das Gummi in die umbaute Fläche.

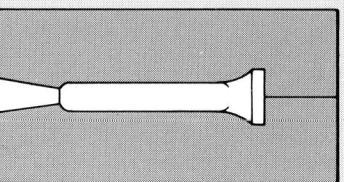

4 Drehen Sie den Ring um, und gießen Sie den zweiten Teil des Gummis ein.

tig, die Gebrauchsanweisung sorgfältig zu befolgen, da sonst das Gummi nicht richtig fest wird. Mischen Sie das chemische Reagenz mit dem Gummi, und rühren Sie die Masse sorgfältig. Arbeiten Sie in einem gut belüfteten Raum, damit Lebensmittel und Getränke nicht mit dem Silikon in Berührung kommen und das Gummi nicht in offene Wunden oder in die Augen gelangt.

Nehmen Sie Ihr Metalloriginal, und versehen Sie es mit Eingußkanälen, oder lassen Sie es von einem Berufsgießer mit Gußkanälen versehen. Tragen Sie auf Modell und Gußkanäle ein spezielles Scheidreagenz auf, drücken Sie das Ganze in einen Plastilinblock, bis es zur Hälfte in dem Block sitzt. Bilden Sie Plastilinwände rund um das eingebettete Teil, und tragen Sie auf die inneren Flächen den Trennwirkstoff auf. Füllen Sie die umrandete Fläche mit der Gummimasse, und warten Sie, bis das Ganze fest wird. Wenn die obere Hälfte der Form fest ist, entfernen Sie die Wände und nehmen das Modell und seine Form aus dem Plastilin. Um die andere Hälfte der Form herzustellen, drehen Sie das Modell um, passen es wieder in das Plastilin ein und wiederholen den gesamten Vorgang. Ist das Gummi fest, trennen Sie Plastilin und das Modell mit der Gußform. Überprüfen Sie, ob das Eingußloch frei ist. Die Form kann jetzt mit heißem Wachs gefüllt werden.

Fortgeschrittene Gießtechniken

Mit Schleuder- und Vakuumgießtechniken arbeiten meist nur Goldschmiedewerkstätten und Berufsgießer. Da hierfür teure Geräte nötig sind, ist das Arbeiten in diesen Techniken für Hobbygoldschmiede uninteressant.

Dinge, an die Sie denken sollten

1 Metall kühlt in einer Form ab und unterliegt je nach Guß einem 2 bis 10 %igem Schrumpfungsprozeß. Fragen Sie Ihren Gießer, mit welcher Schrumpfung Sie rechnen müssen, und machen Sie die Form dann entsprechend größer.

2 Da Metall nur in einer Hauptrichtung fließen kann, müssen die Eingußkanäle entsprechend angebracht sein. Fragen Sie Ihren Gießer um Rat.

3 Eingußkanäle müssen mit Hartlot angelötet werden.

4 Wenn die Gußarbeit vom Gießer zurückkommt, werden die Eingußkanäle abgeschnitten oder -gesägt und sauber gefeilt.

5 Möglicherweise muß die Metalloberfläche mit Schmirgelpapier poliert werden.

6 Entgraten Sie das Modell mit einem Skalpell oder einer Feile.

7 Löcher werden am besten nach dem Gießen gebohrt.

8 Einige Formen sind schwierig zu gießen; es kann passieren, daß der Gießer Sie bittet, die Lage der Gußkanäle zu ändern oder Ihren Entwurf abzuwandeln.

Das Gießen einfacher Formen

Gießen ist eine arbeitssparende Methode bei der Herstellung vieler identischer Teile. Da die Ausrüstung zum Gießen sehr teuer und hoch spezialisiert ist, gießen die wenigsten Goldschmiede selbst; aber wie jene, können auch Sie Ihre Originalform entwerfen und herstellen und sie dann zu einem Berufsgießer bringen. Zeichnen Sie den Entwurf für das zu gießende Teil auf Karopapier und befestigen Sie es mit doppelseitigem Klebeband auf einem 2 mm dicken Messingblech. Sägen Sie den Umriß mit einer Laubsäge aus. Um das innere Muster auszusägen, markieren

Sie geeignete Punkte mit einem Bleistift und
bohren dann an diesen Stellen Löcher. Durch
diese Löcher muß das feine Sägeblatt der Goldschmiedesäge jedesmal neu gezogen werden.
Halten Sie das Musterstück beim Sägen gut fest.

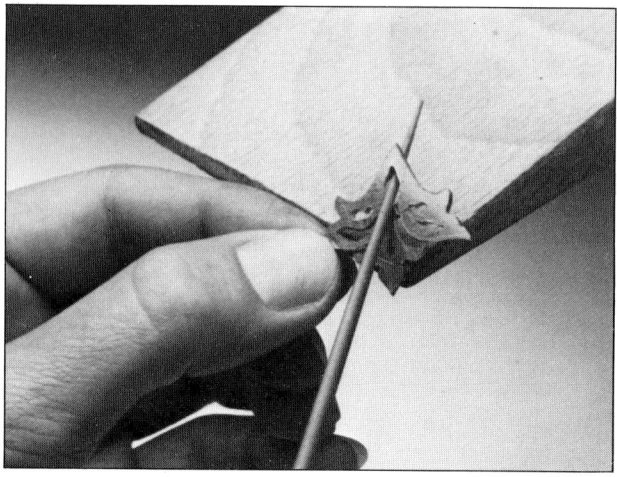

1 Entfernen Sie das Zeichenpapier. Benutzen Sie für die
äußeren Kanten eine flache Feile, für die inneren eine
Nadelfeile, und feilen und entgraten Sie die Kanten des
Teils.

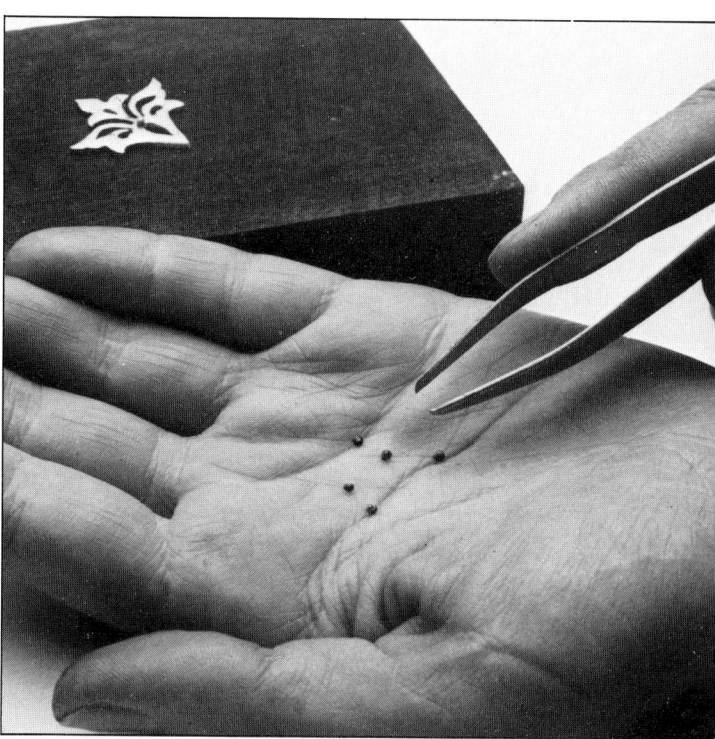

2 Schneiden Sie einige kurze Stücke Silberdraht ab, die
Sie mit einem Lötbrenner erhitzen, bis kleine regelmäßige
Kugeln entstehen. Die Drahtstücke sollten klein und von
gleicher Größe sein, da sich sonst Klümpchen anstelle von
kleinen Kugeln bilden.

3 Ordnen Sie die Granalien auf dem Objekt und löten
Sie sie an den gewünschten Stellen mit Hartsilberlot fest.
Fügen Sie einen Biegering an der Oberseite des Objekts an,
öffnen Sie ihn leicht, so daß er um die Spitze paßt, löten
ihn fest, und beizen das Teil (s. S. 46).

4 Um einen Eingußkanal zu bilden, löten Sie ein Stück
2 bis 3 mm dickes Messingrohr an das untere Ende des
Teils wie abgebildet. Verwenden Sie Silberlot, da Bleilot während des Gießens schmilzt. Polieren Sie das Teil,
bevor Sie es zu einem Berufsgießer geben.

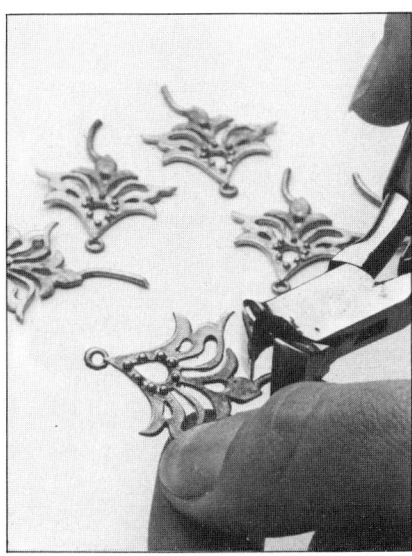

5 Nachdem Ihre Teile vom Gießer zurückgekommen sind, können Sie die Eingußkanäle mit einer Drahtzange abkneifen oder mit einer Säge entfernen. Unebenheiten sollten glattgefeilt und alle Blasen auf der Oberfläche mit einem Skalpell weggeschabt werden.

6 Wählen Sie ein passendes Stück Kette, ca. 35 bis 38 cm lang, und befestigen Sie die Einzelteile in passenden Abständen. Benutzen Sie eine Allzweckzange, um die Biegeringe sicher an den Kettengliedern zu befestigen.

7 Mit einer Flachzange befestigen Sie einen Verschluß an einem Ende und eine große Öse am anderen Ende der Kette. Ein Federringverschluß ist am günstigsten, aber ein anderer tut es auch.

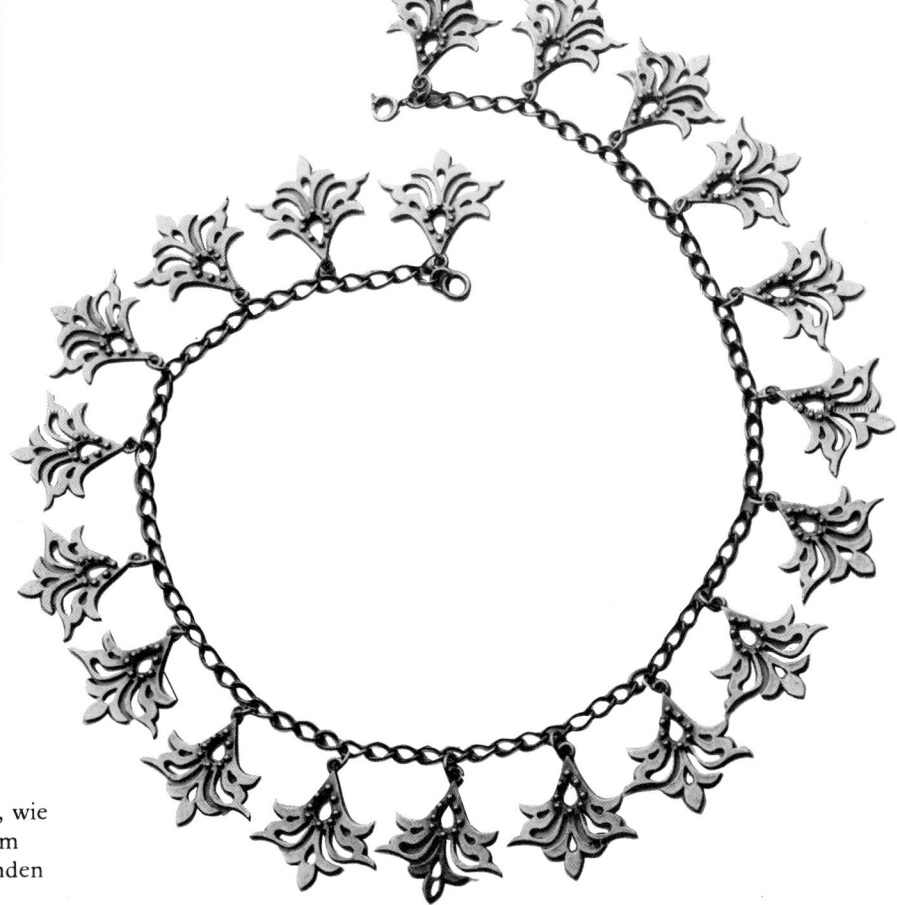

Die fertige Kette ist ein Beispiel dafür, wie das Gießen eingesetzt werden kann, um viele Einzelteile herzustellen und Stunden monotoner Arbeit einzusparen.

Furnituren

Schmuckschlösser, Schließhaken und Verbindungsglieder sind als Furnituren bekannt. Wenn Sie anfangen, eigenen Schmuck herzustellen, ist es zunächst einfacher, die Zubehörteile zu kaufen, anstatt zu versuchen, sie selbst herzustellen. Bei den gekauften Furnituren, die meist maschinell hergestellt werden, gibt es große Preisunterschiede. Es wäre falsche Sparsamkeit, billige Furnituren zu kaufen, da diese wahrscheinlich nicht richtig funktionieren oder nach kurzer Zeit kaputtgehen. Für welche Qualität Sie sich auch entscheiden, Sie sollten zunächst Ihr Schmuckstück daraufhin untersuchen, welche Art von Zubehör hinsichtlich Funktion und Aussehen das richtige ist, bevor Sie Furnituren aus dem breit gefächerten Angebot auswählen. Wenn Sie z.B. einen kleinen zarten Verschluß an einer schweren Halskette anbringen wollen, wird er das Gewicht der Kette kaum tragen können und auch wenig anziehend aussehen.

Erst wenn Sie etwas mehr Erfahrung haben, sollten Sie darangehen, Ihre eigenen Zubehörteile anzufertigen. Obwohl diese Aufgabe schwierig ist und Geschicklichkeit erfordert, ist sie sehr befriedigend. Ein handgemachter Verschluß ist fast immer effektiver als ein gekaufter, dies gilt besonders für Broschenverschlüsse und -nadeln. Außerdem entspricht die Kunstfertigkeit der Furnituren dann der des Schmuckstückes. Wenn Sie lieber keine Zeit an die Herstellung von Furnituren für ein einzelnes Stück verschwenden wollen, können Sie gekaufte Furnituren abändern, indem Sie Steine hinzufügen oder bestimmte Muster auflöten. Ich schlage vor, daß Sie zunächst Ohrringzubehör anfertigen, da dies schnell und einfach zu machen ist. Verwenden Sie stets silbernen Ohrdraht, auch wenn Ihre Ohrringe selbst aus unedlen Metallen sind, da viele Leute gegen Nickel allergisch sind.

Ketten

Sie können Ihre eigene Kette anfertigen, aber wenn man den Zeitaufwand in Betracht zieht und das vielfältige, auf dem Markt erhältliche Angebot betrachtet, erscheint dies weder ökonomisch noch sinnvoll. Es gibt Läden, die sich auf handgemachte Ketten spezialisiert haben, aber

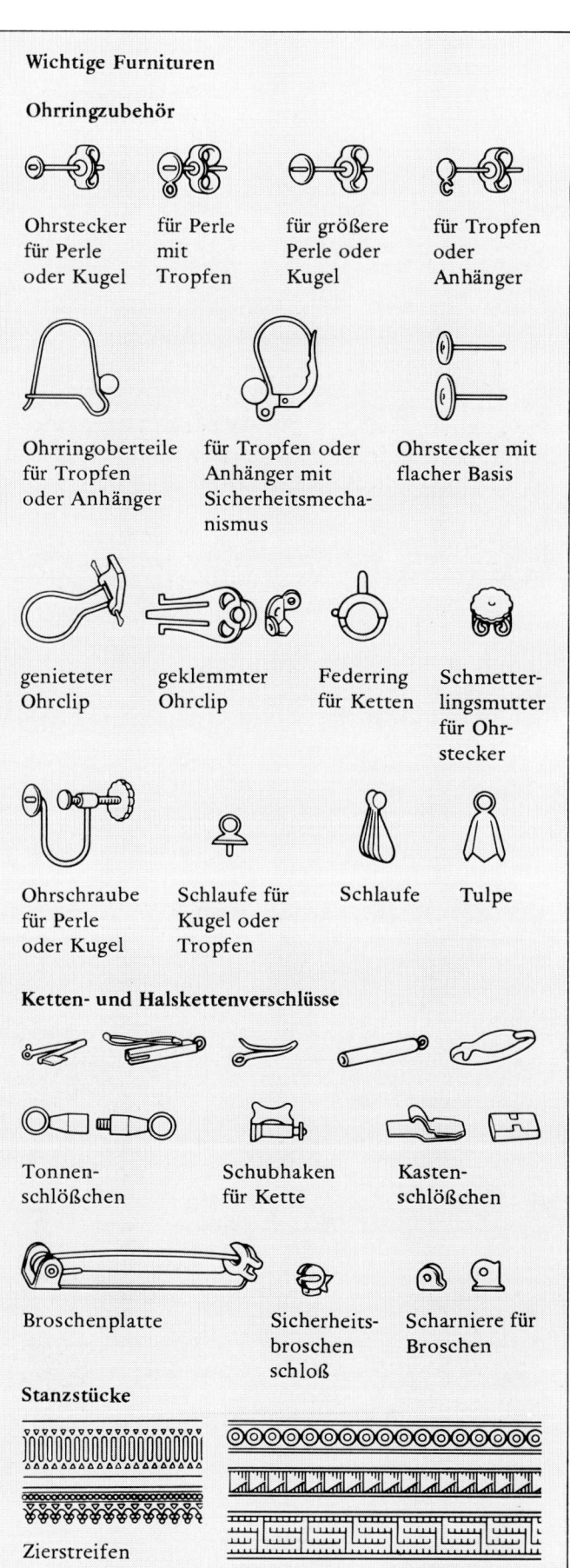

Wichtige Furnituren

Ohrringzubehör

Ohrstecker für Perle oder Kugel | für Perle mit Tropfen | für größere Perle oder Kugel | für Tropfen oder Anhänger

Ohrringoberteile für Tropfen oder Anhänger | für Tropfen oder Anhänger mit Sicherheitsmechanismus | Ohrstecker mit flacher Basis

genieteter Ohrclip | geklemmter Ohrclip | Federring für Ketten | Schmetterlingsmutter für Ohrstecker

Ohrschraube für Perle oder Kugel | Schlaufe für Kugel oder Tropfen | Schlaufe | Tulpe

Ketten- und Halskettenverschlüsse

Tonnenschlößchen | Schubhaken für Kette | Kastenschlößchen

Broschenplatte | Sicherheitsbroschenschloß | Scharniere für Broschen

Stanzstücke

Zierstreifen

Ausgewählte Furnituren
1 dreieckige Biegeringe für durchbohrte Tropfen;
2 Biegeringe; 3 Stotzenfassung mit Metalluntergrund für
Paste; 4 Nadeln zum Sichern von Kugeln usw.; 5 Ohrstecker mit Schmetterlingsmutter; 6 gestanzte Zierteile;
7 Ohrschrauben; 8 Herrenkarabiner; 9 Kastenschlößchen
aus unedlem Metall; 10 Tonnenschlößchen mit Schnepper;
11 Scharnier und Verschluß für Broschen; 12 Ohrclipmechanik; 13 Broschenplatte für Holz und Plastik ohne
Löten.

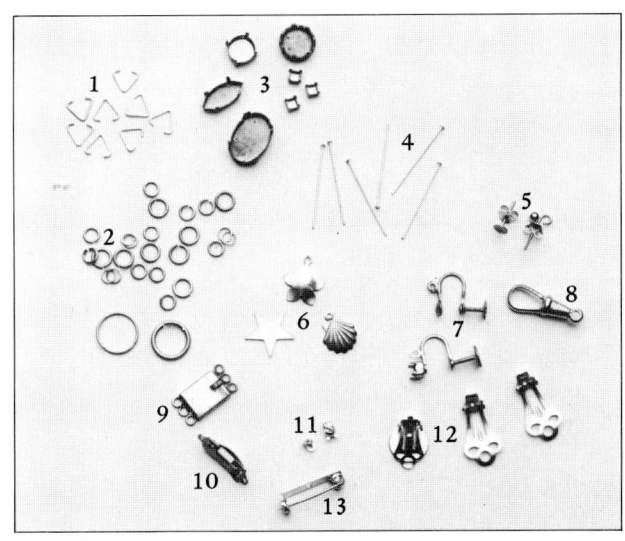

sie sind sehr teuer und nur in Fällen zu empfehlen, wo es sich um ein besonderes oder sehr
wertvolles Schmuckstück handelt. Maschinell
hergestellte Ketten gibt es in Gold, Silber, Platin
und unedlen Metallen und in einer Vielzahl von
Mustern und Formen, wie Sie aus den Abbildungen ersehen können. Da die Nachfrage nach
bunten Messing- oder Kupferketten immer geringer sein wird als die nach Edelmetallketten,
sind die ersteren auch schwerer zu bekommen.

Halten Sie die Augen in Trödelläden nach alten
Ketten offen. Wenn Sie eine einfache Kette
selbst machen wollen, ist die leichteste Methode,

Verschiedenen Ketten
1 Ankerkette; 2 Kordelkette;
3 Panzerkette; 4 Kugelkette;
5 Phantasiekette (man könnte
diese Art auch Loopingkette
nennen); 6 Schlangenkette;
7 Rundvenezia; 8 Doppel-
ankerkette; 9 kleine doppelte
Erbskette; 10 Weitankerkette;
11 doppelte Erbskette;
12 Flachpanzerkette; 13 Rund-
panzerkette.

Biegeringe zu verbinden, entweder einzeln oder paarweise. Sie können aber auch ein Stück Draht um einen sogenannten „Faulenzer" winden — dabei wird das Muster vorgegeben, indem man Nägel in ein Stück Holz schlägt — und dann die einzelnen Kettenglieder verbinden.

Wenn Sie ein kurzes Stück Kette fertiggestellt haben, testen Sie seine Stärke, indem Sie daran ziehen. Wenn sich eines der Kettenglieder auseinanderbiegt, müssen Sie jedes einzelne löten, eine Erklärung dafür, warum die Herstellung von Ketten so lange dauert.

Einfache Silberkette

Die grundlegende Technik für das Anfertigen von Ketten kann abgewandelt werden, indem Sie andere silberne Scharnierrohre auswählen — jede Größe und Länge kann genommen werden — Sie können auch Silberdraht und Silberkugeln verwenden. Welches Material Sie auch wählen, das Verfahren bleibt das gleiche. Im vorliegenden Fall habe ich 2,5 mm Scharnierrohre in 1,5 cm lange Stücke geschnitten, dazu kommen 0,8 mm Silberdraht, durchbohrte Silberkugeln mit 2,5 mm Durchmesser und 0,9 mm Draht für den handgemachten S-Verschluß.

2 Feilen Sie die Enden der Rohre flach, und glätten Sie sie mit Schmirgelpapier. Benutzen Sie eine Blechschere, um den Silberdraht in 4 cm lange Stücke zu schneiden und glühen Sie diese aus.

1 Schneiden Sie das Scharnierrohr in Stücke von 1,5 cm Länge. Die Anzahl der benötigten Stücke hängt von der Länge der Kette ab.

3 Machen Sie mit der Rundzange jeweils an das eine Ende jeden Drahtes eine Schlinge 1,2 bis 1,3 cm von der Spitze entfernt. Halten Sie den Draht weiter mit der Zange fest, und wickeln Sie den überstehenden Draht um den Ansatzpunkt jeder Schlinge. Ziehen Sie ein Stück Draht durch jedes Stück Scharnierrohr, und biegen Sie mit einer Zange das andere Ende zu einer Schlinge.

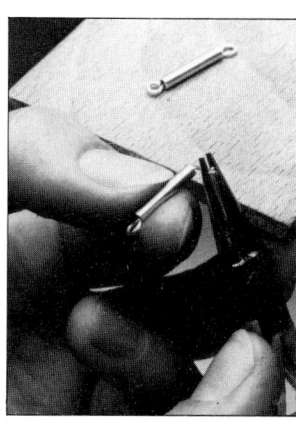

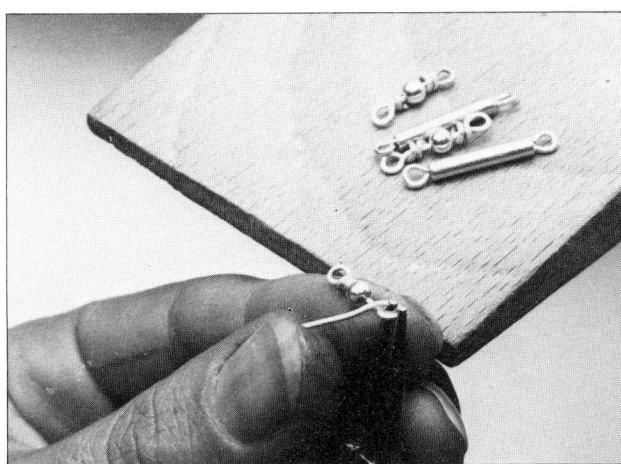

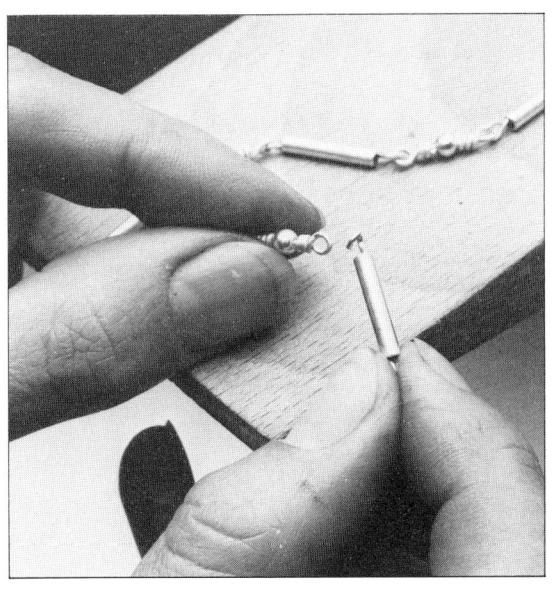

4 Ziehen Sie eine Silberkugel auf. Fertigen Sie Schlingen wie vorher, und drehen Sie den Draht, um die Kugel zu sichern. Richten Sie die Enden mit einer Nadelfeile. Fertigen Sie 8 bis 10 dieser Stücke.

5 Jetzt die Teile der Kette verbinden, indem Sie mit einer Rundzange vorsichtig die Schlingen an einem Ende der Scharnierrohre wieder öffnen, und fädeln Sie sie ineinander. Schlinge in Schlinge.

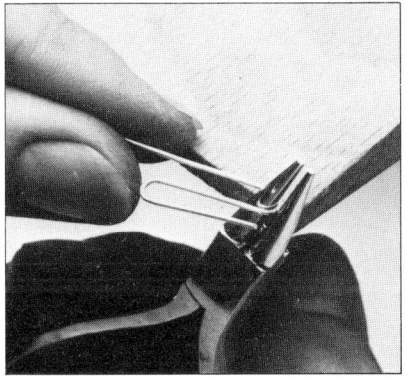

6 Diesen leicht herzustellenden anziehenden S-Verschluß findet man häufig bei orientalischem Schmuck. Biegen Sie mit einer Rundzange 0,9 mm Draht zu einem überstreckten "S".

7 Haken Sie die kleinere Schlinge in ein Ende der Kette, und löten Sie sie an dem Punkt, wo die Spitze die Kurve des "S" berührt. Die Enden des "S" können zusätzlich zu einer dekorativen Kugel geschmolzen werden.

Sie können diese Kette als Halskette tragen oder wie hier als dekorative Uhrkette verwenden. Kaufen Sie einen silbernen Karabinerverschluß, der am anderen Ende befestigt wird.

Armband mit Kristallglasverzierung

Bei diesem Armband ist das Verbindungssystem entscheidend, da das Armband flexibel genug sein muß, um sich um das Handgelenk zu biegen. Der Grad der Beweglichkeit hängt von der genauen Abmessung ab. Sind die Glieder am Rand zu breit oder die Ringe zu groß, paßt das Armband nicht genau. Deshalb ist es besser, vor der endgültigen Verbindung der Teile zum fertigen Armband herumzuprobieren und den Sitz zu testen.

Sie benötigen 1 mm dickes Messingblech für die Kreisformen und 0,5 bis 0,8 mm dickes Messingblech für die Bindeglieder, Silberdraht für die Granulation, geschliffene Kristallglassteine von 0,8 mm Durchmesser und fertige Stotzenfassungen aus Messing.

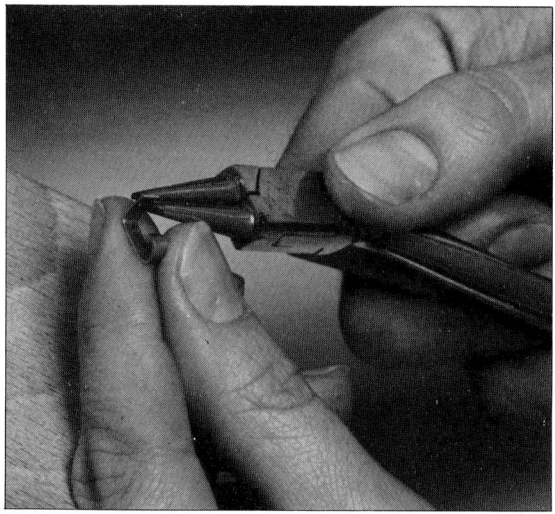

3 Für die Verbindungsglieder schneiden Sie dünne Messingstreifen von ca. 2,2 cm Länge und 3 mm Breite aus. Entgraten und glätten Sie die Kanten. Glühen Sie die Teile aus. Stellen Sie die Mitte der Streifen fest und biegen Sie jeden in Form eines halben Rechtecks um die Spitze der Zange. Glühen Sie nochmals aus. Dann biegen Sie die Enden mit einer Rundzange, um die Verbindungsglieder zu formen.

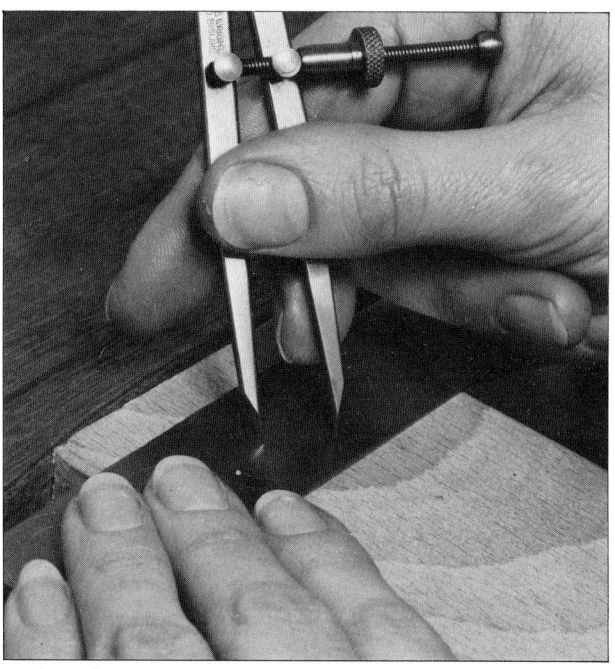

1 Markieren Sie mit einem Zirkel die Kreisformen. Für dieses Armband habe ich acht alternierende Ringe verwandt, die ungefähr 2 cm und 1,5 cm Durchmesser haben. Die Breite der Ringe sollte 3 bis 3,5 mm betragen.

2 Bohren Sie den Mittelpunkt der Kreise, sägen Sie zunächst den inneren Kreis, dann den äußeren Kreis aus. Feilen Sie mit einer Rundfeile den inneren und mit einer Allzweckfeile den äußeren Kreis glatt. Ordnen Sie die Granulation an (s.S. 65), achten Sie darauf, daß Sie im Muster eine Lücke für die Verbindungsglieder lassen, und löten Sie die Granalien.

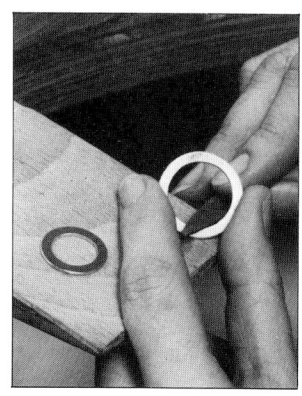

4 Legen Sie die Messingfassungen mit der Oberseite nach unten auf einen Holzkohleklotz und erhitzen sie leicht, nehmen Sie die Hitze weg, bevor das Metall die Farbe verändert. Tragen Sie Flußmittel für Bleilot auf (s. S. 48). Erhitzen Sie nochmals für ca. 5 Sekunden und geben dann das Bleilot auf die heiße Fassung und drücken das Verbindungsglied auf, wenn das Lot zu fließen beginnt.

5 Nachdem Sie jedes Verbindungsglied mit einer Fassung versehen haben, bürsten Sie es mit Geschirrspülmittel sauber. Öffnen Sie jedes Verbindungsglied mit einer Rundzange, bis Sie zwei Ringe einführen können. Führen Sie die Kreise nacheinander in jedes Verbindungsglied und schließen Sie es wieder.

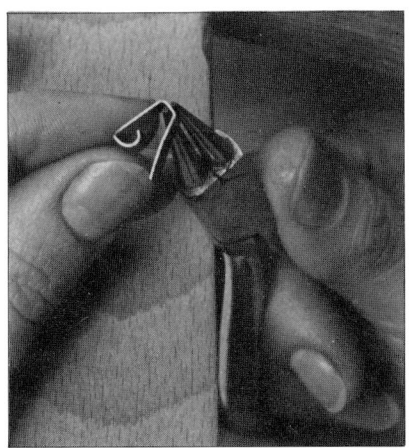

6 Für den Verschluß glühen Sie einen 2,5 cm langen Streifen und biegen ihn knapp neben dem Mittelpunkt mit einer Flachzange. Biegen Sie das kürzere Ende wie in Schritt 3 und das andere Ende über einen Ringriegel, bis es konkav ist.

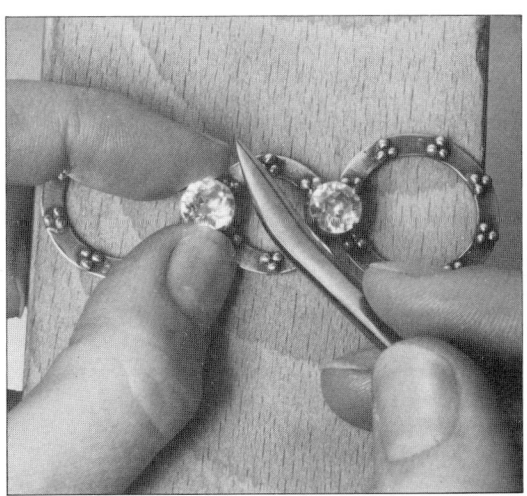

7 Setzen Sie die geschliffenen Kristalle in die Fassungen. Halten Sie den Stein mit einer Hand in dieser Stellung fest, und drücken Sie die Stotzen mit einem Polierstahl an, bis sie den Stein sicher halten. Löten Sie den Verschluß vorsichtig mit Bleilot an das letzte Glied des Armbandes.

8 Nach Fertigstellung des Armbandes können Sie es versilbern und oxidieren. Sie können das Kristallglas durch farbige Steine ersetzen.

Einfache Schmucknadel

Es gibt viele Möglichkeiten, eine einfache Schmucknadel herzustellen. In diesem Fall habe ich zwei Stücke 1,5 mm Silberdraht genommen – diese werden zusammengelötet – einen ovalen Schneeflocken-Obsidian in einer Zargenfassung und zwei kleine Stücke Jett in Stotzenfassungen.

Sie benötigen 1,5 mm silbernen Draht, zwei fertige Fassungen für geschliffene Steine mit 4 mm Durchmesser, einen ovalen schwarzen Schneeflocken-Obsidian, Broschenverschlußteile und legierten Silberdraht für die Anstecknadel.

Schneiden Sie den silbernen Draht in zwei gleich lange Stücke von ca. 5 bis 6 cm. Begradigen Sie den Draht durch Ausglühen und Flachhämmern auf einem Bretteisen. Löten Sie die zwei Teile mit Hartsilberlotstückchen zusammen, die Sie im Abstand von 2 bis 3 mm plazieren.

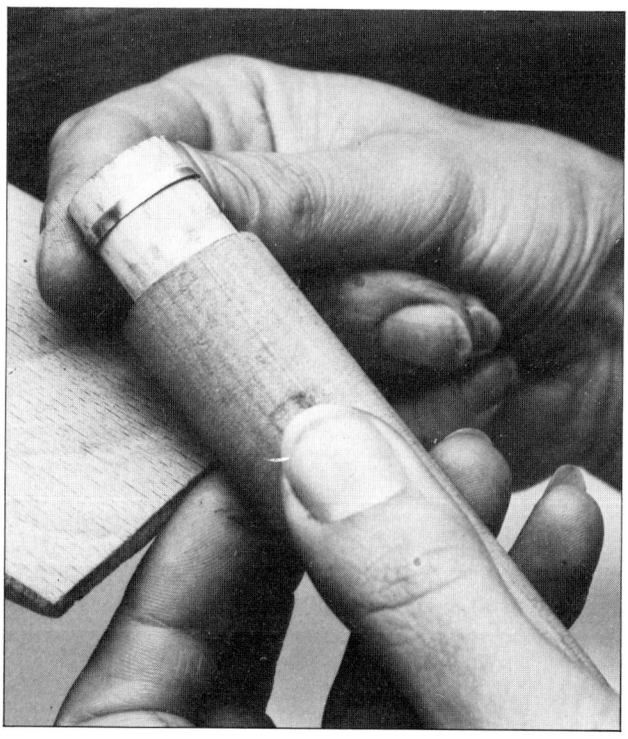

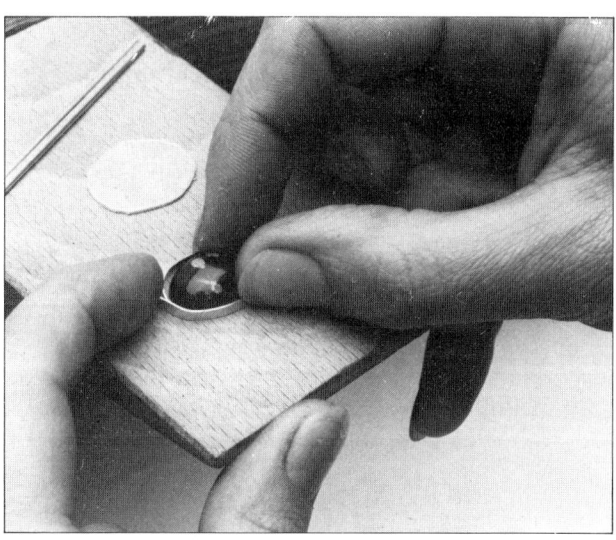

1 Wenn Sie keinen ovalen Ring haben, können Sie sich eine Schablone aus einem Holzstab machen. Schneiden Sie einen Streifen dünnen Silberblechs (0,5 bis 1 mm dick), der lang genug ist, um den Stein zu umfassen, mit etwas Zugabe für das Anpassen und Feilen. Vergewissern Sie sich, daß der Streifen die richtige Länge hat, bevor Sie weitermachen.

2 Glühen Sie den Silberstreifen aus und biegen ihn um den ovalen Stab. Entfernen Sie den Silberdraht wieder, löten Sie die Enden zusammen, und setzen Sie ihn nochmals auf die Schablone, um zu überprüfen, daß das Oval ausgewogen ist, und um das Silber zu härten. Die Zarge sollte eng am Stein anliegen. Überprüfen Sie dies sorgfältig.

3 Feilen Sie den Boden mit Schleifpapier flach, und löten Sie die Zarge auf, dann beizen (s. S. 46). Sägen Sie dicht an der Zarge entlang den Boden aus, feilen und glätten mit Schmirgelpapier.

4 Legen Sie die Fassung mit der Oberseite nach unten auf einen Holzkohleklotz und ermitteln Sie den Mittelpunkt zum Anbringen der gelöteten Silberdrahtstücke. Verwenden Sie Hartsilberlot, und nehmen Sie die Hitze weg, sobald das Lot zu fließen beginnt. Abkühlen und beizen. Dann drehen Sie die Nadel richtig herum und löten die kleinen Fassungen an jeder Seite des Ovals an.

5 Löten Sie die Broschierung an ein Scharnier mit einem Loch, in dem die Nadel vernietet wird und einen Riegelverschluß für die Spitze. Verwenden Sie das gleiche Lot wie in Schritt 4, aber nicht zu viel nehmen, da ein Überschuß an Lot den Mechanismus verstopfen könnte. Achten Sie auch auf die Temperatur; ein Überhitzen könnte die Verschlußteile zum Schmelzen bringen oder beschädigen.

7 Fädeln Sie das Schlingenende der Nadel in das Scharnier, und ziehen Sie dann ein Stück Hartsilberdraht durch dasselbe Loch. Der Draht sollte fest sitzen, so daß er nicht herausfällt, wenn Sie die Enden abschneiden.

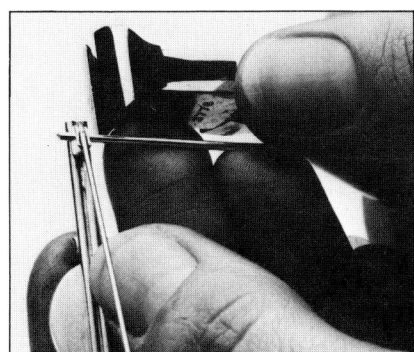

8 Feilen Sie den Draht flach. Hämmern Sie den Draht mit einem Niethammer auf einem Bretteisen, bis er sich an beiden Seiten des Scharniers ausdehnt.

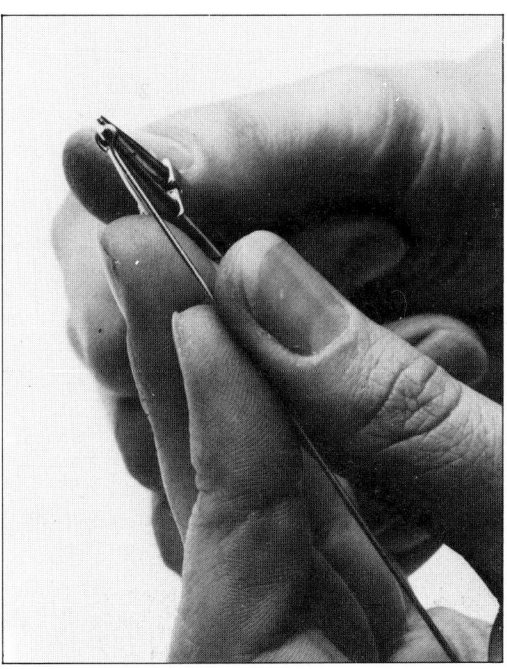

6 Formen Sie eine Nadel aus 0,75 mm legiertem Silberdraht. Biegen Sie den Draht mit einer Rundzange zu einer D-Schlinge und schneiden Sie ihn mit einem Drahtschneider in die richtige Länge. Feilen Sie das Ende der Nadel zu einer leichten Spitze, die nur etwas über das Ende des Verschlußes hinausragen soll.

9 Fassen Sie den großen Stein mit einem speziellen Fasserstahl für Zargenfassungen oder einem Polierstahl. Fassen Sie dann die die beiden kleinen Steine. Polieren und säubern Sie Ihre Arbeit.

Arbeiten mit Draht

Draht in der einen oder andern Form ist ein wesentlicher Bestandteil wirklich jeden Schmuckstücks — von Broschennadeln und Ohrringen bis zu Emaille- und zarter Filigranarbeit. Diese Vielseitigkeit geht zum Teil auf die verschiedenen Formen von Draht zurück: flach, rund, halbrund, dreieckig, viereckig, quadratisch. Zusätzlich kann Draht noch mit Hilfe eines Zieheisens (s. unten) leicht in andere Formen, z. B. ovale, tropfen- und sternförmige, gebracht werden. Außerdem kann

Draht in viele Figuren und Muster gedreht, geflochten, geschmiedet und gewickelt werden.

Draht ist in einer Vielzahl von Dicken erhältlich, von dünnem Draht, als Spulendraht bekannt, bis zu dickem Draht, der an Metallstäbe erinnert. Es ist wichtig, die grundlegenden Techniken der Arbeit mit Draht zu beherrschen, bevor Sie sich an ehrgeizigere Techniken wie Filigran wagen. Ich schlage vor mit rundem Draht zu beginnen, da dies die einfachste Form ist, um grundlegende Techniken zu üben. Mit wachsendem Vertrauen in Ihre Fähigkeiten können Sie sich an anderen Drahttypen und kunstvolleren Figuren versuchen.

Drahtziehen

Draht kann verdünnt oder im Querschnitt durch ein Zieheisen verformt werden. Das ist eine Stahlplatte mit mehreren Reihen von Löchern, die in der Größe oder in der Form variieren. Ein passendes Stück Draht wird am Ende spitz zugefeilt und glühend gemacht (s. S. 46). Befestigen Sie das Zieheisen sicher in einem Schraubstock, und ziehen Sie dann den Draht mit einer Ziehzange oder einer anderen breiten, scharf gezahnten Zange durch ein Loch, das einen etwas kleineren Durchmesser als der Draht selbst hat. Sie sollten den Draht in einer kräftigen, gleichmäßigen Bewegung ohne abzusetzen auf sich zu ziehen, wobei Sie darauf achten, nicht zu fest zu ziehen, da Sie sonst das Gleichgewicht verlieren können. Wenn der Draht durch das Eisen gezogen wird, wird er länger und dünner. Wiederholen Sie diesen Vorgang, bis der Draht die gewünschte Dicke oder Form hat. Der Draht muß öfter geglüht werden, da er sonst härtet und leicht einreißt.

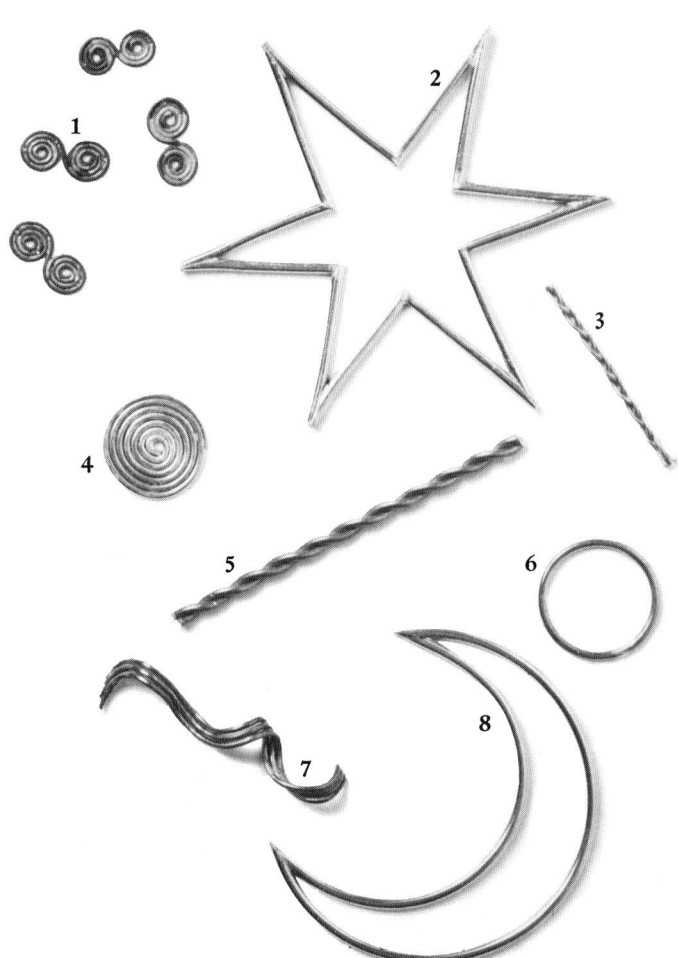

Drahtfiguren
1 Achterspiralen; 2 Stern mit spitzen gelöteten Zacken; 3 Zopf; 4 gewickelte Spirale; 5 gekordelter Draht; 6 einfacher Ring; 7 gebogene, mit Hartlot gelötete Drähte; 8 Halbmond mit spitzen gelöteten Zacken

Drehen und Flechten von Draht

Das Kordeln von Draht ist eine der einfachsten Drahtarbeitstechniken, mit der man eine überraschend große Anzahl von Mustern herstellen kann. Sie können gedrehten Draht zur Grundlage Ihres Entwurfs machen, ihn als ein Haupt-

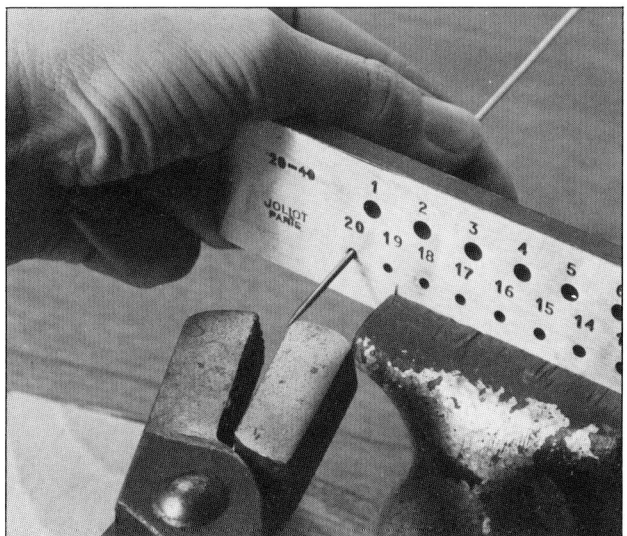

Zieheisen
Ein Zieheisen wird benutzt, um die Dicke von rundem
Draht zu reduzieren.

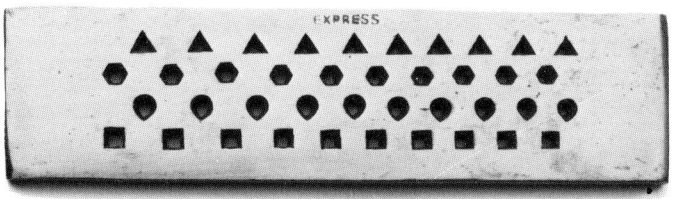

Ein Formen-Zieheisen verändert die Form des Drahtes.

element Ihres Designs nutzen oder ihn als reine
Verzierung hinzufügen.

Dazu benötigen Sie zwei Stücke Silber- oder
Kupferdraht. Bevor Sie mit dem Kordeln anfangen, muß der Draht unbedingt ganz gerade sein.
Glühen Sie den Draht aus, und befestigen Sie
ein Ende im Schraubstock, ziehen Sie dann den
Draht vorsichtig gerade, indem Sie das andere
Ende mit einer Ziehzange packen und ziehen.
Wenn beide Drahtstücke gerade sind, befestigen
Sie sie sicher in einem Schraubstock. Drehen Sie
den Draht mit einer Flachzange oder einer Ziehzange, bis die beiden Stränge dicht zusammen
liegen. Wenn die Drähte richtig ausgeglüht und
gestreckt wurden, lassen sie sich gleichmäßig
drehen; ein nochmaliges Ausglühen kann allerdings notwendig sein. Wahlweise können Sie
auch ein einziges Stück Draht um einen sicher
in der Werkbank befestigten Nagel, wie oben
beschrieben, drehen.

Zum Flechten benötigen Sie drei gerade Drahtstücke, die Sie wie oben beschrieben ausglühen

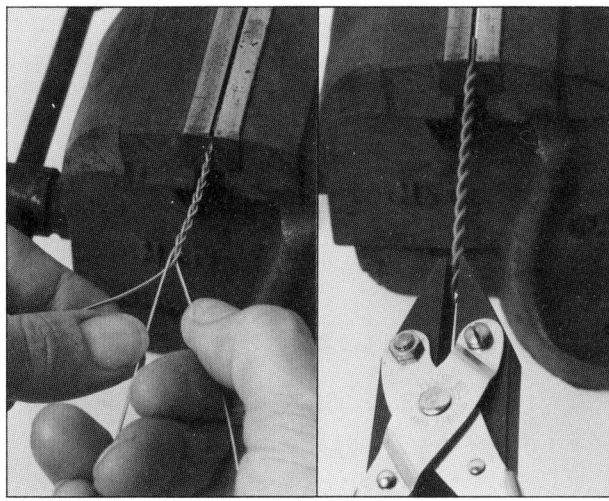

Flechten (links) und Drehen von Draht (rechts)

und glätten. Befestigen Sie die Enden in einem
Schraubstock und flechten Sie die Stränge.
Ziehen Sie die Drähte während des Flechtens
straff.

Aufwickeln von Draht

Aufgewickelter Draht ist eine attraktive Art der
Verzierung. Sie können verschieden große Spiralen oder Achterfiguren bilden. Um Draht zu
wickeln, benötigen Sie geraden und geglühten
Draht wie bisher. Fassen Sie ein Drahtende fest
mit einer Rundzange, biegen Sie den Draht um
die Spitzen der Zange so lange, bis Sie eine kleine
Spirale als Mittelpunkt gewickelt haben. Halten
Sie diese Mittelpunktspirale mit einer Flachzange
fest, und wickeln Sie die Spirale mit Drehbewegungen weiter auf. So lange der Draht weich ist,
wird er sich leicht aufwickeln lassen, sobald er
härtet, müssen Sie erneut glühen. Um die Spiral-
form zu erhalten, geben Sie Lot in die Fugen.

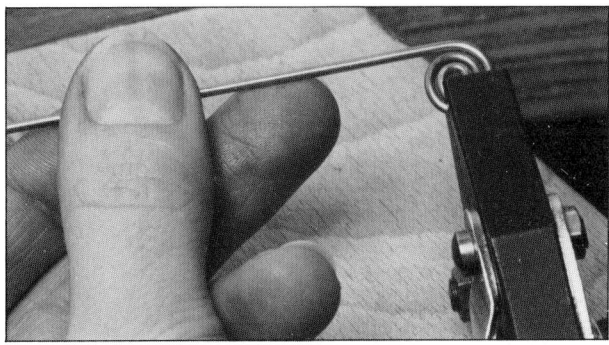

Beim Drahtwickeln wird zunächst eine Rund-, dann eine
Flachzange verwendet.

Herstellen einer spitzen gelöteten Drahtverbindung

Mit gewickeltem Draht für spitze Verbindungsstellen kann eine Vielzahl von Mustern und Figuren hergestellt werden. Vergewissern Sie sich, daß das verwendete Drahtstück gerade ist (s. S. 83) und schneiden Sie es dann in passende Längen. Halten Sie jedes Stück so fest, daß es nicht verrutschen kann, und feilen Sie die Enden zu einem spitzen Winkel von 20°. Damit die beiden Enden exakt zusammenpassen, müssen Sie gleichmäßig und genau feilen. Löten Sie die beiden Enden in Form eines "V" zusammen. Dies ist die Grundform, die Sie, indem Sie die Seiten entsprechend richten oder weitere Teile anfügen, in Form eines Sternes oder Halbmondes variieren können.

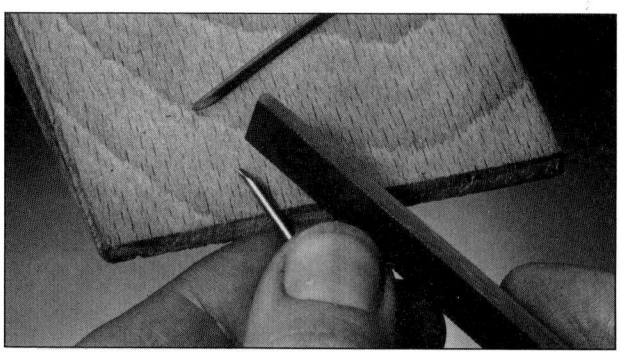

Draht wird für eine spitzwinklige Verbindung zugefeilt.

Filigranohrringe und -brosche

Filigran ist, obwohl schwierig herzustellen, oft so anziehend, daß das Ergebnis die aufgewandte Mühe lohnt. Kleine Drahtteile, die das gewünschte Muster oder die Form ergeben, werden zusammengelötet. Sie benötigen genügend 0,7 mm silbernen Draht für die Figuren, zwei Tropfen und zwei passende Kugeln, außerdem

zwei silberne Ohrstecker mit flacher Grundfläche und Schmetterlingsmuttern. Für die Brosche benötigen Sie quadratischen Silberdraht, ca. 3,5 cm lang und 2 mm dick, Broschenverschlußteile und eine Nadel, sowie die Fassung für den Stein. In dem hier gezeigten Beispiel habe ich einen Granat von 3 mm Durchmesser und eine Fassung mit sechs Stotzen gewählt.

Herstellen von Filigranohrringen

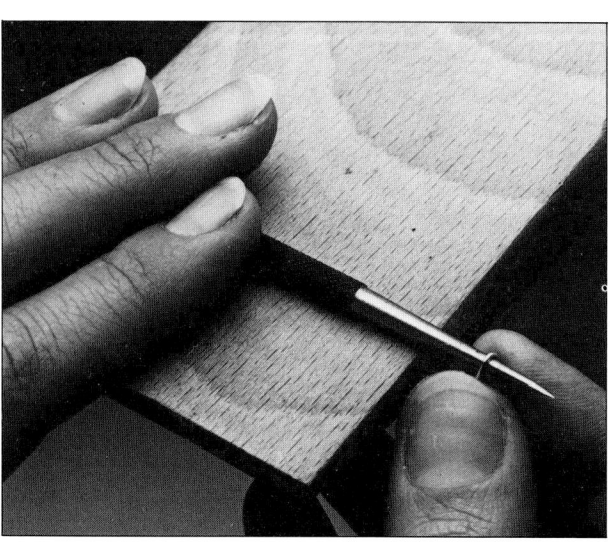

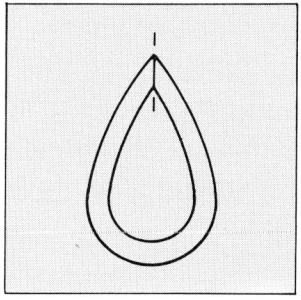

1 Benutzen Sie eine Reißnadel als Schablone für 12 Tränentropfen, die Sie aus 0,7 mm Draht machen. Feilen Sie die Enden, so daß sie in einer Spitze zusammengelötet werden können. Fertigen Sie 12 Stück.

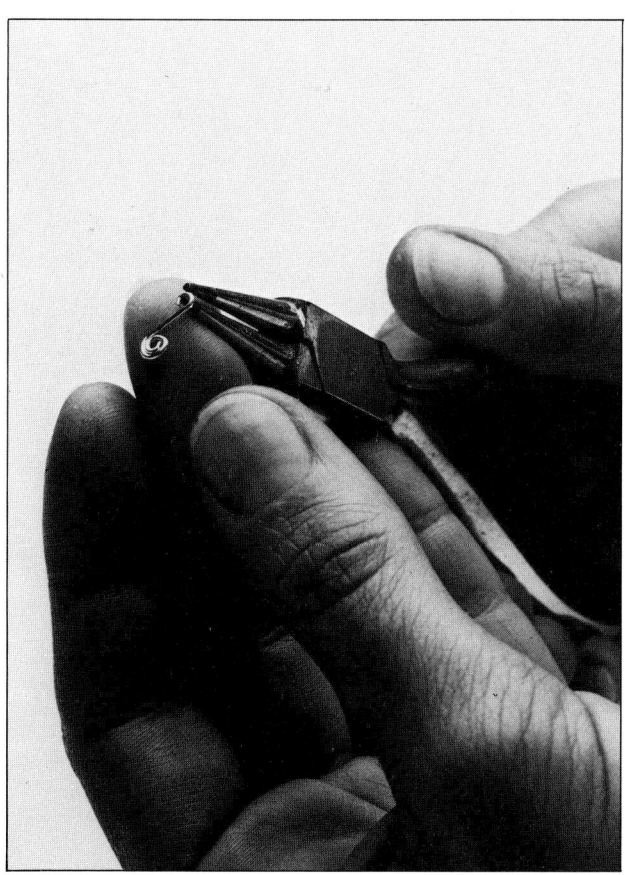

2 Nehmen Sie acht Stücke geglühten Silberdraht, jedes Stück ca. 1 cm lang für die Spiralen, die den äußeren Teil der Ohrringe bilden. Biegen Sie den Draht vorsichtig um eine Rundzange und achten Sie darauf, daß Sie die gleiche Anzahl Windungen an jedem Ende haben. Hämmern Sie die Teile auf einem Bretteisen flach.

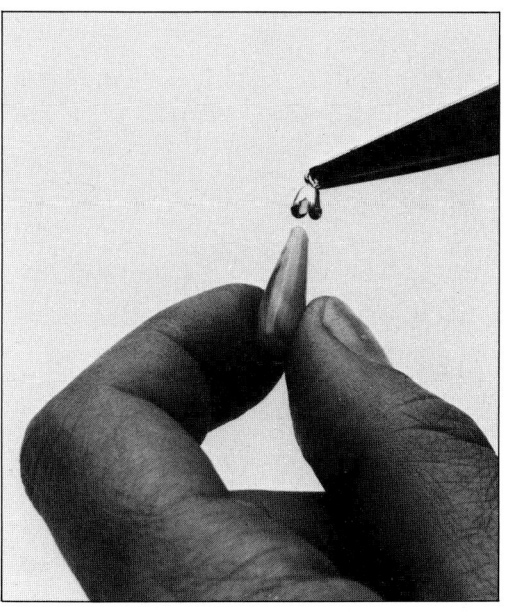

3 Löten Sie die Figuren zum gewünschten Muster zusammen. Dies ist eine heikle und komplizierte Arbeit, für die Sie eine große Menge sehr kleiner Hartsilberlotstückchen benötigen. Alle Figuren müssen flach sein, damit das Zusammenlöten der Fugen klappt. Nicht zu viel Lot verwenden, da sonst das Muster verklebt.

4 Kleben Sie die Silberfassung mit Epoxidkleber an den Korallentropfen. Sie können die Fassung kaufen oder selbst machen.

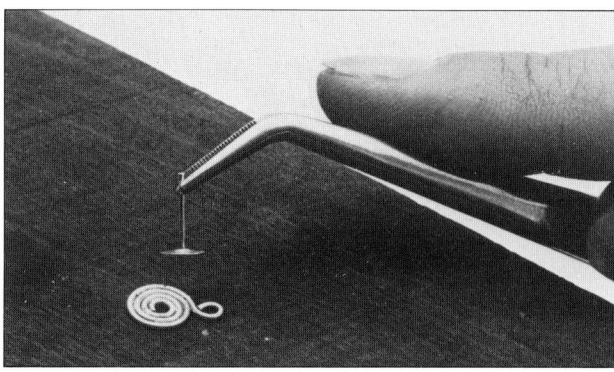

5 Nehmen Sie ein Stück geraden Nickeldraht (ca. 2,5 mm dick), um die Ösen herzustellen. Befestigen Sie den Nickeldraht im Schraubstock, und umwickeln Sie ihn fest mit geglühtem (s. S. 45) Silberdraht, um die Ösen herzustellen. Sie erleichtern sich die Arbeit, indem Sie ein Ende des Silberdrahtes ebenfalls in den Schraubstock spannen.

7 Sie brauchen zwei Stücke Silberdraht von 2,5 bis 3 cm Länge für das Oberteil der Ohrringe. Die Spiralwindungen genauso anfertigen, wie vorher die Doppelspiralen; der Unterschied besteht darin, daß Sie jetzt eine fortlaufende Spirale mit einer Schlinge am Ende biegen, die die Kugel faßt, siehe unten. Bevor Sie anfangen, darauf achten, daß der Draht gut ausgeglüht (s. S. 45) und die Spirale nach Beendigung flach ist. Geben Sie Hartsilberlot in die Spiralfugen, löten und beizen Sie. Den Stecker mit Hartlot an die Rückseite löten und beizen.

6 Belassen Sie den Nickeldraht an seinem Platz, und sägen Sie mit einem feinen Sägeblatt sauber durch die Mitte der Ringe. Gut festhalten.

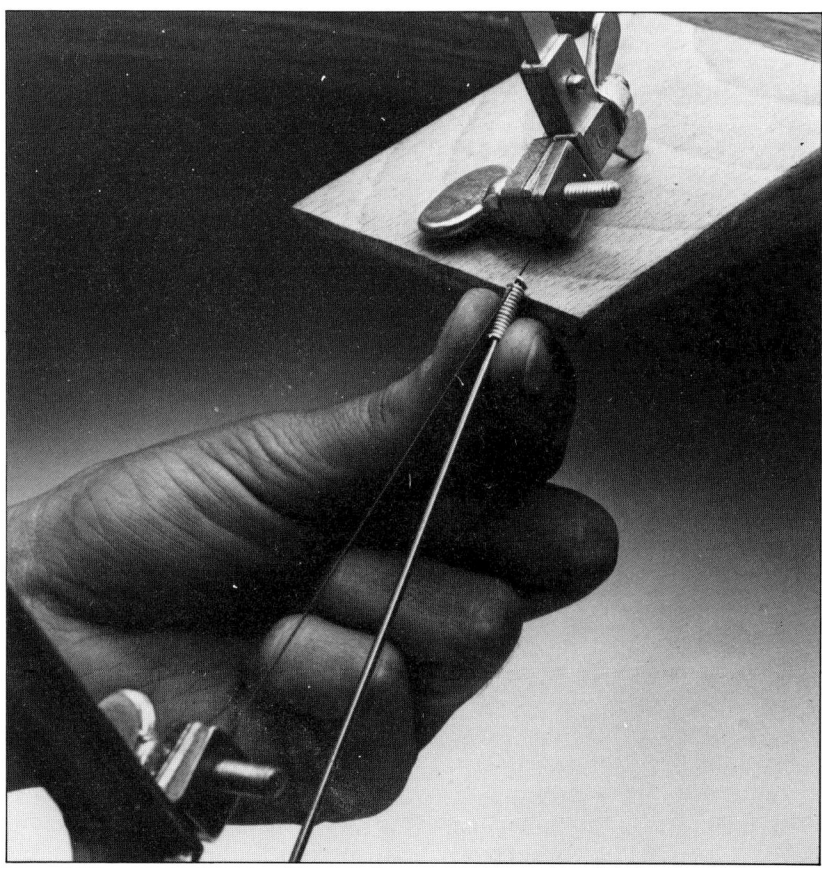

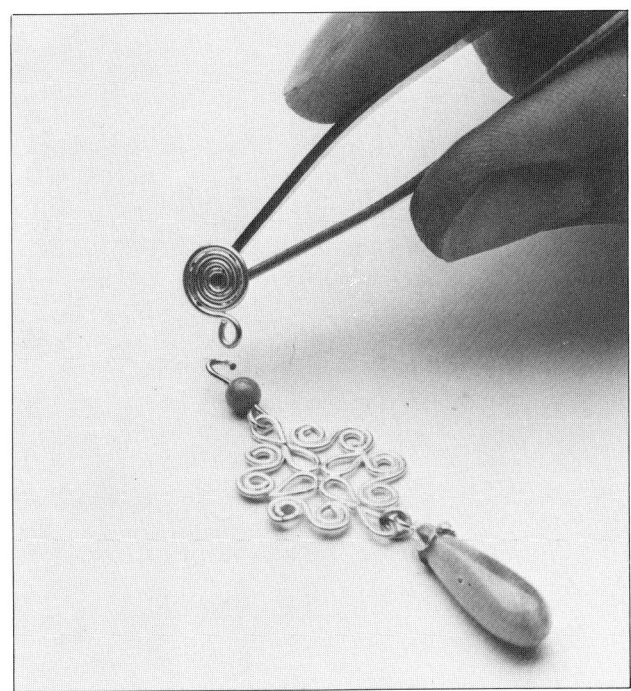

8 Fädeln Sie die Korallenkugel auf ein Stück Silberdraht mit einer Schlinge an jedem Ende. Setzen Sie den Ohrring zusammen, nehmen Sie zwei Biegeringe, um die Tropfen aufzuhängen. Dann die Filigranarbeit mit Schmirgelpapier reinigen und polieren.

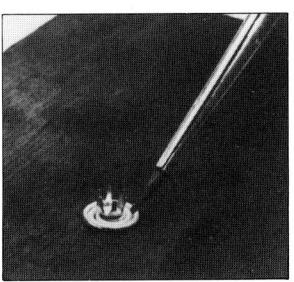

2 Löten Sie die Fassung mit Hartsilberlot an ihren Platz. Ich habe eine Stotzenfassung gewählt, die für facettierte Steine gedacht ist. Sie können auch einen Cabochon mit entsprechender Fassung wählen.

Herstellen einer Filigranbrosche

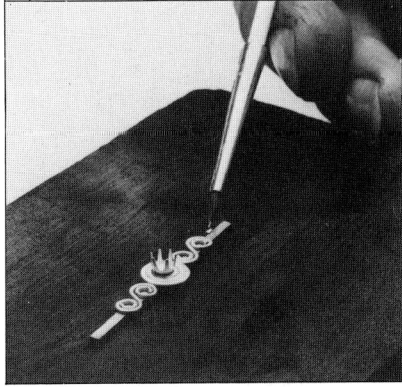

1 Nehmen Sie quadratischen Silberdraht. Die Enden werden entgratet und glattgefeilt. Fertigen Sie dann zwei Spiralen und eine Schnecke, wie Sie es vorher schon für die Ohrringe gemacht haben. Hämmern Sie alle Teile auf einem Bretteisen flach.

3 Ermitteln Sie das Zentrum der Unterlage. Plazieren Sie die Mittelschnecke und flankieren Sie diese mit den beiden Achterspiralen. Löten Sie die Figuren mit kleinen Stücken Lot an, indem Sie vorsichtig erhitzen, bis das Lot flüssig wird. Dann befestigen Sie mit Hartlot die Verschlußteile auf der Rückseite der Brosche, wobei Sie die zarten Filigranteile mit Stecknadeln unterstützen. Beizen und waschen.

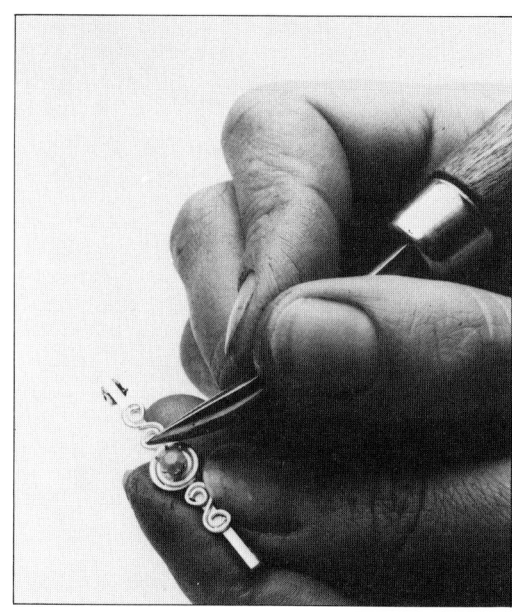

4 Befestigen Sie den Stein mit einem Polierstahl in der Fassung, und die Nadel auf der Rückseite (s. S. 80). Polieren.

Die fertigen Schmuckstücke zeigen, was man alles zustande bringen kann. Bevor Sie mit wertvollem Material anfangen zu arbeiten, sollten Sie versuchen, aus billigem Kupferdraht Figuren zu biegen; dies wird Ihnen helfen, diese Technik zu lernen.

Arbeiten mit Kunststoffen

Die am häufigsten in der Schmuckherstellung verwendeten Kunststoffe sind Plexiglas, Acryl- und Epoxidharz. Plexiglas ist ein Kunststoff, der in fester Form als Scheiben, Stangen oder Röhren erhältlich ist. Acryl- und Epoxidharze gibt es in flüssiger Form; sie werden durch Zusatz eines chemischen Härtemittels fest.

Harze

Acryl- und Epoxidharze werden in Verbindung mit einem Härtemittel fest. Diese chemische Reaktion ist unter dem Begriff „Aushärteverfahren" bekannt. Da es viele verschiedene Harze und Härtemittel gibt, und da die Härtemittel unterschiedlich reagieren, ist die richtige Kombination wichtig. Harze können in Kunstgewerbe- und Bildhauerbedarfsläden gekauft werden. Der Verkäufer sollte in der Lage sein, Hinweise zur Wahl und Verwendung von Harzen und Härtemitteln zu geben. Harze sind in einer begrenzten Anzahl von Grundfarben erhältlich und können in ihren natürlichen Farbtönen verwendet werden. Wahlweise können sie auch mit einer Vielzahl von Farben gemischt werden, wobei es wichtig ist, zwischen durchscheinenden und opaken Farben zu unterscheiden. Ich selbst bevorzuge die durchsichtigen, da die Farben nach meiner Meinung klarer und leuchtender als die opaken sind.

Vorausgesetzt, Sie beachten alle Sicherheitsvorkehrungen, ist das Arbeiten mit Harzen sehr einfach. Gießen Sie das Harz in einen Behälter, geben Sie eine kleine Menge Farbe hinzu, rühren Sie sorgfältig das Härtemittel in die Mischung. Die Härtermenge variiert. Sie hängt von der Qualität des Harzes ab, normalerweise werden es zwischen 5 und 10 Tropfen sein. Lassen Sie die Mischung vor dem Gießen in die Form einige Minuten stehen. Wenn Sie kleinere Flächen durchbrochener Arbeit oder Filigran mit Harz füllen, benutzen Sie eine Spritze. Wenn das Harz fest ist, muß es mit nassem und trockenem Schmirgelpapier in verschiedenen Körnungen bearbeitet und dann mit Aluminiumoxid oder speziellen Plexiglaspoliermitteln poliert werden.

Emaillieren mit Harz

Harze werden häufig als Ersatz für herkömmliche Emaillearbeiten in Gold, Silber, Kupfer oder Messing benutzt. Sie können eingesetzt werden, um à jour-Arbeiten (Fensteremail) — durchsichtige Farben werden in durchbrochene Metallarbeiten oder Filigran eingebettet — oder Cloisonné (Zellenschmelz) — Harz wird in einzelne, geschlossene Zellen gegossen, die ein Muster oder Bild ergeben — herzustellen. Harze können auch zum Reparieren zerbrochener oder schwer beschädigter Emailarbeiten benutzt werden, vorausgesetzt, Sie erzielen die passende Farbmischung.

Harze sind dem Email hinsichtlich Leistungsfähigkeit, Schnelligkeit und Preis überlegen, aber sie können nie dessen wundervolle Farben erreichen. Der Unterschied ist so groß, als wollte man Polyester mit Seide vergleichen.

Sicherheitsvorkehrungen

1. Rauchen Sie nicht, da Kunststoffe leicht brennbar sind.

2. Entfernen Sie Lebensmittel aus dem Arbeitsbereich, da diese mit Sägemehl oder mit Harzen, die Sie an den Händen haben, in Berührung kommen könnten.

3. Falls Sie Chemikalien in die Augen bekommen, sofort mit fließendem Wasser mindestens 10 Minuten lang auswaschen und einen Arzt aufsuchen.

4. Der Arbeitsbereich muß ausreichend belüftet sein, da die Dämpfe giftig sind und Kopfschmerzen oder Schläfrigkeit hervorrufen können.

5. Beim Feilen ist es ratsam, eine Maske zu tragen.

6. Bewahren Sie alle Harze im Kühlschrank oder an einem anderen kühlen Ort auf.

7. Harze dürfen nie in Ihren Mund gelangen. Deshalb ist es ratsam, Handschuhe zu tragen oder eine Handcreme zu benutzen und die Hände häufig zu waschen.

8. Mischen Sie die Lösung in Behältern wie Joghurtbechern oder alten Konservendosen, und rühren Sie mit einem Stock oder Löffel.

Halskette von Pepe Taylor
Diese geschliffenen Harzkugeln entstanden, indem Acrylharz in eine Gummiform gegossen und dann ein Mondstein in jede Kugel gesetzt wurde. Geometrische Gießformen sind schnell anzufertigen. Die gegossenen Harzformen müssen gereinigt und poliert werden. Das Kastenschlößchen ist sinnvoll in zwei halbe Kugeln integriert.

Plexiglasarmreifen
Armreifen aus durchsichtigem Plexiglas. Einer ohne Schmuckelemente, der andere mit Acrylfarben eingefärbt.

Manschettenknöpfe und Nadeln von Jackie Cowper
Diese Stücke sind einfach und doch sehr auffallend. Jackie Cowper hat gefärbtes Harz in Silber eingelegt und dadurch einen Emaileffekt erzielt.

Ammonitohrringe
Diese ungewöhnlichen metallischen Ohrringe entstanden,
indem mit Kupferspänen vermischtes Harz in Formen
gegossen wurde, die aus spiraligen versteinerten Kalkscha-
len — als Ammoniten bekannt — hergestellt wurden.
Bevor Sie das eigentliche Schmuckstück anfertigen, sollten Sie Ihr Muster an einem kleinen Stück Harz probieren. Hier habe ich Messingspäne und Drahtgitter zu
drei sehr verschiedenen Mustern kombiniert.

Einbetten und Marmorieren

Sie können interessante Muster entwerfen, indem
Sie Gegenstände wie Muscheln, Holz, Draht-
arrangements oder verschiedene Arten von Me-
tallspänen in Harz einbetten. Arrangieren Sie das
von Ihnen gewünschte Muster in der Form oder
auf einer begrenzten Fläche, und gießen Sie das
Harz darüber. Wenn das Harz fest ist, schmirgeln
Sie es, bis die Verzierung mit der Oberfläche
bündig abschließt. Eine marmorierte Oberfläche
wirbelnder Farben wird erreicht, indem man verschiedene Farben zu dem Harz gibt und sie nicht
ordentlich mischt, bevor das Harz in die Form
gegossen wird.

Herstellen von Formen

Wenn Sie Harz auf einen flachen Gegenstand
ohne umgebende Begrenzung oder festen Untergrund gießen, müssen Sie sehr darauf achten, daß
es nicht auf Flächen fließt, die freibleiben sollen.
Die beste Methode, das fließende Harz zu kontrollieren, besteht darin, die Fläche mit einer
Plastilinumrandung zu versehen. Wenn das Harz
fest ist, kann das Plastilin weggezogen werden
und zurückgebliebene Teile können entfernt
werden.

Um dreidimensionale Formen in Harz zu entwer-
fen, müssen Sie eine Art Form herstellen. For-
men können natürlich sein, wie z.B. große offene
Muscheln, oder sie können aus Ton, Plastilin,
Gummi, Gips, Wachs oder Speckstein angefertigt
werden. Eine der einfachsten Methoden, eine
Form zu machen, besteht darin, daß ein fester
Gegenstand, z.B. eine Muschel oder Auster, in
Plastilin oder in Modelliermasse gedrückt wird,
bis ein klarer Abdruck der Form zurückbleibt.

Wachs für den Dentalbedarf, wie er beim Gießen
(s. S. 69) verwendet wird, kann zu einer Form
geschnitten werden. Höhlen Sie einen Wachsklotz
mit einem Ausstecher, der zuvor über einer
Kerzenflamme oder dem Bunsenbrenner leicht
erhitzt wurde, aus. Sprühen Sie die Form leicht
mit einem Trennmittel aus, und gießen Sie das
Harz in die Form. Wiederverwendbare Formen
können aus Gummi (Methode s. S. 70/71) hergestellt werden. Gummisilikon ist in Spielzeug-
und Farbengeschäften oder in Kunstgewerbeläden erhältlich.

Plexiglas

Plexiglas ist in Stangen, Röhren und Scheiben
und in einer Vielzahl von Farben, von durchsich-
tig bis schwarz, erhältlich. Es kann gesägt, gebogen, graviert, geätzt, bemalt oder mit Metall
kombiniert werden. Da Plexiglas ein leichtes
Material ist, kann es zur Anfertigung recht großer Schmuckstücke verwendet werden. Plexiglas-
scheiben werden normalerweise mit Schutzpapier
verkauft, das ich immer aufhebe, da ich es für das
Zeichnen von Entwürfen sehr nützlich finde.

Wenn Sie ein grobes Sägeblatt benutzen, können
Sie Plexiglas mit einer Goldschmiedesäge schneiden. Falls Sie Zugang zu einer Bandsäge haben,
können Sie auch diese benutzen. Es ist ratsam,
gegen den dicken weißen Staub, der beim Sägen

von Plexiglas entsteht, eine Schutzmaske zu tragen. Glätten Sie die rauhen Kanten mit einer alten Feile — der Staub verklebt gute Feilen — und schmirgeln Sie zum Schluß mit Schmirgelpapier. Bevor es zu Formen gebogen wird, muß Plexiglas erhitzt werden. Dies kann in einem normalen Ofen mit Hilfe eines Backblechs aus Metall geschehen. Am besten sind Aluminiumbleche, da diese die Hitze gut leiten. Achten Sie darauf, daß Lebensmittelbleche nicht in Kontakt mit Plexiglas kommen. Es empfiehlt sich, beim Biegen von Plexiglas Handschuhe zu tragen und zunächst an kleineren Stücken zu üben, bis Sie in der Lage sind, den richtigen Grad der Biegsamkeit abzuschätzen. Erhitzen Sie das Plexiglas ca. 10 Minuten bei einer Temperatur von 185 °C, bis es weich genug ist, um gebogen zu werden. Es wird nach ca. einer Minute wieder härten, deshalb muß der Biegeprozeß gegebenenfalls in mehreren Abschnitten, wie beim Ausglühen von Metall, vorgenommen werden. Zum Verkleben einen speziellen Plexiglaskleber benutzen. Um eine durchsichtige Naht zu erhalten, müssen die Kanten mit Schmirgelpapier bearbeitet werden, bis alle wolkig aussehenden Stellen entfernt sind. Plexiglas kann mit Holzschnitzwerkzeugen graviert und mit Goldschmiedewerkzeugen gebohrt werden.

Acrylohrringe

Für diese Silber- und Acrylharzohrringe wählte ich elfenbeinfarbenes Harz, aber Sie können auch andersfarbiges Harz nehmen oder Muschel- oder Metallteile in das flüssige Harz einbetten und plan feilen.

Dazu benötigen Sie ein Silberblech, ca. 0,5 mm dick und 4,5 x 18 cm groß. Um Geld zu sparen, können Sie das Silber, das bei der Herstellung des Rahmens abfällt, für den oberen inneren Teil verwenden.

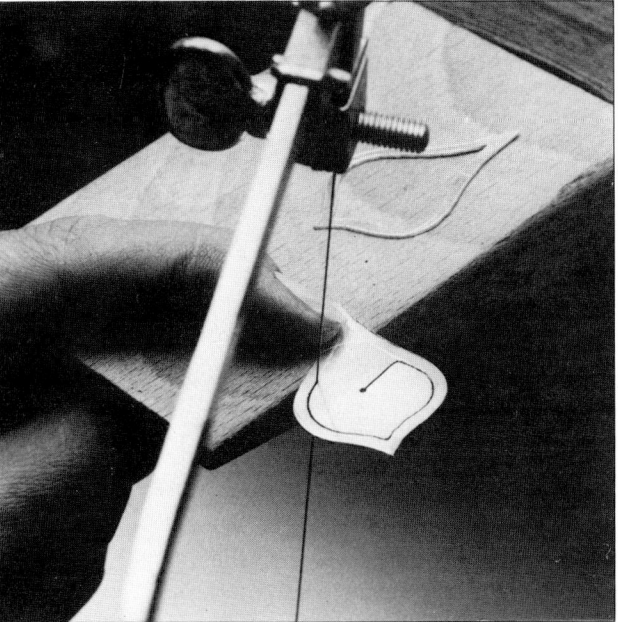

1 Sägen Sie zwei Grundflächen und zwei obere Rahmen aus, die das Harz halten sollen. Ich habe eine tränenartige Form und einen Fisch als Hauptschmuckelement gewählt, aber Sie können auch Muschel- oder Drahtstücke in den Rahmen setzen.

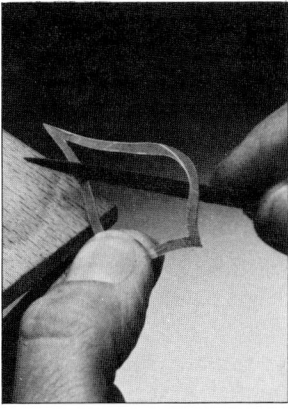

2 Feilen Sie die Kanten. Vergewissern Sie sich, daß alle Einzelteile ganz flach sind, indem Sie sie ausglühen und mit einem Hammer auf einem Bretteisen flachhämmern.

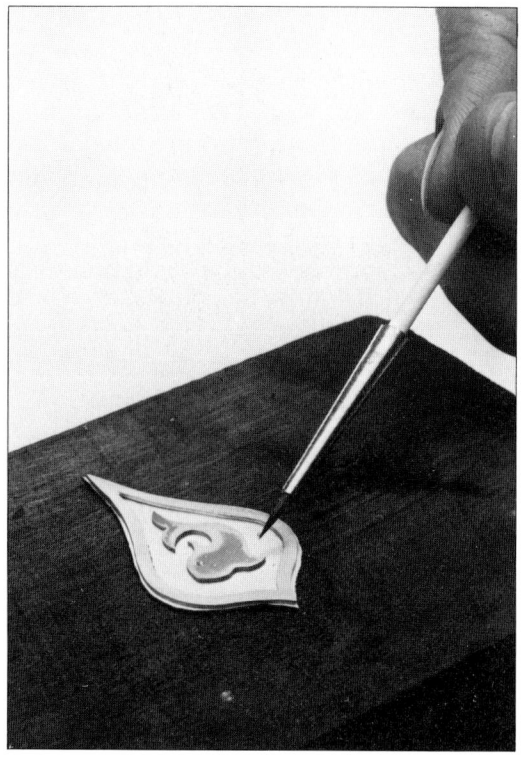

3 Legen Sie den Rahmen auf die Grundfläche, so daß sich die äußeren Ränder decken und den Fisch in die Mitte. Tragen Sie Flußmittel auf, und legen Sie kleine Lotstücke um die äußeren Ränder. Es ist besser zuviel Lot statt zuwenig zu nehmen, da der Überschuß abgefeilt werden kann. Löten Sie so, daß das Lot, wenn es flüssig wird, auf den äußeren Teil des Schmuckstücks begrenzt bleibt. Beizen (s. S. 46) und in sauberem Seifenwasser nachwaschen.

5 Gießen Sie ca. 4 Eßlöffel Harz in ein beliebiges Gefäß, geben Sie einen halben Teelöffel Farbstoff hinzu und ca. 6 Tropfen Härtemittel. Rühren Sie mit einem Plastiklöffel oder einem Stab. Lassen Sie die Mischung einige Minuten stehen, bevor sie dann in den Ohrring gegossen wird. Stets etwas mehr nehmen, da sich die Mischung während des Trocknens etwas zusammenzieht. Lassen Sie das Ganze auf einer warmen Oberfläche trocknen, was bis zu sechs Stunden dauern kann. Probieren Sie dann mit der Fingerspitze, ob die Oberfläche sich nicht mehr klebrig anfühlt.

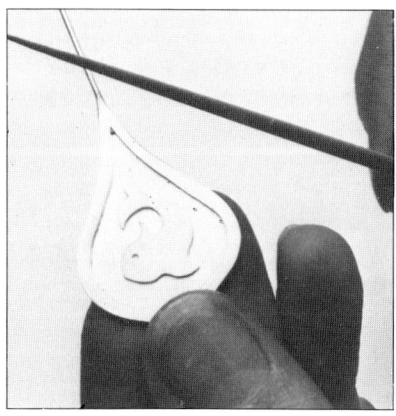

4 Feilen Sie die Kanten und befestigen Sie einen Draht an der Spitze mit einem weicheren Silberlot. Dieser Draht dient zur Befestigung am Ohr, deshalb muß die Verbindung gut gelötet sein. Beizen und waschen wie oben.

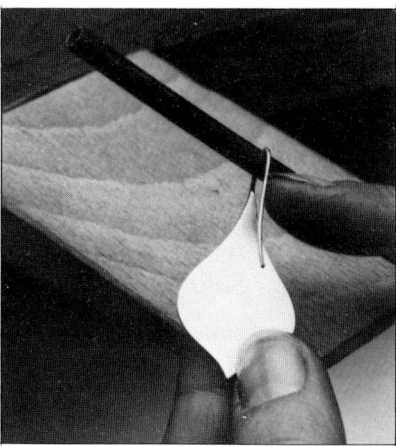

6 Biegen Sie den Ohrdraht um ein Stück Rohr zu einer angenehmen Rundung. Feilen Sie die Spitze, bis sie glatt ist.

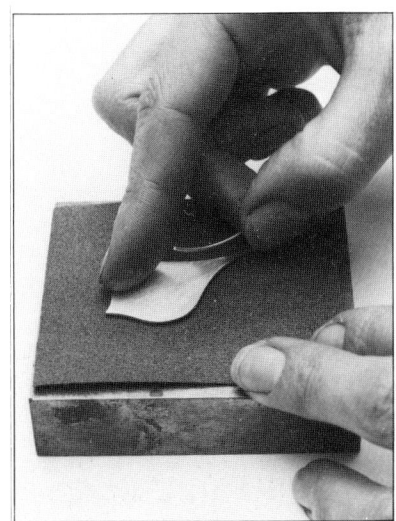

7 Glätten Sie die Oberfläche mit nassem und trockenem, grobem bis feinem Schmirgelpapier in verschiedenen Körnungen, bis das Harz mit dem Silber eine Fläche bildet.

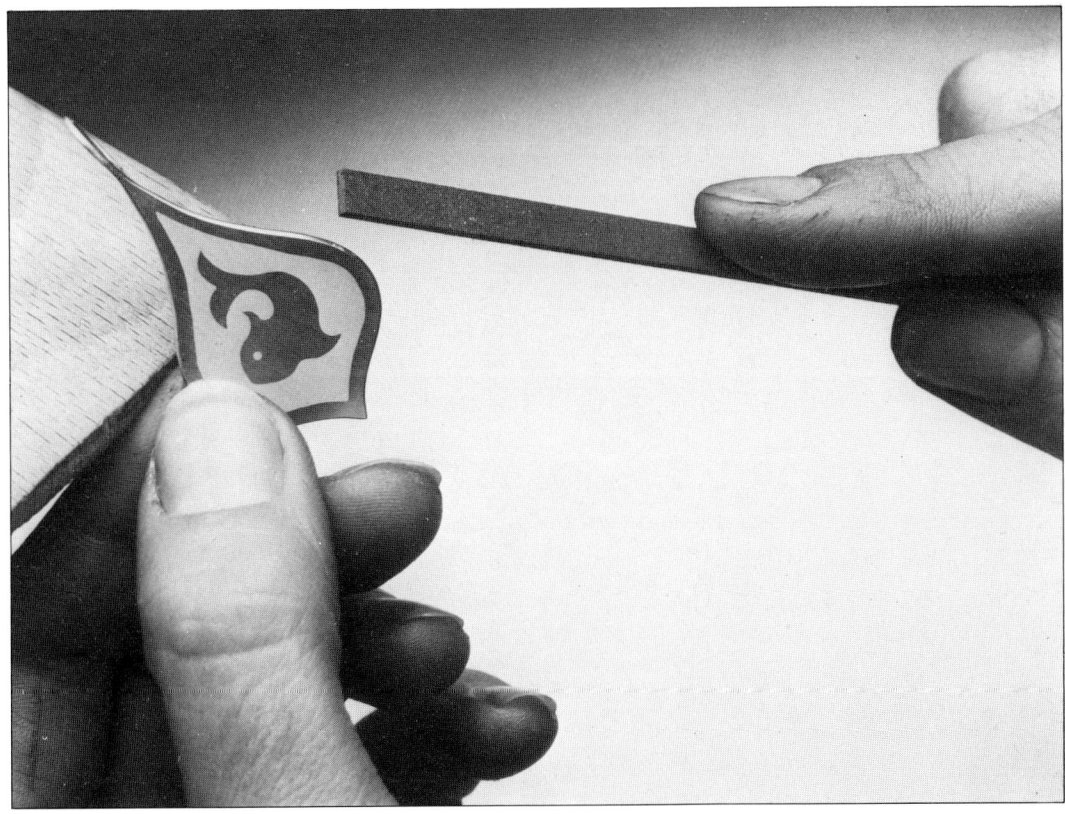

8 Die Ohrringe können matt belassen oder mit Plexiglaspoliermittel poliert werden. Wahlweise kann auch Kupferoxid benutzt werden.

Ungewöhnliche Materialien

Die Annahme, daß Schmuck nur aus Metall, Steinen und Perlen hergestellt werden kann, ist falsch und beschränkt außerdem Ihre Möglichkeiten. Attraktiver und origineller Schmuck kann aus nahezu allen Materialien hergestellt werden, einschließlich Holz, Papier, Ton, Leder, Glas und Kunststoff.

Objets trouvés (Fundstücke)

Die frühesten Schmuckstücke wurden aus gefundenen Gegenständen hergestellt, z.B. Muscheln, Knochen, Federn und Kernen. Nach und nach,

mit Entwicklung der technischen Fertigkeiten, wurden diese Gegenstände durchbohrt, poliert und zu Ketten, Armbändern oder anderen Schmuckgegenständen aufgefädelt. Ein Großteil des von Naturvölkern hergestellten Schmucks besteht aus solchen gefundenen Gegenständen.

Die Herstellung von Schmuck aus Fundstücken läßt der Kreativität und Originalität großen Spielraum und macht außerdem viel Spaß. Das Finden und Auswählen passender Gegenstände bedeutet, daß Sie Ihre Umgebung mit neuen Augen betrachten müssen. Benutzen Sie Ihre Vorstellungskraft, und Sie werden sehen, daß alle möglichen Gegenstände, von zerbrochenem

Objets trouvés (Fundstücke)
kleine Türschlösser
Schlüssel
Formen zum Verzieren von Möbeln und Bilderrahmen
Vorhangzubehör — Ringe usw.
Knöpfe
Bestecke
Dichtungsringe
elektrische Zubehörteile
Uhrteile
kleine Ornamente
Fischgräten
Tierzähne
Muscheln
Schnallen
Stanzstücke von Kamingittern
Ventilverschlüsse
Kerne

„Brille" von Tom Binns
Tom Binns hat einen Broschenverschluß an die Rückseite einer schönen, alten, goldgefaßten Brille gelötet und so dem Stück einen Anflug skurrilen Humors verliehen.

Spiegelglas über elektrische Zubehörteile bis zu wertlosen Muscheln und Kernen in Schmuckstücke verwandelt werden können. Die Liste, die ich aufgestellt habe, ist nur ein Anfang: der halbe Spaß beim Herstellen von Schmuck aus Fundstücken besteht im Selber-Finden der geeigneten Objekte.

Trödelläden, Ramschverkäufe, Flohmärkte und Eisenwarenläden sind mögliche Quellen für Objekte, die aufgehängt, aufgefädelt oder in Ketten, Ohrringe, Broschen umgewandelt werden können. Schmuckdesigner wie Tom Binns (s. S. 27), die sich auf die Verwendung von Fundstükken spezialisieren, sind eingefleischte Sammler verschiedenartigster Dinge, da es wahrscheinlicher ist, daß ein Entwurf sich aus der Kombination schon gesammelter Stücke ergibt, als es umgekehrt der Fall ist.

Holz

Holz ist ein ausgezeichnetes Material für Schmuck, da es graviert, geschnitzt, mit Einlegearbeiten versehen, gefärbt und verziert oder mit Metallen oder anderen Materialien kombiniert werden kann. Sie können exotische Hölzer in Spezialgeschäften kaufen oder Holz aus second-hand-erstandenen Gegenständen wieder verwenden.

Besonders schön sind goldene oder silberne Drahteinlegearbeiten, wenn sie mit Ebenholz oder Rosenholz kombiniert werden. Besonders Ebenholz bietet sich für diese Technik an, da es ein hartes Holz ist, das leicht zu Kugeln oder anderen Formen geschnitten werden kann (s. S. 120–123). Hölzer mit interessanter Maserung wie Mahagoni, Olive und Rosenholz können zu Kugeln oder Armreifen geschnitten und dann poliert werden, so daß die Maserung am vorteilhaftesten zur Geltung kommt. Wenn Sie das Holz beizen, färben oder anstreichen wollen, empfiehlt es sich, weichere Hölzer mit weniger interessanter Maserung zu verwenden. Es gibt spezielle Holzfarben, aber es ist auch möglich, Fertigfarben zu verwenden. Französischer Emaillack gibt gefärbtem Holz einen hellen, klaren Schimmer. Sie können Muster oder Bilder mit einem Brennapparat oder einem anderen Werkzeug in Holz brennen. Dieses Verfahren, als Pyrographie bekannt, kann auch auf Leder angewandt werden. Brennpeter gibt es mit verschiedenen Spitzen zur Erzielung verschiedener

„I'm blue for you" von Tom Binns
Für dieses ungewöhnliche Schmuckstück hat Tom einen Würfel, eine Hufeisenbrosche, ein Bild von Priscilla Presleys Augen, ein gewebtes Abzeichen (Lebenslinien) und ein altes Zifferblatt kombiniert. Die dominierende Farbe dieser Kreation ist blau.

Effekte. Schnelle Striche des Stifts ergeben leichte Linien, langsamere Striche formen dunklere, tiefere Zeichnungen.

Intarsien- oder Furniereinlegearbeit ist eine andere Technik der Schmuckherstellung. Furnier ist dünnschichtiges Edelholz, das in Rollen oder Blättern gekauft werden kann. Für ein Muster mit Furnieren benötigen Sie mehrere kontrastierende Hölzer und ein scharfes Messer oder Skalpell.

Fertigen Sie eine Pappschablone Ihres Entwurfs, die Sie auf das Furnier legen, und schneiden Sie entlang der äußeren Umrißlinie. Die verschiedenen Furnierteile sollen ineinander passend — wie bei einem Laubsägepuzzle — zugeschnitten werden. Als Untergrund für die Furnierarbeit kann jede Art von Holz verwendet werden. Wahlweise kann Furnier auf eine Metallgrundlage genietet, geklebt oder gefaßt werden und mit Elfenbein oder Muscheln kombiniert werden.

Sie können einige Ihrer Goldschmiedewerkzeuge zum Sägen und Bearbeiten von Holz benutzen: eine Goldschmiedesäge sägt Holz, vorausgesetzt, Sie nehmen ein grobes Sägeblatt. Gravierwerkzeuge können zum Schnitzen von Holz genommen werden, und Sie können durchbrochene Muster mit denselben Werkzeugen wie für Metallbohrungen in Holz bohren, obwohl es Ihnen nicht möglich sein wird, die gleiche Kompliziertheit des Musters zu erreichen.

Muscheln

Die bei der Schmuckherstellung am häufigsten verwendeten Muscheln sind Perlmutt, Abalone und Auster, aber es ist auch möglich, andere Arten zu verwenden. Muscheln sind in Spezialgeschäften oder in Edelstein-, Stein- oder Kunstgewerbeläden erhältlich. Manchmal werden auch Muscheln angeboten, die schon in Formen oder zu Perlen geschnitten sind. Wahlweise können Sie auch Ihre eigenen Figuren mit einer Goldschmiedesäge aussägen. Da Muscheln spröde sind, müssen sie mit Vorsicht geschnitten werden. Andere natürliche Materialien, die in der Vergangenheit häufig zur Schmuckherstellung verwendet wurden, heute aber immer seltener erhältlich sind, sind Schildpatt, Elfenbein und Horn.

Die besten Fundstätten für diese Materialien sind Trödelläden und Flohmärkte.

Anmerkung der Redaktion: Der Kauf von Rohmaterialien dieser tierischen Produkte ist heute abzulehnen, da aufgrund der Ausbeutung der vergangenen Jahrzehnte bestimmte Tierarten als „Lieferanten" vom Aussterben bedroht sind.

Papier

Das Herstellen von Schmuck aus Papier macht Spaß und ist außerdem noch billig. Es gibt drei Grundtechniken — Pappmaché, Aufspulen und Scherenschnitt.

Bei der Herstellung von Papier- oder Pappmaché werden Papierstücke in Kleister eingeweicht, bis sie weich und formbar sind und dann schichtweise zu Figuren aufgebaut. Das Papier ist nach dem Trocknen sehr hart und kann bemalt, mit Einlegearbeiten versehen, lackiert und durchbohrt werden.

Herstellung von Pappmaché: Tränken Sie Streifen von Zeitungspapier mit einer Kantenlänge von 25 mm mit Tapetenkleister oder einer Mischung aus Mehl und Wasser und formen Sie schichtweise Kügelchen. Sie können auch Instantmachébrei kaufen, der in den meisten Bastelgeschäften in Form eines grauen Pulvers, das mit Wasser gemischt wird, erhältlich ist. Wenn Sie den käuflichen Papierbrei verwenden, formen Sie Perlen, indem Sie den Brei zu Kugeln rollen und einen Zahnstocher oder ein Stück Draht durch die Mitte stecken, um ein Loch zum Auffädeln zu erhalten. Wenn das Papier hart ist, können Sie den Draht herausziehen. Sie können Armreife machen, indem Sie den Brei schichtweise um eine Flasche oder Dose wickeln. Zum Schluß glätten Sie die Pappmachéoberfläche mit Schmirgelpapier, malen sie an und lackieren sie.

In Viktorianischen Zeiten war Perlmutt ein beliebtes Einlegematerial für Papiermaché, aber auch Teile zerbrochenen Spiegelglases oder gefärbten Glases sind interessante Alternativen.

Das **Aufspulen** geht bis ins Mittelalter zurück, wo es ein beliebter Zeitvertreib wie Spitzenklöppeln oder Sticken war. Die traditionellsten Formen sind straffe Spiralen, lockere Schneckenwindungen, wellenförmige Linien und gerollte Herzen. Schneiden Sie schmale Papierstreifen — die Länge hängt von der gewünschten Form ab — die Sie um eine Spule oder eine dünne Stricknadel rollen. Tauchen Sie jeden Streifen in Zellulosekleber oder Tapetenkleister, dabei muß der Klebstoff beide Seiten gänzlich bedecken. Drücken Sie die aufgeweichte Spirale in die gewünschte Form; denn trocknen lassen. Wenn die Papierformen hart sind, können Sie die Teile für Halsketten, Broschen und Armbänder verwenden. Ein Filigran- oder Flechteffekt entsteht, indem verschiedenartige Papierwicklungen zu einem Muster zusammengeklebt werden.

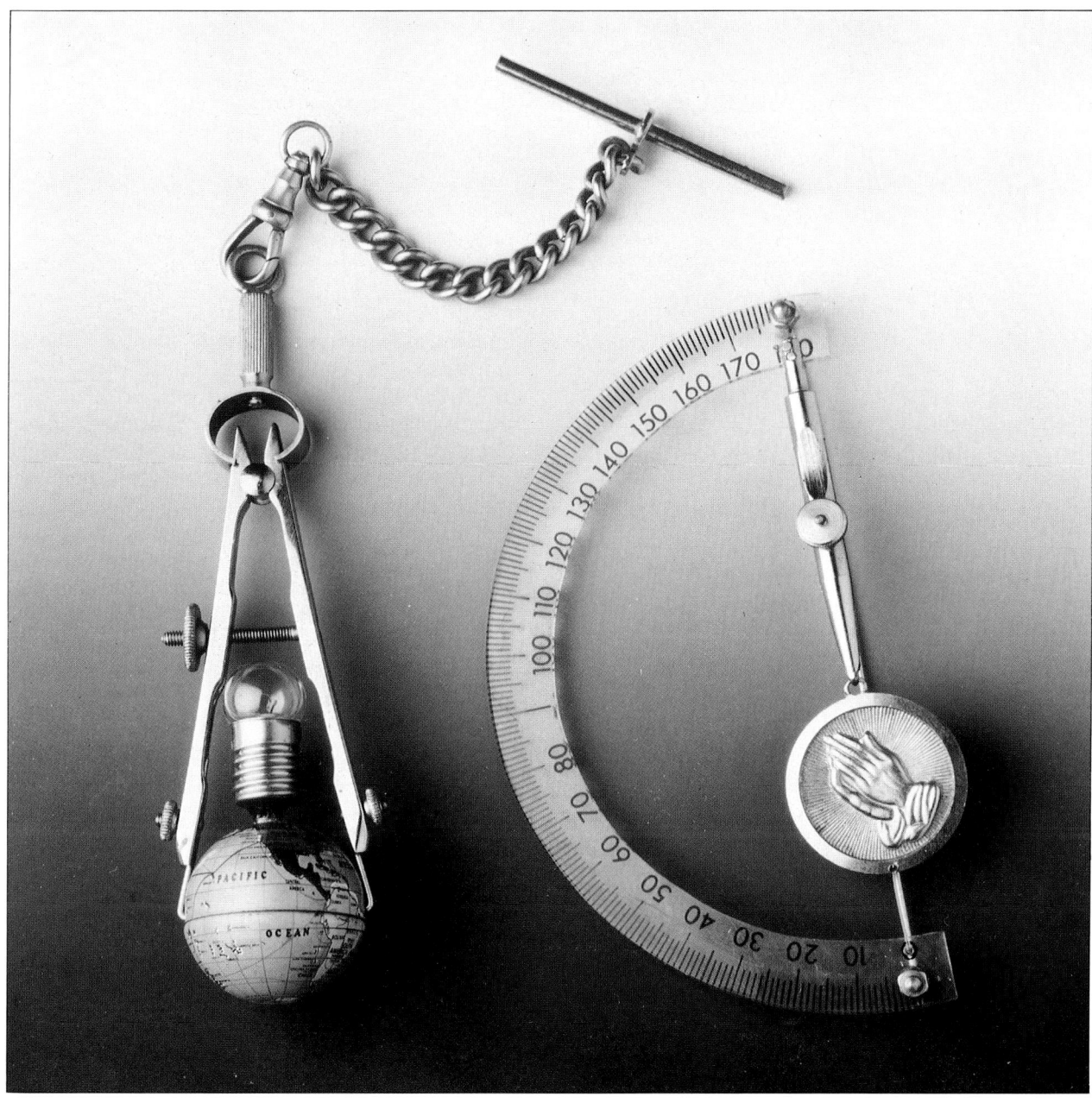

Taschenuhr von Tom Binns
Diese aus dem Rahmen fallende Abwandlung einer
Taschenuhr besteht aus einer Uhrkette, einem Zirkel,
einem Miniaturglobus und einer Glühbirne.

Brosche von Tom Binns
Ein Winkelmesser, ein religiöses Medaillon und ein Teil
eines Zeichengeräts wurden zu dieser auffallenden
Brosche kombiniert.

Scherenschnitt ist eine interessante Methode, Holz oder Pappmaché zu verzieren. Schneiden Sie Papiermuster oder Bilder aus, die Sie auf die zu verzierende Oberfläche kleben. Tragen Sie verschiedene Lackschichten auf das Modell auf, jede Schicht wird mit Schmirgelpapier abgerieben, mit Drahtwolle auf Hochglanz poliert, und eine letzte Wachsschicht aufgetragen.

Keramik

Keramikschmuck ist seit Jahrhunderten beliebt, und es macht Spaß, ihn herzustellen. Sie können selbsthärtende Modelliermasse (Keramiplast) verwenden, die geformt und reliefartig ausgearbeitet werden kann und dann an der Luft trocknet.

Vielleicht haben Sie aber auch Lust zu lernen, wie herkömmlicher Ton modelliert, gebrannt und glasiert wird. Ich würde vorschlagen, mit dem Herstellen von Tonperlen zu beginnen, da diese einfach zu machen sind und der Originalität genügend Raum lassen.

Leder

In der Vergangenheit wurde Leder nur verwendet, um Träger oder Riemen für Anhänger und Amulette zu machen, heute ist es ein selbständiges modisches Material.

Weiches Ziegenleder, Schlangen- und Eidechsenleder kann über Metallreife und Boutonohrringe gezogen werden. Leder kann in Metall eingelegt (s. S. 128/129), getrieben und mit Holzbrandwerkzeugen oder einem Metallstab bearbeitet werden. Es kann auch mit Blattgold- oder Blattsilbermustern verziert werden, allerdings braucht man zu dieser Technik die besonderen Fertigkeiten eines Buchbinders.

Stoffe und Gewebe

Es gibt viele Möglichkeiten, Stoffe bei der Schmuckherstellung zu verarbeiten. Seidenfäden können zum Auffädeln von Perlen oder anderen Edelsteinen verwendet werden. Samt- oder Seidenbänder ergeben eng am Hals anliegende Chokerketten. Seiden- und Brokatstoffe können in Metall eingelegt (s. S. 124—127) und mit Steinen kombiniert werden. „Weicher" Schmuck, der aus Biesen, Schnüren und interessanten Stoffen mit Nadelarbeitstechniken hergestellt wird, ist eine ungewöhnliche Abweichung von traditionellen Schmuckformen.

Glas

Bei Schmuckentwürfen wird Glas meist in Form von Perlen verwendet, die einzeln erhältlich sind und in das Muster integriert werden könne. Gefärbtes Glas kann sehr effektvoll und leicht zu Ohrringen verarbeitet werden. Schneiden Sie gefärbtes Glas mit einem Glasschneider in die von Ihnen gewünschten Formen. Biegen Sie Streifen von Kupferfolie um die Kanten des Glases, die Sie mit einem Polierstahl glätten. Arrangieren Sie die Glasstücke so, daß sich die Kanten berühren, bürsten Sie das Kupfer mit boraxhaltigem Flußmittel für Bleilot und löten Sie die Fugen mit Bleilot. Zum Schluß wird das Stück mit Spülmittel sauber gebürstet. Verschiedenfarbiges zerbrochenes Spiegelglas kann mit ungewöhnlichem Resultat in Ton oder Harz eingebettet werden. Der Schmuck von Andrew Logan (S. 26) zeigt, wie auffallend solche Kombinationen sein können.

Objets trouvés (Fundstücke)

Um interessanten Mode- oder Bühnenschmuck zu kreieren, können Sie fast alle Arten ungewöhnlicher Gegenstände oder Teile von altem Schmuck kombinieren und so ein anziehendes, ja auffallendes Design erzielen. Die hier gezeigten Schmuckstücke sind ein Paar Ohrringe aus Knöpfen und dreieckigen Biegeringen, verbunden mit Messingösen, ein Armreif aus einem Metallgitter, das ich in einem Trödelladen gefunden habe und eine Hutnadel, zusammengesetzt aus Federn, Leder, gestanztem Kupfer und einem mit falschen Diamanten besetztem Schuhclip.

Herstellen der Ohrringe

1 Knipsen Sie die Rückseite der Knöpfe ab, so daß Sie Clips ankleben können. Feilen Sie die Kanten der Biegeringe plan, und löten Sie die Fugen mit leichtflüssigem Silberlot, dann das Ganze glattschmirgeln.

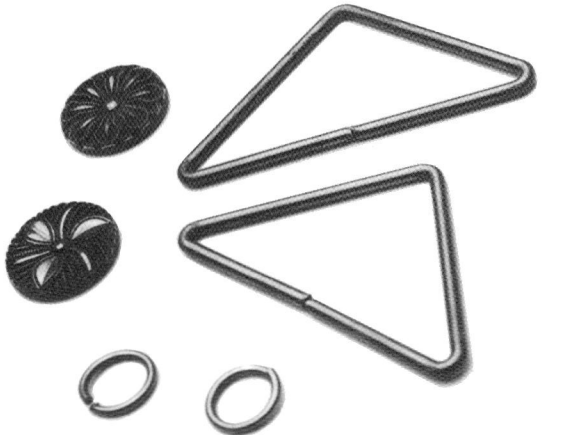

2 Kleben Sie den Clip mit Epoxidkleber an die Knopfrückseite. Diese speziellen Clips haben Haken, an die Tropfen gehängt werden können.

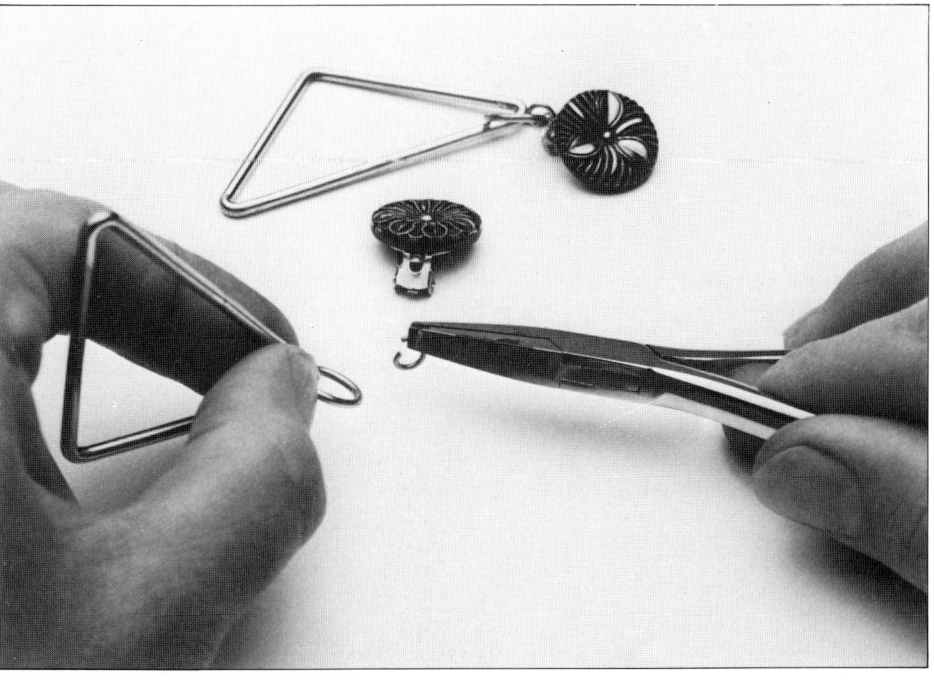

3 Ziehen Sie die Messingösen durch die Dreiecke und befestigen Sie dann das Ganze an einem kleinen Biegering, der seinerseits durch die Schlinge am Clip geht. Polieren.

Ich habe ein Stück Nickelgitter als Material verwendet; Sie können es in vielen Eisenwarenläden kaufen oder vielleicht in einem Trödelladen etwas passendes finden. Es sind alle möglichen Muster und Breiten erhältlich, die leicht in auffallende Schmuckstücke verwandelt werden können. Schneiden Sie den Streifen auf die passende Länge von ca. 15 cm zu, feilen und hämmern Sie die scharfen Kanten glatt, so daß sie sich nicht in das Handgelenk bohren können. Ausglühen (s. S. 45), ablöschen und das Metall um einen Armriegel oder eine Spindel zu einem kreisförmigen Reif biegen, den Sie bequem über Ihr Handgelenk streifen können. Polieren.

Herstellen eines Armreifs

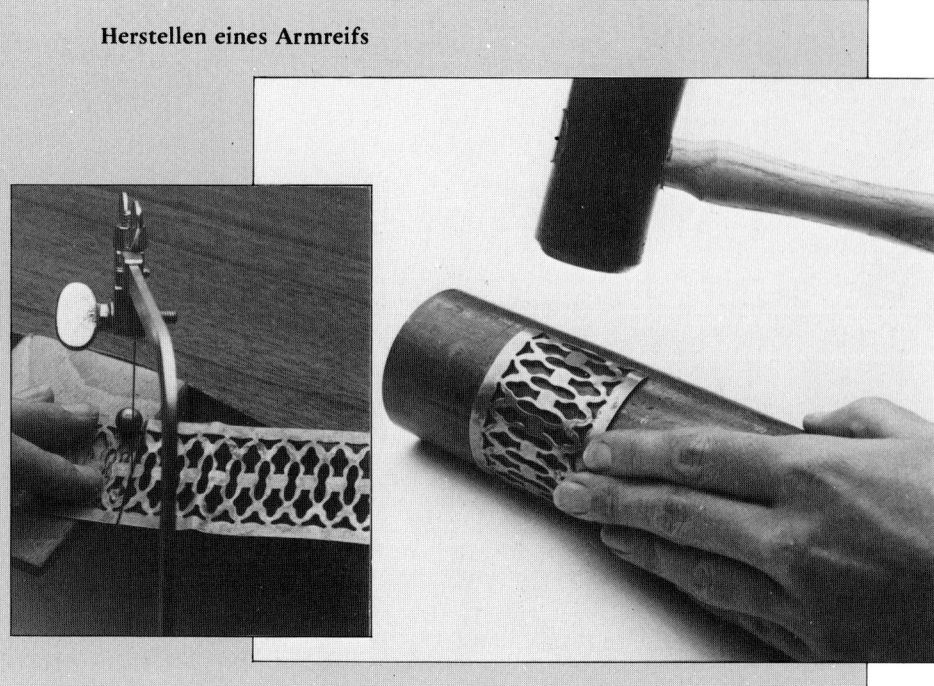

Herstellen einer Brosche

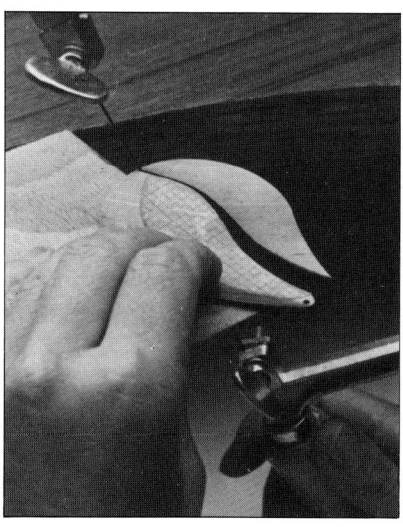

1 Wählen Sie einige schöne Federn für einen Federbusch aus, den Sie aus einigen langen und kurzen Federn herstellen. Entfernen Sie die dicken Federkiele. Die Federn werden auf einem Stück Leder arrangiert und festgeklebt.

2 Sägen Sie ein Stück Kupfer aus — Sie können auch ein anderes, unedles Metall nehmen — und entwerfen Sie die Form so, daß sie dem Umriß der Federn entspricht. In diesem Fall habe ich eine leicht gebogene Blattform entworfen.

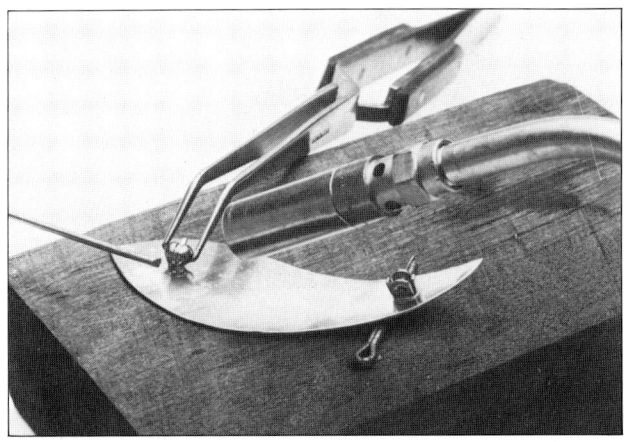

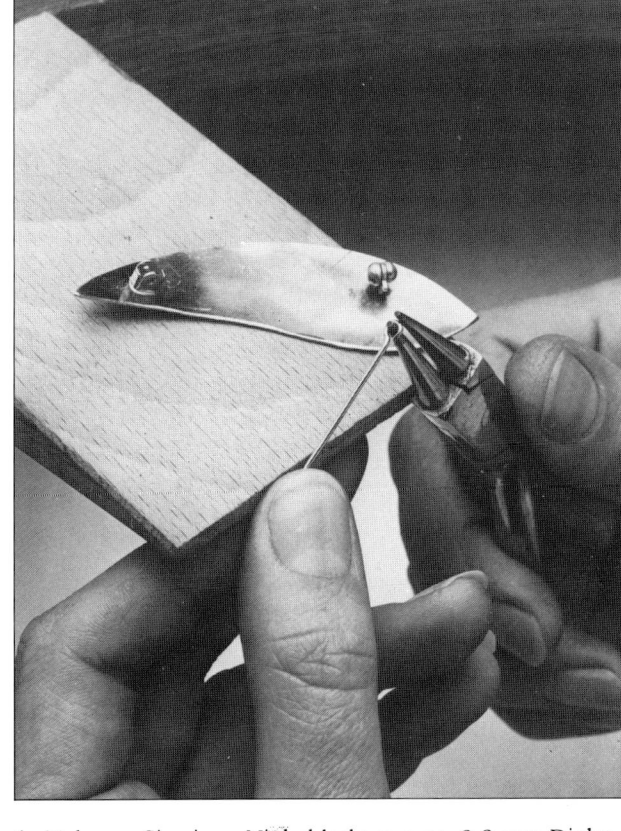

3 Feilen Sie alle Kanten glatt, und löten Sie die Broschierung mit Bleilot fest. Halten Sie die Broschierung während des Lötvorganges mit einer Lötkreuzpinzette fest. Denken Sie daran, daß das Lot schnell fließt, deshalb nur punktförmig auftragen.

4 Nehmen Sie einen Nickeldraht von ca. 0,9 mm Dicke für die Nadel, biegen Sie das Ende des Drahtes, das im Scharnier befestigt wird, um eine Rundzange. Feilen Sie das andere Ende zu einer weichen Spitze.

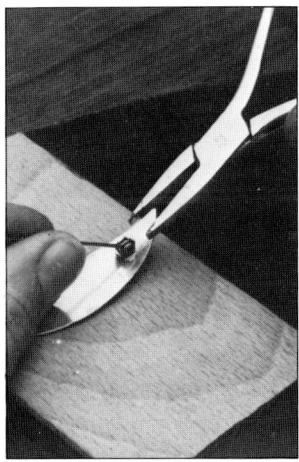

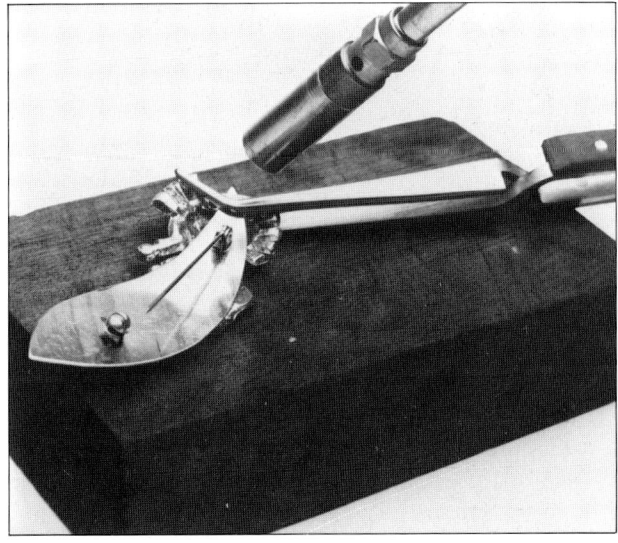

5 Diese Art Broschierung ist speziell für Modeschmuck gedacht. Setzen Sie die Schlinge der Nadel in das Scharnier, das Sie mit einer Zange zusammendrücken.

6 Entfernen Sie die Clipmechanik von der Rückseite des Clip und feilen Sie die scharfen Überstände ab. Löten Sie den diamantbesetzten Clip mit Bleilot auf die Metallunterlage, ohne zu überhitzen.

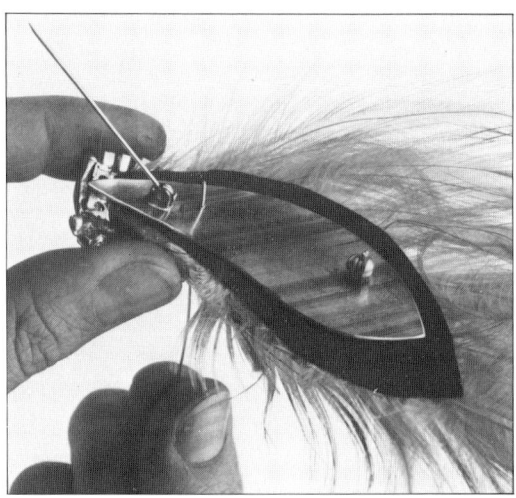

7 Sorgfältig reinigen und trocknen. Schieben Sie den Federbusch in den Schlitz zwischen Metallunterlage und Diamantclip und rücken Sie ihn zurecht. Anschließend zwei Löcher durch den Clip bohren bis zur Metallunterlage, und den Draht durch die Löcher ziehen, um die Teile fest miteinander zu verbinden.

8 Legen Sie Ihre Arbeit auf ein Bretteisen, und klopfen Sie den Draht mit einem Niethammer flach, bis die Teile befestigt sind.

Die hier angeführten Beispiele zeigen, wie leicht es ist, aus unkonventionellen Bestandteilen verschiedene Schmuckstücke herzustellen. Lassen Sie sich davon bei Ihren eigenen Entwürfen inspirieren.

Weiterführende Techniken der Schmuckherstellung

Je mehr Sie über das Anfertigen von Schmuck und die vielen damit verbundenen Techniken lernen, desto komplexer und schwieriger wird die Kunst der Schmuckherstellung.

In diesem Abschnitt nun werden Sie lernen, Schmuck herzustellen, der nicht nur auf früheren, grundlegenden Fertigkeiten basiert, sondern auch komplexere Materialien und Techniken einschließt.

Die hier beschriebenen Techniken sind Spezialgebiete für sich. Einige werden Sie mehr als andere interessieren, und es lohnt sich, soviel wie möglich über jede Fertigkeit zu lernen, bevor Sie sich spezielles Werkzeug kaufen.

Wie auch immer, da Metall die Grundlage fast allen Schmucks ist, ist es wichtig, die verschiedenen Möglichkeiten der Ornamentierung zu lernen. Sie können die Oberfläche färben, masern und polieren, Sie können Muster eingravieren, ätzen oder aufprägen. Dies sind nur einige wenige Möglichkeiten. Aber zuvor noch ein Wort der Warnung: Bevor Sie irgendeine der speziellen dekorativen Techniken anwenden, sollten Sie zunächst an einem Stück unedlen Metalls experimentieren oder ein weniger wichtiges Stück herstellen.

Spezielle Techniken

Jede der in diesem Abschnitt beschriebenen Techniken ist ein Spezialgebiet für sich, wenn Sie sich detailliertes Wissen über eine der Techniken aneignen möchten, rate ich Ihnen, spezielle Fachbücher darüber zu lesen.

Gravieren

Beim Gravieren werden Figuren, Muster oder Buchstaben in spanabhebender Weise in eine Metall- oder eine andere harte Oberfläche, wie z.B. Stein, Glas, Knochen, Kunststoff oder Holz geschnitten.

Das dafür verwendete Werkzeug ist ein Gravierstichel. Er ist aus Stahl und hat eine Spitze zum Schneiden an einem Ende und ein rundes hölzernes Heft mit einer abgeplatteten Seite am anderen Ende. Es gibt verschiedene Sticheleinsätze, um eine Vielzahl verschiedener Schnitte auszuführen.

Halten Sie das Stichelheft in Ihrer Handfläche und legen Sie den Zeigefinger ausgestreckt auf den Schaft. Die Stichelspitze sollte fast parallel zum Metall aufgesetzt werden.

Sie benötigen eine Reißnadel, um den Entwurf auf das Metall zu übertragen, einen Leder-Sandsack als Unterlage für große Stücke, eine Ringklammer, Fasserkitt und einen Holzklotz für kleine Teile. Um die Stücke bearbeiten zu können, erhitzen Sie den Kitt, so daß er auf dem Holzklotz festklebt. Legen Sie das zu bearbeitende Teil in den weichen Kitt und lassen Sie das Ganze abkühlen und härten. Nehmen Sie denaturierten Spiritus, um den Kitt nach Fertigstellung der Gravur zu entfernen. Sie benötigen außerdem einen Ölstein zum Schärfen der Werkzeuge. Bevor Sie Ihr erstes Schmuckstück herstellen, üben Sie das Gravieren an einem Stück Kupferblech. Packen Sie das Heft des Gravierstichels fest mit Ihrer Handfläche. Bohren Sie die Spitze in das Metall und senken Sie das Heft, bis der Schaft fast parallel zur Oberfläche liegt. Schieben Sie den Stichel sanft in 2 bis 3 mm Abständen vor. Er wird einen kleinen Metallspan ausschneiden. Schnippen Sie den Span mit dem

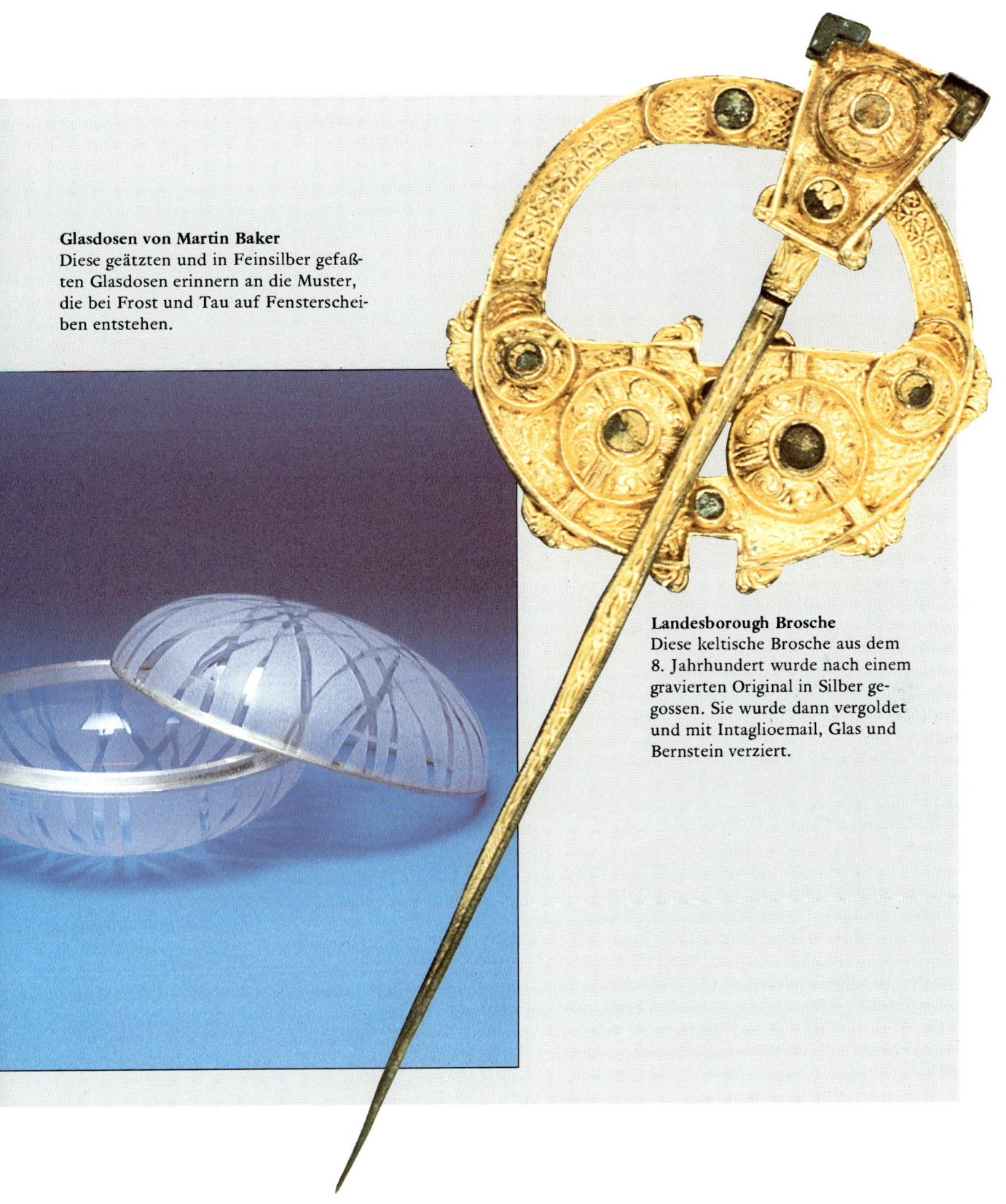

Glasdosen von Martin Baker
Diese geätzten und in Feinsilber gefaß-
ten Glasdosen erinnern an die Muster,
die bei Frost und Tau auf Fensterschei-
ben entstehen.

Landesborough Brosche
Diese keltische Brosche aus dem
8. Jahrhundert wurde nach einem
gravierten Original in Silber gegossen. Sie wurde dann vergoldet
und mit Intaglioemail, Glas und
Bernstein verziert.

Manschettenknöpfe von Jackie Cowper
Jackie Cowper hat einfache, aber eindrucksvolle Muster kreiert, indem Sie Perlmutt- und Abalonemuschelstücke in Harz eingelegt und in Silber gefaßt hat.

Werkzeug beiseite, setzen Sie den Stichel wieder in das Metall, und fahren Sie mit Ihrer Arbeit fort. Üben Sie zunächst gebogene, dann gerade Linien, die schwerer zu ziehen sind. Probieren Sie verschiedene Stichel, um die entstehenden Schnittformen vergleichen zu können. Ausrutscher, die nicht zu tief sind, können mit einem Polierstahl oder poliertem Stahldraht entfernt werden.

Ausarbeitung eines Entwurfs

Soll das Teil ein poliertes „finish" haben, machen Sie die Polierarbeit zuerst, da späteres Polieren die Qualität von Gravuren mindern kann. Übertragen Sie dann den Entwurf auf das Metall. Beim Herstellen eines Siegels oder einer Petschaft, muß die Zeichnung seitenverkehrt graviert werden. Diese Technik ist als „Intaglio" bekannt. Hierzu wird die Arbeit auf eine geeignete Unterlage gelegt, der Stichel auf der angerissenen Linie plaziert, und dann wie oben beschrieben graviert. Schneiden Sie nur entlang der Linie, und schnippen Sie den Metallspan alle 2 bis 3 mm weg.

Drehen Sie Ihr Werkstück häufig, so daß Sie stets in die gleiche Richtung arbeiten. Am leichtesten ist es, Kurven als Rechtshänder gegen den Uhrzeigersinn und als Linkshänder im Uhrzeigersinn zu schneiden.

Einlegearbeit

Beim Einlegen wird ein Material bündig in die Oberfläche eines anderen eingebettet (tauschiert). Es gibt viele verschiedene Arten von Einlegearbeiten, einschließlich Durchbohren, Bohren, Meißeln und Ätzen, und ebenso viele Materialien können verwendet werden: Feingold, legiertes Gold, Feinsilber, legiertes Silber, Kupfer, Messing, Bronze, Eisen und Stahl in allen Kombinationen.

Die wichtigsten Meißel für Einlegearbeiten sind:

1. V-förmiger Spitzmeißel zum Herstellen V-förmiger Hohlkehlen und für die ersten Einschnitte.

2. Flachmeißel für alle Anwendungsbereiche, zum Ausheben und Schneiden von dicken Metallblechen. Packen Sie das Werkzeug ca. 12 mm vom spitzen Ende weg; es entfernt das Metall in Form von Spänen oder Schnitzeln.

3. Flachmeißel mit schmalem Rücken, für rechtwinklige Ecken.

4. Messerstichel; das Ende ist spitz mit geraden Seiten, um Rinnen und Spalten zu schneiden.

5. Bollstichel für halbrunde Vertiefungen und Formen.

6. Kugelpunzen für rundbogige Einschnitte.

Sie können schöne Muster kreieren, indem Sie zwei oder drei verschiedenfarbige Metalle verwenden, oder indem Gold und Silber oxidiert wird. Sie können auch Einlegemetalle zu Pulver zermahlen, sie mit Epoxidkleber mischen und dann verarbeiten. Ebenso können Ebenholz und andere, dekorative Hölzer, Muscheln, Metallspäne und Acrylharz verarbeitet werden. Einlegearbeiten lassen sich am besten auf glatten Oberflächen ausführen, aber mit mehr Übung können Sie auch gebogene oder aufgetiefte Oberflächen auf diese Art bearbeiten. Sie benötigen Graviermeißel und -stichel, um zu gravieren, meißeln, auszustechen, abzuschrägen und die Metalloberfläche für die Einlegearbeit vorzubereiten. Die Gravierstichel sind dieselben, wie sie für das Gravieren (s. S. 106) benötigt werden, mit pilzförmigen hölzernen Heften und verschiedenartig geformten Spitzen.

Sie benötigen Punzen, um mit dem Meißel ausgehobene Vertiefungen zu glätten, und um die Einlage in die Metallkehle zu drücken. Wie die anderen Werkzeuge haben Punzen je nach Zweck verschieden geformte Punzenköpfe.

Ein runder Punzen z.B. kann für runde Vertiefungen, in die runder Draht eingelegt wird, benutzt werden. Nehmen Sie einen Hammer, Holzhammer oder ein Stahlrohr, um die Punzen und Meißel zu schlagen. Mit einem Planierhammer wird Draht in die Vertiefung geschlagen und anschließend plan gehämmert.

Ziseleurkitt wird benutzt, um das Metall während des Einlegens zu halten, oder die Arbeit auf einem Stück Holz mit Nägeln, die Sie über die Kanten flach umklopfen, sichern.

Ringe von Annabelle Ely
Die auffallenden Muster dieser Ringe kamen durch das Einlegen von Gold und Silber in eine oxidierte Silberoberfläche zustande.

Durchbohren von Metall

Durchbohrtes Einlegen ist die einfachste und für den Anfänger am besten geeignete Technik. Ein Muster wird in ein Stück Metallblech gebohrt, das dann auf ein anderes Metallblech der gleichen Größe und Form gelötet wird.

Reißen Sie ein Muster auf ein Metallblech und bohren Sie es dann aus. Tragen Sie boraxhaltiges Flußmittel auf die Rückseite auf (s. S. 48). Arrangieren Sie Lotstücke im Abstand von ca. 4 mm auf der Fläche. Erhitzen Sie das Metall, bis das Lot schmilzt, aber bringen Sie es noch nicht zum Fließen. Tragen Sie Flußmittel auf das andere Metallblech auf, und befestigen Sie es mit Draht an dem ersten Metall. Erhitzen Sie das Metall, bis das Lot fließt; darauf achten, daß an den Rändern keine Zwischenräume zu sehen sind. Bringen Sie Ihre gewählte Einlage in den Hohlräumen (Gruben) an. Feilen Sie die Oberflächen mit einer flachen Allzweckfeile, dann mit Schmirgelpapier glätten, bis sie bündig mit dem Metallmuster sind. Benutzen Sie für Holz oder Harz eine alte Feile.

Ausmeißeln von Metall

Reißen Sie den Entwurf auf der Metalloberfläche an, dann wird das Metall in Ziseleurkitt oder auf einem Stück Holz mit Nägeln befestigt, die über die Metallkanten gebogen werden.

Benutzen Sie für den ersten Einschnitt einen V-förmigen Spitzmeißel. Halten Sie die Spitze des Meißels gegen sich und das Werkzeug in einem Winkel von 40° zur Metalloberfläche, und schlagen Sie es leicht mit einem Hammer, während Sie es auf sich zu bewegen. Dann vertiefen, verbreitern, runden oder schrägen Sie die Einschnitte mit den passenden Meißeln oder Punzen ab, bis das gewünschte Muster oder die Tiefe des Einschnitts erreicht ist. Flüssigeinlagen wie Harz oder mit Epoxidkleber gemischter Metallstaub sind am günstigsten für ausgemeißelte Entwürfe.

Bohren

Um eine einfache und sehr reizvolle punktförmige Einlage zu machen, wird Metall in Form von kreis-, spiral- oder gitterförmigen Vertiefungen angebohrt. Nehmen Sie Draht von derselben Grö-ße wie die gebohrten Vertiefungen, den Sie in die Gruben einlegen. Feilen und glätten Sie die Oberfläche mit Schmirgelpapier, bis die Drahteinlagen bündig mit der Oberfläche abschließen.

Einlegen

Schneiden Sie das einzulegende Material in Form und Größe der Einschnitte. Glühen Sie stets jedes einzulegende Metall, so daß es sich leicht in die Einschnitte einfügt, wenn Sie daraufklopfen. Drücken Sie das Einlegemetall in die Einschnitte und hämmern Sie es vorsichtig, aber fest, auf seinen Platz. Schmirgeln Sie die Metalleinlage mit Schmirgelpapier mit der Oberfläche plan.

Werden Drähte eingelegt, genau in die Form passen, vorsichtig auf ihren Platz hämmern, festlöten und bündig feilen.

Stein, Kunststoff, Holz, Elfenbein, Muscheln und Knochen können alle in Metall und ineinander gelegt werden. Das Vorbereiten dieser Materialien entspricht dem Ausmeißeln von Metall, aber jedes Material hat andere Eigenheiten, deshalb sollten Sie das Meißeln eines neuen Materials üben, bevor Sie die Technik an einem Schmuckstück ausführen. Materialien wie Stein sind langsam und schwer zu schneiden, während Holz weich und relativ schnell zu bearbeiten ist. Allerdings kann Holz splittern oder brechen, wenn es zu großem Druck ausgesetzt oder zu fest behauen wird. Einige Materialien dehnen sich aus, andere ziehen sich unter bestimmten Bedingungen zusammen. Als Sicherheitsvorkehrung können Sie das eingelegte Material mit Kleber befestigen. Die Einlage muß immer genau passen, ohne daß häßliche

Lücken zwischen ihr und dem Grundmaterial zu sehen sind. Feine Spalten können Sie mit Epoxidkleber, der mit Farbe oder pulversisiertem Holz (Sägemehl) gemischt ist, füllen.

Ziselieren und Repoussé

Ziselieren und Repoussé sind die ältesten von Goldschmieden angewandten Techniken, um Metall zu prägen.

Beim Ziselieren wird das Muster von vorn in das Metall geschlagen, während bei Repousséarbeiten das Muster von hinten in das Metall getrieben wird. Da die Tendenz besteht, die beiden Begriffe

Reversbrosche von George Fouquet
Diese wunderschöne Jugendstilbrosche in Gold und Email
ist ein gutes Beispiel für Champlevé.

wechselweise füreinander zu gebrauchen, werden diese beiden Techniken häufig fälschlich unter dem Oberbegriff „Ziselieren" zusammengefaßt.

Für jeden Typ Arbeit benötigen Sie Ziselier- und Repoussépunzen. Grundsätzlich sind es die gleichen Werkzeuge, obwohl die ersteren flacher sind und schärfere Kanten haben als die entsprechend stumpferen, mehr rundköpfigen Gegenstücke für Repousséarbeiten.

In beiden Fällen sind die vier Hauptwerkzeuge:

1. Treibfäuste mit gerundeten stumpfen Enden, um die gröberen Hauptformen des Entwurfs aufzubauen.

2. Schrot- und Modellierpunzen für Details und Feinarbeit.

3. Polierstähle zum Glätten.

4. Setzpunzen, um die Oberfläche zu masern, um eine matte oder gekörnte Struktur zu erzielen.

Die Punzen sind normalerweise ca. 12 cm lang und ca. 6 mm dicke Vierkantstähle mit verschiedenen Punzköpfen für diverse Formen. Sie benötigen außerdem einen Ziselierhammer, der sehr leicht ist — ca. 115 g — und einen breiten Kopf und einen knollenförmigen Griff hat, so daß der Punzen gleichmäßig und regelmäßig geschlagen werden kann.

Während des Ziselierens sollte das Metall auf einer Unterlage aufliegen, die es in der richtigen Position hält und die flexibel genug ist, um der Formung Raum zu geben. Das beste Material für diesen Zweck ist eine mit Ziseleurkitt gefüllte, gußeiserne Hohlkugel, die auf einem Lederring sitzt, der sie in jedem Winkel sicher hält.

Um den Ziseleurkitt herzustellen, mischen Sie zwei Teile schwarzes Pech mit einem Teil Gips oder Schlämmkreide. Ein Holzklotz mit einer dicken Schicht dieser Pechmischung überzogen, kann eine Ziseleurkugel ersetzen, allerdings fehlt die Drehfähigkeit der Kugelform.

Zeichnen Sie den Entwurf auf Zeichenpapier, übertragen Sie ihn mit einer Reißnadel auf das Metall. Glühen Sie das Metall (s. S. 45). Mit einem Brenner wird die Oberfläche des Ziseleurkitts vorsichtig erhitzt. Achten Sie darauf, nicht zu überhitzen, damit das Pech keine Blasen bildet, weil das Metall dann nicht mehr sicher befestigt werden kann. Befeuchten Sie Ihre Finger, damit das heiße Pech nicht an den Fingern kleben bleibt, und drücken Sie dann das Metall fest in den Kitt. Lassen Sie die Kittmasse abkühlen.

Falls dennoch Pech an der Hand kleben bleibt, lassen Sie es hart werden, bevor Sie versuchen, es abzuschälen. Halten Sie den Punzen senkrecht — in Ihrer linken Hand, wenn Sie Rechtshänder sind, rechts wenn Sie Linkshänder sind — mit dem Punzenkopf auf dem Blech. Schlagen Sie den Punzen mit dem Hammer, um eine Vertiefung zu erzielen. Halten Sie den Punzen während des Schlagens in einer leicht federnden Bewegung, so daß die Vertiefungen nicht zu ausgeprägt sind. Fahren Sie mit der Bearbeitung des Metalls in der gleichen Weise fort, bis der Entwurf vollständig ausgearbeitet ist.

Durch das Nachgeben und Strecken des Metalls wird es härter und muß erneut geglüht werden. Um das Metall von dem Ziseleurkitt zu lösen, erhitzen Sie es, bis der Kitt weich wird; heben Sie dann das Metall mit einer Pinzette heraus, und brennen alle Pechrückstände ab. Glühen Sie das Metall, erweichen Sie den Kitt wieder, legen Sie das Metall wieder in die Masse ein, und arbeiten Sie weiter. Für komplizierte Muster oder für Arbeiten mit sehr ausgeprägtem Relief müssen Sie Ihr Werkstück einige Male von dem Kitt lösen, glühen und erneut kitten.

Emaillieren

Email ist eine Art von Glas, das unter Hitze auf Metall aufschmilzt. Es kann transparent oder opak sein und ist in einer Vielzahl von Farbnuancen und Abstufungen erhältlich. Emaillieren ist eine Fertigkeit, die sehr viel Geschick und Sachkenntnis voraussetzt, deshalb sollten Sie darauf vorbereitet sein, viel Zeit in das Üben dieser Technik zu investieren.

Allerdings ist ein Emaillierofen eine sehr teure Anschaffung. Die Öfen sind in verschiedenen Größen und Qualitätsklassen erhältlich, sie werden mit Gas oder Strom erhitzt. Die benötigte Größe hängt von der Menge und der Größe der von Ihnen geplanten Stücke ab. Ideal wäre ein Ofen mit einem Temperaturregler, der die Temperatur in der Brennkammer mißt. Wenn Ihr Ofen nicht damit ausgestattet ist, können Sie sog. Segerkegel (Hitzemesserkegel) kaufen, wie sie beim Brennen von Keramik verwendet werden, und die sich bei spezifischen Temperaturen biegen und schmelzen.

Email gibt es in Pulverform oder als grobe Kristalle. Ich bevorzuge opake Farben für feine, zarte Arbeiten, da ich der Meinung bin, daß die leuchtenderen Transparentfarben etwas zu grob sind.

Sie sollten stets genug Email vorbereiten, bevor Sie sich an die Arbeit machen. Es ist besser, zu viel als zu wenig Email zur Verfügung zu haben.

Gold, Silber und Kupfer sind die zum Emaillieren geeignetesten Metalle. Vergoldungsmetall und Messing werfen besondere Probleme auf und werden nur von geübten Goldschmieden verwandt. Am besten beginnen Sie mit Kupfer als Emailträger, um die Farben auszuprobieren, um die Eigenarten von Email kennenzulernen, und um die Technik zu üben.

Metall und Email ziehen sich beim Abkühlen verschieden stark zusammen, was dazu führen kann, daß das Metall sich verzieht oder das Email platzt. Je dünner das Metall, desto eher neigt es zum Verziehen. Die Form des Metalls kann ebenfalls Einfluß auf seine Verformung haben; flache Stücke verformen sich leichter als gebogene oder aufgetiefte. Email schmilzt bei ca. 850 ^{o}C. Dies liegt über dem Schmelzpunkt von normalem Lot, deshalb benötigen Sie für Teile, die Sie vorm Emaillieren löten wollen, spezielles Emaillot mit höherem Schmelzpunkt. Aber auch dann müssen Sie während des Brennvorganges noch sehr darauf achten, daß das Lot im Ofen nicht schmilzt. Auch bei der Arbeit mit Silber ist besondere Vorsicht geboten. Silber schmilzt bei 925 ^{o}C und läßt nur eine geringe Spanne zwischen dem Aufschmelzen des Emails und dem Schmelzen des Silbers. Sobald das Email dunkler geworden und geschmolzen ist, nehmen Sie Ihre Arbeit zum Abkühlen aus dem Ofen. Sie benötigen eine Unterlage für die zu emaillierenden Stücke, damit das Metall nicht während des Brennvorganges im Ofen anklebt. Hierfür gibt es rostfreie Stahlunterlagen oder -dreifüße oder Brennroste aus Stahl. Außerdem benötigen Sie eine zweizinkige Eisenzange mit langen Griffen, um die Brennunterlage in und aus dem Ofen zu transportieren, eine Pinzette und einen Spachtel, um das Metall anzufassen und ein dickes Holzbrett oder einen Metallrost, auf dem Ihre Arbeit nach dem Brennen abkühlen kann.

Vorbereitungen

Um die Emailkristalle zu zerkleinern, nehmen Sie einen Mörser und einen Stößel und zerreiben die Kristalle zur Größe von Brotkrumen, um sie dann wie das Emailpulver weiter zu verarbeiten. Geben Sie Wasser in den Mörser, und zerreiben Sie das Pulver zu feinem Staub. Die Verunreinigungen, die beim Zerreiben des Emails entstehen, setzen sich an der Oberfläche ab. Gießen Sie das trübe Wasser vorsichtig ab, das Emailpulver bleibt im Mörser. Fügen Sie sauberes Wasser hinzu, leicht umrühren, das Pulver setzen lassen und das Wasser wieder vorsichtig abgießen. Wiederholen Sie diesen Reinigungsprozeß, bis das Wasser sauber bleibt. Das Email muß sauber sein, damit eine weiche, gleichmäßige Färbung entsteht. Als nächstes wird das Email auf eine Untertasse gegeben, abgedeckt, damit es sauber bleibt, und auf den warmen Ofen zum Trocknen gestellt. Feuchtigkeit beeinträchtigt alle Emailfarben; wenn Sie feuchtes Email durch Verdunsten langsam trocknen lassen, können sich später Schlacken oder Schaum bilden.

Um Email für den späteren Gebrauch zuzubereiten, wird es gewaschen, um alle Verunreinigungen zu entfernen. Trocknen Sie es sofort und schnell, und bewahren Sie es in luftdichten Behältern auf. Für feine zarte Emailarbeiten sollten Sie jedoch stets frisches Pulver zubereiten.

Vorm Auftragen des Emails müssen Sie das Metall reinigen. Glühen Sie das Metall (s. S. 45), um es von Fettspuren zu säubern, beizen Sie es (s. S. 46), um die Oxidationsschicht zu entfernen. Bürsten Sie die Beize mit einer Glasbürste unter fließendem Wasser restlos ab, wobei Sie das Metall mit einer Pinzette halten. Fassen Sie das saubere Metall nicht mit den Fingern an, um erneute Fettspuren oder Verunreinigungen zu vermeiden. Nehmen Sie eine Pinzette und einen Spachtel, um das Metall zu transportieren.

Das Auftragen von Email

Wenn Sie eine große Fläche emaillieren wollen, tragen Sie zunächst verdünntes Tragant — ein Klebemittel — auf. Legen Sie das Metall auf eine stabile Unterlage in die Mitte eines sauberen Blatt Papiers, so daß die Kanten das Papier nicht berühren. Sieben Sie das trockene Pulver durch ein feines Sieb auf das Metall, z.B. ein Teesieb, von den Ecken zur Mitte hin arbeitend. Nachdem das Metall gleichmäßig mit einer dünnen Schicht Pulver bedeckt ist, entfernen Sie alle losen Pulverreste.

Kleinere Flächen werden mit einer Technik, die als nasses Auftragen bekannt ist, emailliert. Befeuchten Sie das trockene Pulver mit destilliertem Wasser. Tragen Sie das Email mit einem Pinsel oder einem Spatel gleichmäßig auf das Metall auf, wobei Sie darauf achten sollten, daß kein Email über die Kanten läuft. Vergewissern Sie sich, daß die Emailschicht feucht, aber fest in der Konsistenz und nicht zu dick ist. Überschüssiges Wasser nehmen Sie mit einem Blatt Löschpapier weg, das Sie vorsichtig an die Emailränder drücken.

Emaillierwerkzeuge
1 Brennunterlage oder -rost; 2 Pinzette; 3 Spatel; 4 Polierstahl, um das umgebende Metall mit dem Email bündig zu polieren; 5 Siliziumkarbidstein zum Naßschleifen; 6 Karborundumstein; 7 löffelförmiger Spatel; 8 Sieb; 9 Emaillierunterlage für den Brennprozeß, für komplizierte Formen geeignet.

Das Brennen

Bringen Sie den Ofen langsam auf die benötigte Temperatur, und legen Sie dann das Metall vorsichtig mit einem Spachtel auf die Brennunterlage. Diese transportieren Sie mit der Eisenzange in die Nähe des warmen Ofens, so daß das Email trocknen kann. Es ist wichtig, daß das Email vorm Brennen trocken ist, da jegliche im Email verbleibende Feuchtigkeit während des Brennens

Emailfarben
Emailfarben in Kristall- und Pulverform. Beim Auftragen werden Sie matter, haben aber nach dem Brennvorgang wieder ihren vollen Glanz. Jede Farbe gibt es in einer Vielzahl von Abstufungen; zum Beispiel wenigstens zehn verschiedene Rot-, zehn Weiß, zehn Grüntöne.

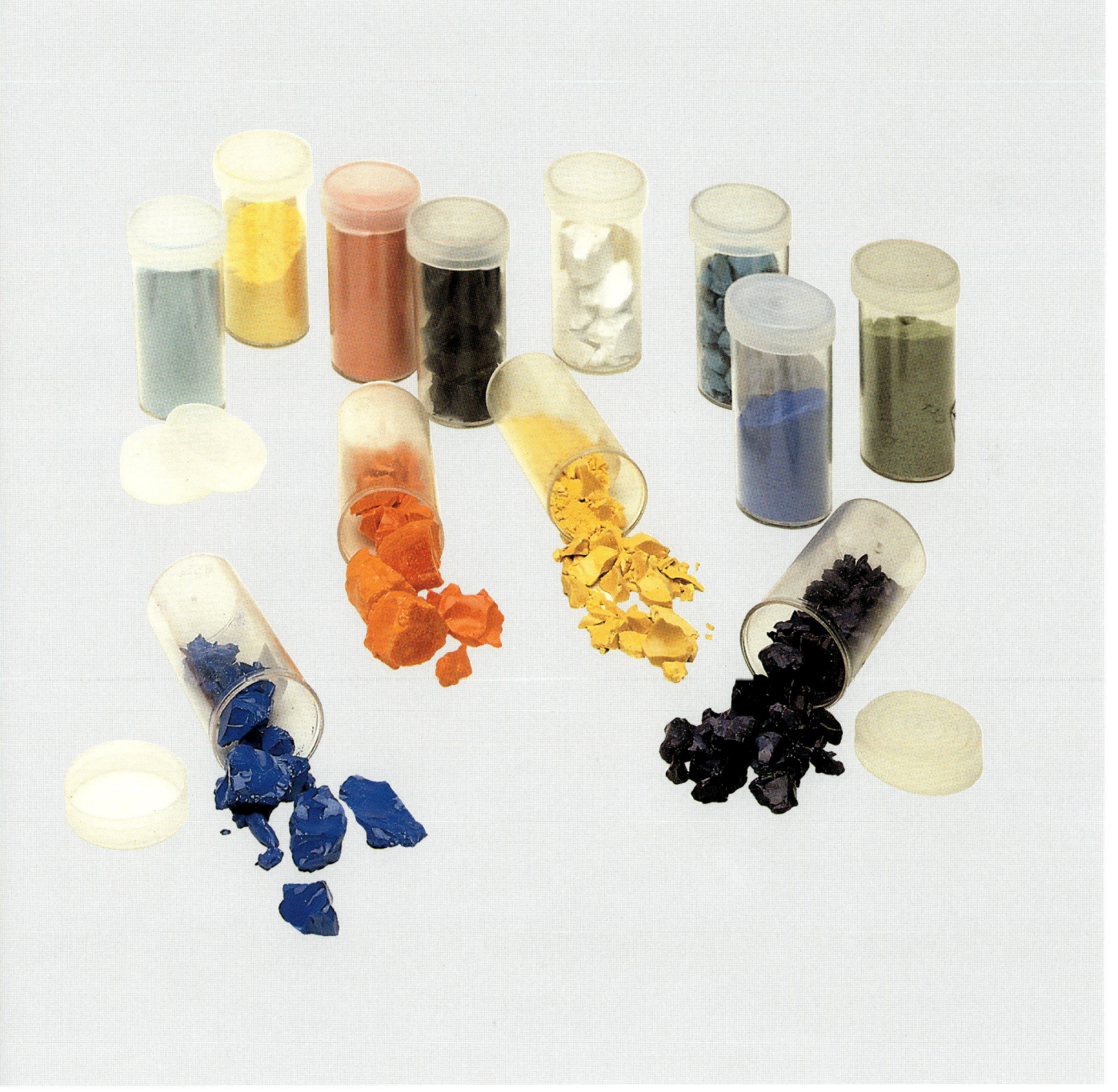

zu kochen beginnt, und das Email abspringt. Wenn das Email trocken ist, packen Sie die Unterlage mit der Zange und legen das Metall samt Unterlage in den Ofen. Die Dauer des Brennprozesses hängt von der Größe des Ofens ab, der Schmelzeigenschaft des Emails und der Größe der zu emaillierenden Fläche. Beobachten Sie das Email sorgfältig, es wird dunkler werden und zu schmelzen beginnen. Das Email ist aufgeschmolzen, wenn die Oberfläche narbig wie eine Orangenschale ist. Holen sie Ihre Arbeit sofort aus dem Ofen und lassen sie langsam auf dem Ofen auskühlen. Während des Brennvorganges trennen sich die Metalloxide, die dem Email die Farbe geben, von den Glaspartikeln. Um das Oxid zu entfernen, halten Sie Ihre Arbeit unter fließendes Wasser und bearbeiten sie mit der Glasbürste. Legen Sie die Arbeit neben den warmen Ofen, bis sie trocken ist, dann bedecken Sie die Oberfläche mit einer weiteren dünnen Schicht und brennen sie wie vorher. Wiederholen Sie den Vorgang nochmals, aber diesmal holen Sie die Arbeit, wenn sie das narbige Stadium erreicht hat, nicht aus dem Ofen, sondern Sie lassen sie im Ofen, bis die Emailoberfläche sich wieder glättet. Wenn die Arbeit kalt ist, wird sie eine glänzende, wie glasiert aussehende Oberfläche haben.

Fertigstellung

Große Emailflächen können mit dem glasierten „finish" belassen werden. Eine unregelmäßige Oberfläche können Sie korrigieren durch nasses Abschleifen mit einem Karborundumstein. Dann reinigen Sie Ihre Arbeit mit der Glasbürste unter fließendem Wasser, spülen mit destilliertem Wasser nach und lassen trocknen. Brennen Sie die Arbeit nochmals, bis sie wieder glatt ist.

Ein opak brennendes Email erhält ein mattes „finish" durch Naßpolieren mit Bimsmehl. Brennen Sie nach dem Polieren nicht mehr nach, da das Email sich verfärben könnte.

Verschiedene Emaillierarten

Baisse-taille

Transparente Emailfarben werden auf eine Oberfläche gebrannt, in die ein flaches Relief graviert, geprägt, gemeißelt oder getrieben wurde. Diese Technik wurde von Carl Fabergé perfektioniert, der im späten 19. Jahrhundert für die Zarenfamilie auf diese Weise emaillierte, juwelenbesetzte Ostereier herstellte.

Champlevé (Grubenschmelz)

Wie beim Baisse-taille werden transparente oder opake Emailfarben in gravierte, geätzte oder geprägte Vertiefungen geschmolzen oder in durchbrochenes, auf eine Grundfläche gelötetes Metall gebrannt.

Cloisonné (Zellenschmelz oder Stegemail)

Das Email wird in kleine, aus dünnem Draht geformte Zellen eingeschmolzen, die mit klarem Emaillier-Flußmittel aufgelötet oder mit Tragant auf einer Grundfläche befestigt werden.

Grisaille

Ein weißes Emaildessin oder -bild wird auf einen schwarzen Untergrund gebrannt. Bei jedem Brennvorgang dringt etwas Weiß in das Schwarz, wodurch eine fast monochrome Grautönung entsteht.

Limoges

Im 15. Jahrhundert wurde die Technik des Bildermalens in Email von Künstlern in Limoges zu ihrer höchsten Vollendung gebracht. Um ein Bild fertigzustellen, waren viele Brennvorgänge notwendig, so daß die Farben mit längerer Brenndauer zuerst aufgetragen wurden, da das viele Brennen die weicheren Farben beeinträchtigt hätte.

Plique-à-jour (Fensteremail)

Transparentemail wird in kleine Drahtzellen ohne Unterlage zu zarter Durchbruchsarbeit geschmolzen, so daß der Effekt von Glasmalerei entsteht. Um das Email in den offenen Zellen zu halten, wird es mit Tragant gemischt. Als Unterlage während des Brennes wird Glimmer benutzt, an dem das Email nicht festklebt.

Probleme beim Emaillieren

Das häufigste Problem, das beim Emaillieren auftritt, ist das Abplatzen oder Absplittern. Dies passiert manchmal während des Abkühlens, kann aber auch später eintreten. Der Grund ist normalerweise eine zu dicke oder ungleichmäßig aufgetragene Emailschicht; es können auch Reste der Beize verantwortlich sein, die in feinen Rissen zurückgeblieben sind, oder — falls Sie kein Emaillot genommen haben — Gase, die beim Brennen von Metallen, wie z.B. Zink entstehen. Eine Wiederholung des Brennvorganges kann die Tendenz zum Abplatzen verhindern, es kann allerdings auch passieren, daß es schlimmer wird.

Das Verfärben ist ein weiteres, häufiges Problem. Transparent brennendes Email neigt am ehesten dazu, besonders Rosa-, Rot- und Gelbtöne.

Niello

Niello oder Tula ist eine schwarze Metallmischung aus Silber, Kupfer, Blei und Schwefel, die benutzt wird, um Silber und Gold zu verzieren. Ebenso wie das Emaillieren, schließt das Tulieren Metallbearbeitungstechniken wie Gruben- und Zellenschmelz ein. Das Niello wird dann im Brennofen oder mit dem Lötbrenner auf das Metall aufgeschmolzen.

Sie benötigen mindestens zwei Schmelztiegel, einen Holzkohle- oder Porzellanstab, einen Eisenlöffel, eine geölte Eisenplatte und die Silber-, Kupfer-, Blei- und Schwefelanteile. Beim Herstellen von Niello sollten Sie stets am offenen Fenster arbeiten oder einen Ventilator einschalten, da die Dämpfe von Blei und Schwefel schädlich sein können. Wählen Sie ein Rezept zur Herstellung von Niello aus, und messen Sie Ihre Bestandteile gemäß der Tabelle ab. Probieren Sie die verschiedenen Rezepte aus, bis Sie das Ihnen genehmste gefunden haben.

Geben Sie die Silberstücke oder -körner in einen Schmelztiegel, halten Sie den Tiegel mit einer Zange an seinem Ausguß, und erhitzen Sie ihn mit dem Lötbrenner bis das rotglühende Metall flüssig wird, dann Kupfer hinzugeben. Wenn die Legierung wieder geschmolzen ist, fügen Sie Blei hinzu. Rühren Sie die Masse mit einem Holzkohle- oder Porzellanstab und entfernen Sie die Unreinheiten mit einem Eisenlöffel. Halten Sie die Mischung in geschmolzenem Zustand. Schmelzen Sie das Schwefelpulver in einem gesonderten Tiegel. Gießen Sie das geschmolzene Metall in den geschmolzenen Schwefel. Gut umrühren. Gießen Sie die Masse langsam auf eine geölte Eisenplatte. Lassen Sie die Masse kalt und fest werden. Mit Mörser und Stößel wird die feste Mischung in feines Pulver zerrieben.

Rezepte für Niello			
Bestandteile	Pliny	Theophilus	Henrich
Silber	3	2	1
Kupfer	1	1	2
Schwefel	2	7 – 10	6
Blei	0	1/2	3

Vorbereiten des Metalls

Sie können Ihren Entwurf in Metall gravieren oder meißeln. Bohren Sie einen Entwurf in Metall und löten Sie das durchbrochene Metall auf einen Metalluntergrund (s. S. 47), oder löten Sie ein Muster aus Drähten auf die Oberfläche auf. Wenn die Oberfläche mit dem Muster versehen ist, reinigen Sie das Metall sorgfältig durch Glühen und Beizen (s. S. 46) und spülen es dann mit destilliertem Wasser. Nehmen Sie als Flußmittel eine schwache Boraxlösung. Tragen Sie das Niellopulver gemäß Ihrem Entwurf auf. Das Niello zieht sich beim Schmelzen zusammen, deshalb füllen Sie die Gruben hoch mit dem Pulver, aber so, daß es nicht über die Ränder gerät.

Schmelzen

Sie können Niello bei schwacher Temperatur im Ofen aufschmelzen oder es von unten mit dem Lötbrenner erhitzen. Lassen Sie die Flamme nicht an das Niello kommen, es verbrennt und zerfrißt die Oberfläche des umgebenden Metalls. Beobachten Sie das Niello während des Erhitzens aus der Nähe, bis es schmilzt. Nicht überhitzen, andernfalls korrodiert das Metall. Lassen Sie die Arbeit langsam auskühlen. Feilen Sie überschüssiges Niello mit alten Feilen — wegen des Bleigehaltes — weg. Polieren Sie zunächst mit Lederschwabbel und Bimsmehl und dann mit einem Siliziumkarbidstein unter Wasser. Beenden Sie den Poliervorgang mit Polierrot und einem weichen Mop.

Abalone-Manschettenknöpfe

Wie die hier abgebildeten Manschettenknöpfe zeigen, ergeben Abalonemuscheln und Silber eine gefällige Kombination, obwohl Sie auch Perlmutt oder Austern als Alternative nehmen können. Die Muscheln sind in flachen Stücken oder im ganzen erhältlich. Wenn Sie ganze Muscheln kaufen, achten Sie darauf, den flachsten Teil zu verwenden. Außerdem benötigen Sie 0,8 bis 0,9 mm dickes Silberblech als Grundfläche für den runden Teil der Manschettenknöpfe und 1,5 mm dicken silbernen Draht für die Umrandung. Die ausgesägten Rückenteile der Manschettenknöpfe sind aus 4 mm dickem Silberblech, die von mir ausgewählte Kette ist eine silberne Erbskette. Sie benötigen knapp 2,5 cm für jeden Manschettenknopf. Die Lücke zwischen den beiden Teilen sollte ca. 2 cm betragen.

2 Wählen Sie eine flache Stelle der Muschel, markieren Sie zwei Kreise mit einem Druchmesser von ca. 2 cm, die Sie vorsichtig mit einem groben Sägeblatt und Ihrer Goldschmiedelaubsäge aussägen. Arbeiten Sie langsam und überlegt, da die Muschel leicht splittert.

1 Schneiden Sie 2,5 cm silbernen Draht zu, der die Muschel umfaßt. Der Draht bildet den Rahmen des Manschettenknopfes, deshalb muß er genau passen. Nehmen Sie ein Stück 1 mm dickes Silberblech, es sollte so groß sein, um zwei silberne Ringe darauf zu löten – und löten Sie die Ringe mit reichlich Hartlot fest.

3 Zeichnen Sie den Entwurf für das Rückenteil Ihrer Manschettenknöpfe auf das dicke Silberblech. Ich habe mich hier für eine ovale, blütenblattähnliche Form entschieden. Sägen Sie mit einem groben Sägeblatt (Nr. 3 oder 4) den Umriß aus. Feilen Sie mit einer groben, dann mit immer feineren Feilen das Blütenblatt zu einer plastischen, an den Enden spitz zulaufenden Form. Achten Sie darauf, daß Sie an der Grundfläche nichts wegfeilen, um die Blattform nicht zu zerstören.

4 Stellen Sie vier Schlaufen aus 1 mm silbernem Draht her. Biegen Sie kurze Stücke geglühten (s. S. 45) Drahtes um eine Rundzange, um die Halbkreise zu formen. Dann drehen Sie das Ganze, halten die Schlaufen mit der Zange und feilen die Enden flach.

5 Löten Sie die Halbkreise an die Rückseite des Blütenblatts und an die Rückseite der runden Form. Vor Beginn ziehen Sie die Kette durch die Schlaufe; das bedeutet, daß Sie vorsichtig löten müssen. Wahlweise können Sie auch einen Biegering anstelle des Halbkreises nehmen.

6 Beizen Sie (s. S. 46), dann alle Kratzer mit Schmirgelpapier entfernen und polieren. Schrägen Sie den äußeren Rand der Muschel leicht ab, die Sie mit Epoxidkleber oder Perlkitt festkleben.

Wenn Sie die beiden Resultate vergleichen, sehen Sie, daß Perlmutt genauso anziehend wie Abalonemuschel ist.

Ebenholz-Ohrringe

Das Aussägen von Ebenholz ist einfach, da es sich hierbei um ein hartes und gut zu bearbeitendes Holz handelt. Seine satte dunkle Farbe läßt eingelegtes Edelmetall wie Gold und Silber wunderschön aussehen.

Das Ebenholz, das ich hier benutzt habe, stammt von der Rückseite einer alten Haarbürste, aber Sie können es auch in speziellen Holzhandlungen kaufen. Achten Sie darauf, daß es beim Sägen nicht splittert.

Sie benötigen ein 6 bis 8 mm dickes Stück Ebenholz, außerdem 1 mm und 0,8 mm dicken Silberdraht, den ich in zwei verschiedenen Ornamenten in das Holz eingelegt habe. Benutzen Sie eine Reißnadel, um die Eiform aufzuzeichnen. Sägen Sie zuerst den äußeren Umriß aus, dann den inneren Rand bohren und sägen. Jetzt können Sie mit dem Einlegen und Gestalten anfangen.

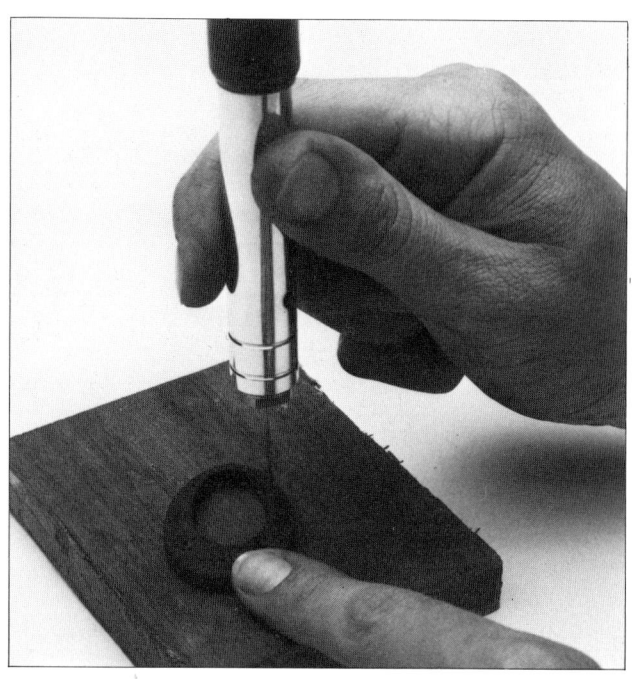

1 Die einfachste Art des Einlegens besteht darin, Löcher in das Ebenholz zu bohren und Silberdraht durchzuziehen. Vergewissern Sie sich, daß der Draht fest sitzt, und feilen Sie dann die Kanten flach. Ihr Ziel ist es, ein anziehendes punktförmiges Muster um das innere Oval des Ohrrings zu entwerfen.

2 Ich habe zwei verschiedene Dicken von Silberdraht verwendet — 0,8 mm und 1,2 mm — um die Größe der silbernen Punkte zu variieren.

3 Schneiden Sie die Drahtenden ab, die Sie mit der Holzoberfläche bündig feilen. Die Drähte müssen fest sitzen, um nicht herauszufallen.

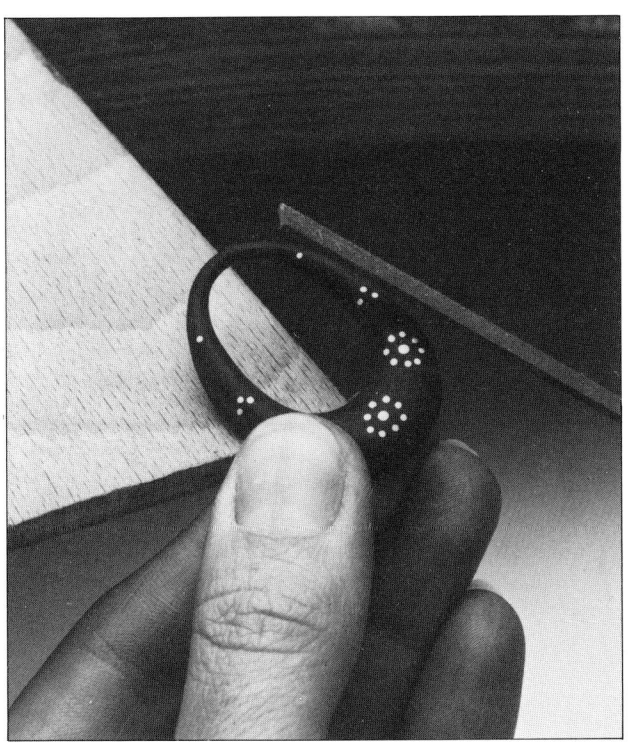

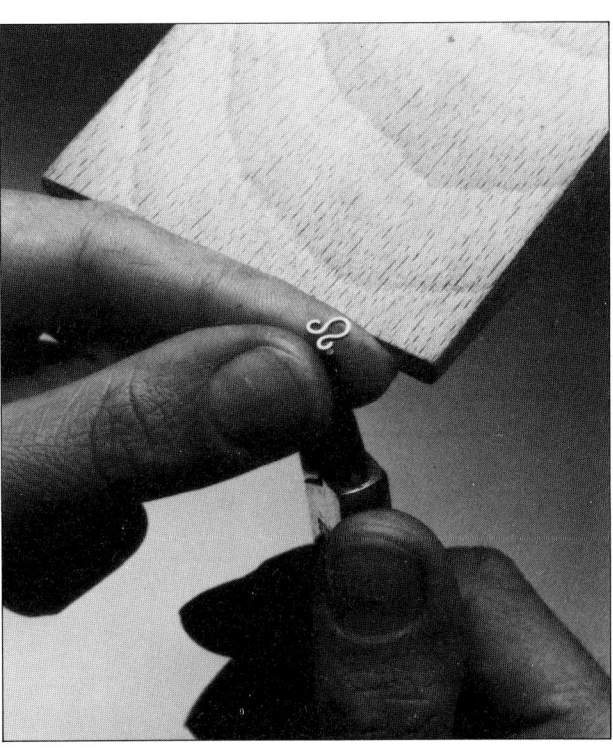

4 Bearbeiten Sie das Holz zunächst mit einer Allzweck-feile, um eine ausgewogene äußere Rundung zu erzielen, dann mit einer halbrunden Feile für die innere Rundung. Mit einer Vielzahl von Feilen von grob bis fein versuchen Sie dann die flache Oberfläche so zu bearbeiten, daß sie plastisch und weich hervortritt. Wickeln Sie Schmirgel-papier um Ihren Finger und verfeinern Sie Ihren Entwurf. Das Ebenholz wird nach und nach glatt und die Maserung zeigt sich. Die Drahteinlagen sollen bündig mit der Holz-oberfläche abschließen. Polieren Sie mit Tripel auf einer Scheibe.

6 Biegen Sie ein Stückchen 1 mm dicken Draht um eine Reißnadel, und dann mit einer Rundzange wieder zurück, so daß eine phantasievolle Schlaufe entsteht. Achten Sie darauf, daß der Draht gut geglüht ist (s. S. 45). Die größte Schlaufe liegt in der Mitte des Drahtes.

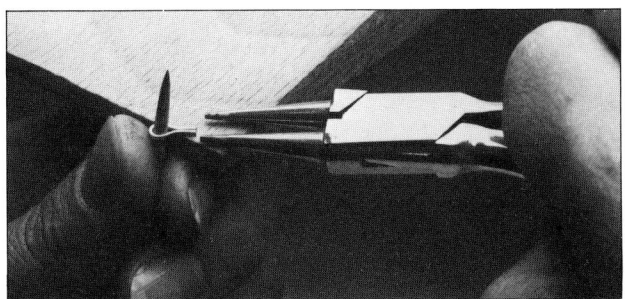

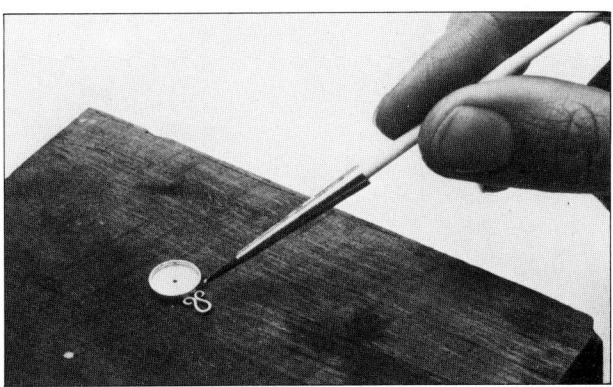

5 Fertigen Sie eine Cabochonfassung wie für die Ohr-ringe S. 58. Später können Sie eine Ebenholzhalbkugel herstellen, die eingesetzt wird. Eine Kugel mit ca. 6 mm Durchmesser ist ideal.

7 Löten Sie die Schlaufe an den Rand der Fassung.

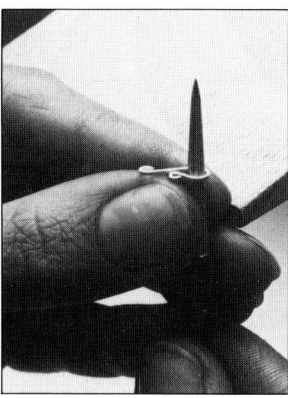

8 Stellen Sie eine weitere kunstvolle Schlaufe aus 1 mm dickem Draht her, die den oberen Teil des Ohrrings mit der Eiform verbinden soll. Hier habe ich eine S-Form gewählt, mit einer größeren unteren Schlinge für den Ebenholztropfen.

9 Diese phantasievolle Form wird benutzt, um den Tropfen aufzuhängen. Sichern Sie ihn im etwas Spezialkleber.

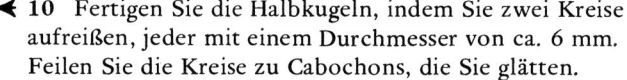

10 Fertigen Sie die Halbkugeln, indem Sie zwei Kreise aufreißen, jeder mit einem Durchmesser von ca. 6 mm. Feilen Sie die Kreise zu Cabochons, die Sie glätten.

11 Das Gestalten solch kleiner Formen kann schwierig sein. Hier habe ich das Material mit doppelseitigem Klebeband auf ein flaches Stück Holz geklebt, so daß es von allen Seiten gut zu bearbeiten ist.

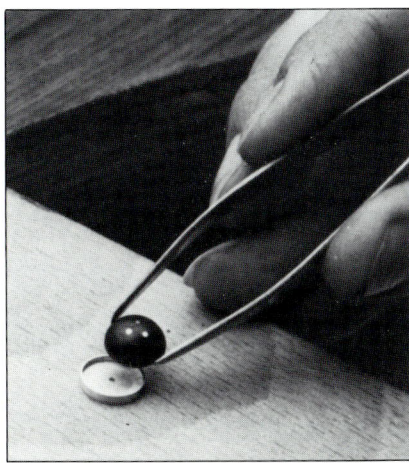

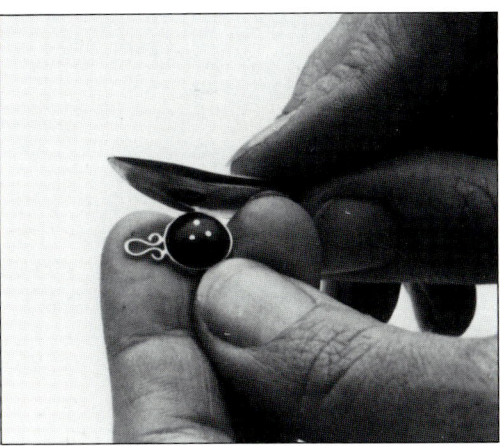

12 Probieren Sie, ob die beiden Halbkugeln passen, dann wieder zur Seite legen, während Sie den Ohrstecker an die Rückseite der Fassung löten. Unterstützen Sie dabei die kleinen Ösen mit Klammern oder Nadeln. Beizen (s. S. 46).

13 Fassen Sie die hölzerne Kugel mit Hilfe eines Polierstahls. Achten Sie darauf, nur leichten Druck auszuüben, da das Holz — verglichen mit Steinen — eher weich ist. Polieren und dann den unteren Teil des Ohrrings befestigen.

14 Wenn Sie wollen, können Sie die fertigen Ohrringe wachsen, um Ihnen ein glänzendes Aussehen zu geben. Um Sie zu alternativen Dessins anzuregen, habe ich die Oberteile der Ohrringe ohne Muster belassen.

Metallohrringe mit Stoffeinlage

Durch das Kombinieren von Stoffen mit Metall können Sie ungewöhnliche und auffallende Schmuckstücke kreieren. Für diese Ohrringe habe ich Seidenbrokat, den ich wegen des „Kissen-effekts" unterfüttert habe, in einen Metallrah-men gesetzt. Sie benötigen 2 mm dicken runden Messing- oder Silberdraht, 0,8 bis 1 mm dickes Messing- oder Silberblech, Kleber, doppelseitiges Klebeband, Karton und eine Ohrclipmechanik. Zeichnen Sie zunächst eine Schablone für die schildartige Grundform, schneiden Sie die Form aus dem Blech, und reißen Sie die Umriße für den Rahmen an.

1 Schneiden Sie Draht für die äußeren Ränder zu, geben Sie etwas zu für das Feilen und Löten. Glühen Sie den Draht aus (s. S. 45), und biegen Sie ihn um eine Tasse oder einen Becher so, daß die Rundung mit der der Me-tallunterlage übereinstimmt.

3 Wenn die Rückseite des Ohrrings flach ist, löten Sie das Clipscharnier an. Nehmen Sie leichtflüssiges Lot, wenn Sie mit Silber arbeiten und Silberzinnlot für Messing. Der Clip muß nach dem Löten angebracht werden, da sonst die Hitze beim Löten die Federmechanik zerstören würde.

2 Markieren Sie mit einer Reiß-nadel die exakte Länge des Drahtes, und feilen Sie die Kan-ten, bis die drei Drahtstücke im richtigen Winkel aufeinanderpas-sen. Löten Sie zuerst die Fugen mit Silberlot, dann den Rahmen auf die Grundfläche, nachdem Sie sich überzeugt haben, daß beide flach sind. Sägen Sie um den Rahmen herum, und feilen Sie dann die Kanten plan. Die Kanten mit Schleifpapier glätten.

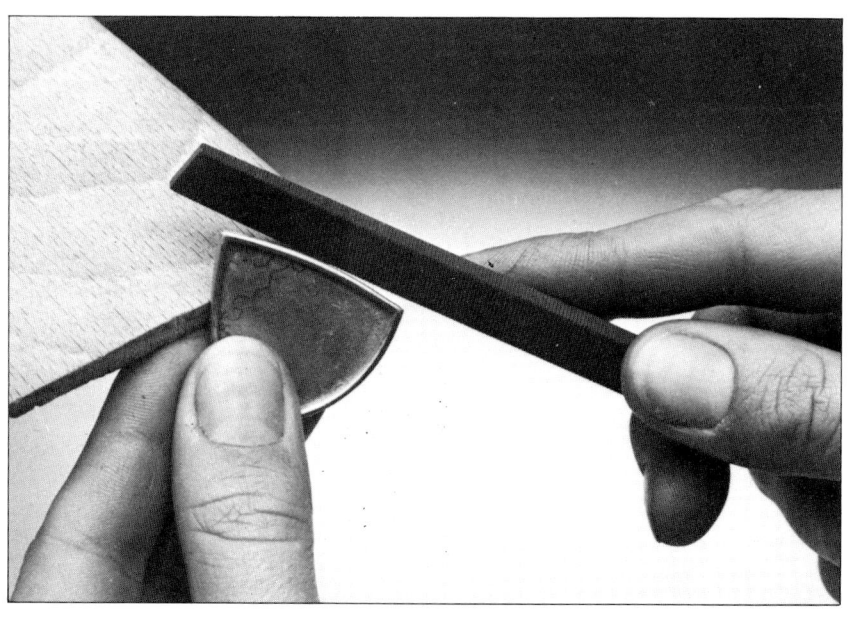

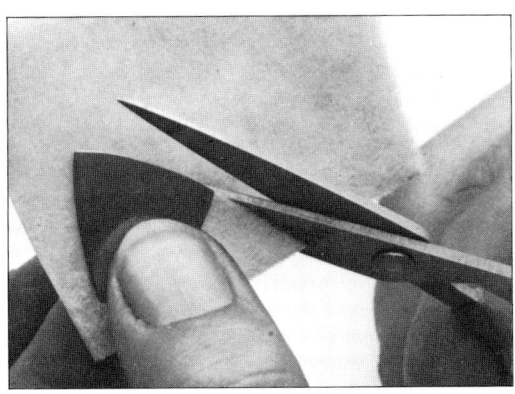

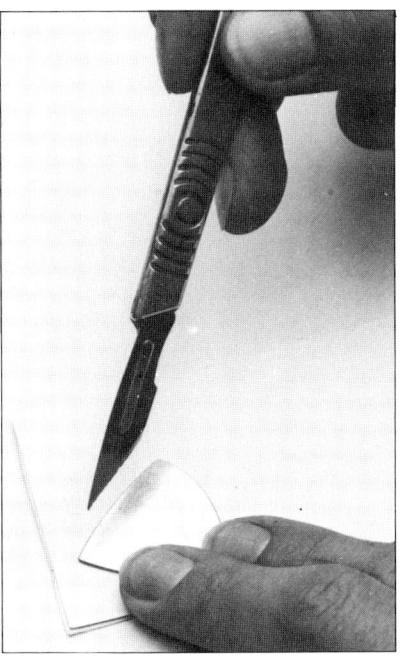

4 Führen Sie alle Polierarbeiten aus. Fertigen Sie eine Kartonunterlage — diese sollte etwas kleiner als die einzulegende Fläche sein, so daß die Seide um die Ränder geschlagen werden kann.

5 Schneiden Sie ein Stück dünnen Schaumstoff zum Wattieren aus, den Sie mit doppelseitigem Klebeband oder Papierkleber auf dem Karton befestigen. Das Futter sollte rundherum etwas schmäler als der Karton sein.

6 Wählen Sie Seide oder Brokat aus, und fixieren Sie doppelseitiges Klebeband auf der Rückseite. Schneiden Sie Ihre Form mit genügend Stoffzugabe aus, die um den Karton geschlagen wird. Ziehen Sie das Schutzpapier ab.

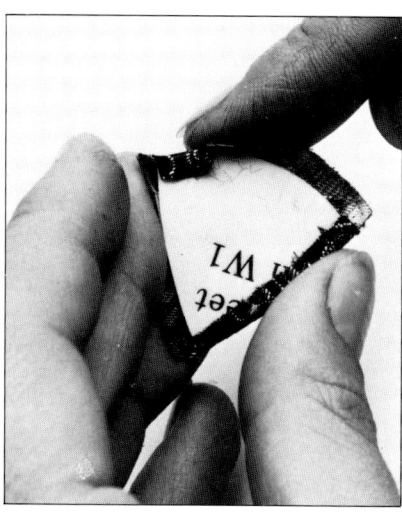

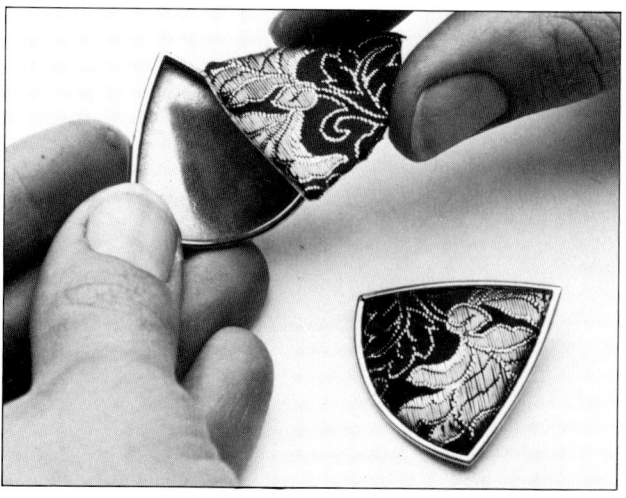

7 Fixieren Sie die Seide oder den Brokat auf der Kartonunterlage, schlagen Sie die Kanten um, um ein Ausfransen zu verhindern.

8 Kleben Sie die Seidenform in den Metallrahmen, drücken Sie dabei alle Ränder mit einer Reißnadel oder einer Zirkelspitze sauber unter den Draht.

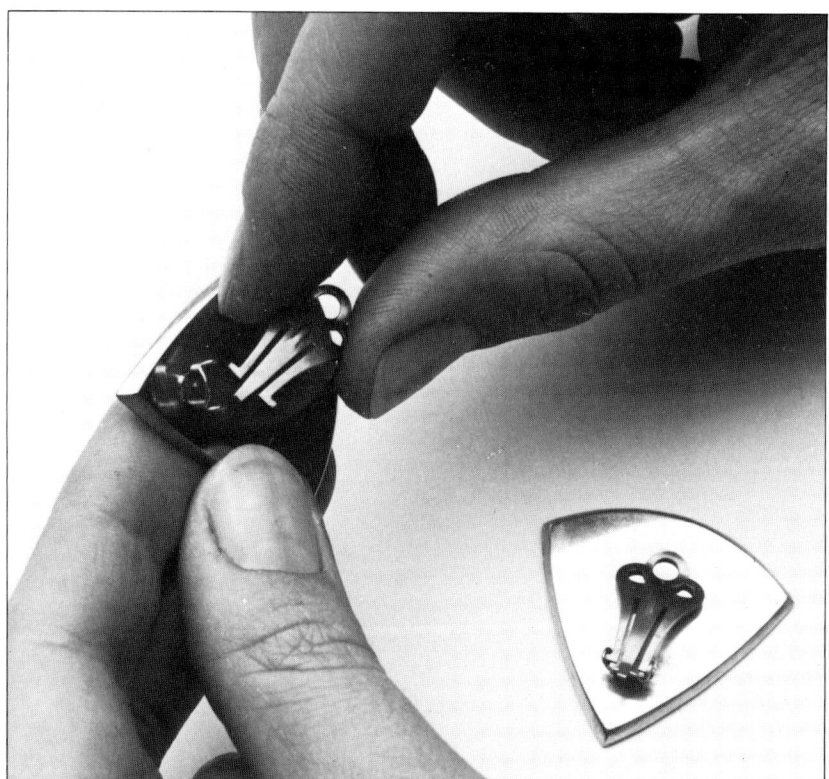

9 Befestigen Sie den Clip im Scharnier und sichern Sie ihn mit einer Allzweckzange. Je nach Art des gewählten Clips, müssen Sie ihn festnieten.

Diese vergoldeten Tropfenohrringe sind auf die gleiche Weise herzustellen wie die schildförmigen Ohrringe. Ich habe Seidenbrokat
und Silberlamé zum Einlegen verwendet, aber auch andere Zu-
sammensetzungen sind möglich.

Ohrringe mit Ledereinlage

Die grundlegenden Techniken zur Herstellung dieser Ohrringe sind dieselben, wie zur Anfertigung der Ohrringe mit Stoffeinlage (s. S. 124—127).

Sie benötigen 0,8 mm dickes Blech und 1,5 mm Draht, entweder in Silber oder in Messing. Die Dreieckform erfordert genaues Feilen, damit die Kanten maßgerecht sind. Der obere Winkel des Dreiecks sollte ca. 40° betragen. Löten Sie den Drahtrahmen mit Hartsilberlot auf die Metallfläche.

1 Die Rückseiten der Ohrringe müssen mit Schmirgelpapier flach geschliffen werden, bevor Sie gekaufte Ohrstecker mit flacher Grundplatte anlöten. Beizen (s. S. 46). Sollen die Ohrringe plattiert werden, muß dies jetzt geschehen.

2 Stellen Sie eine Einlage für den inneren Ohrringteil her. Dann befestigen Sie doppelseitiges Klebeband auf der Rückseite des Leders, und schneiden mit einem Skalpell die Dreieckform mit etwas Materialzugabe so aus, daß die Ränder unter den Draht geschoben werden können.

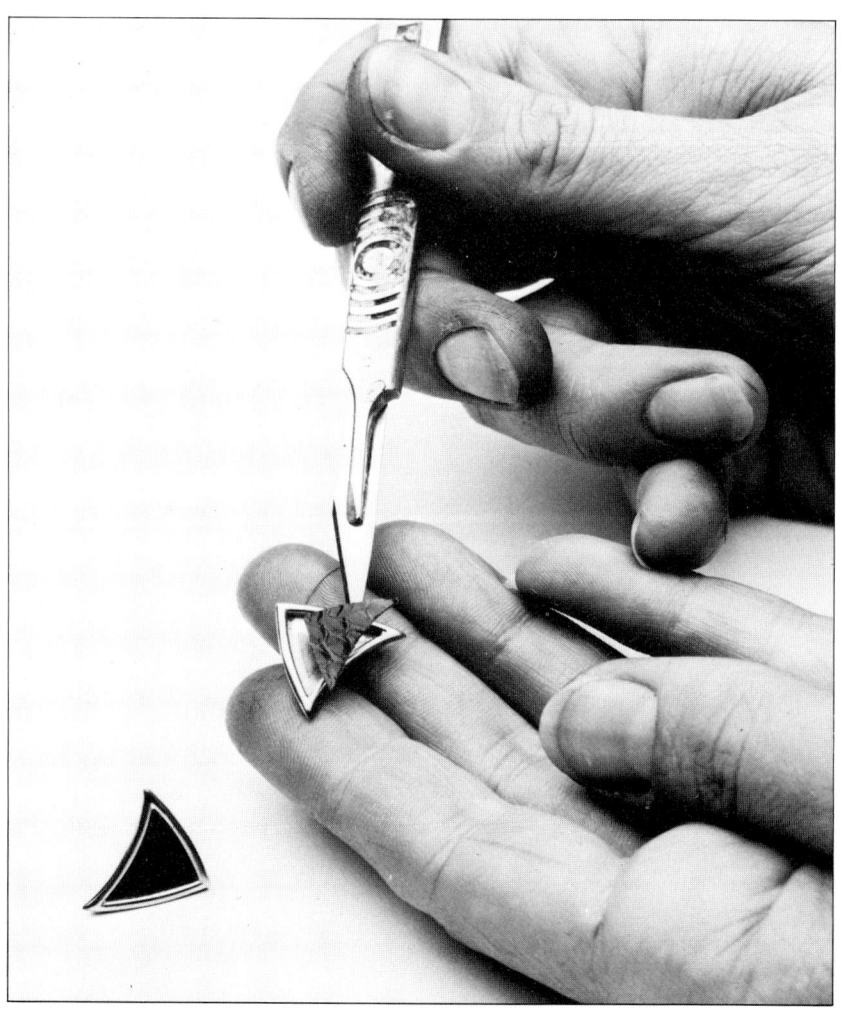

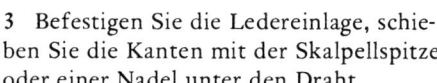

3 Befestigen Sie die Ledereinlage, schieben Sie die Kanten mit der Skalpellspitze oder einer Nadel unter den Draht.

Diese Beispiele zeigen, wie Sie Ledereinlagen
variieren können. Oben links wurde schwarzes
Leder in große runde Ohrringe eingelegt, bei
der Schmucknadel oben rechts wurde die
Ledereinlage mit einem Schneeflockenobsidian
kombiniert.

Ohrclips aus Leder und einem schwarz gestreif-
ten Onyx (links) und die fertigen dreieckigen
Ohrringe, die ich aus vergoldetem Messing mit
roter Schlangenledereinlage hergestellt habe
(rechts).

Plattieren, Oxidieren und Färben

Metalloberflächen können auf vielerlei Art gefärbt werden. Einige Metalle verändern ihre Farbe, wenn sie erhitzt werden, andere reagieren auf elektrochemische Prozesse, wie z.B. anodisches Oxidieren, das einen matt metallischen Film auf der Metalloberfläche zurückläßt und so deren Farbe verändert. Messing und Kupfer reagieren mit Säuren und werden staubig rosa oder glänzend türkis. Durch Oxidieren wird Kupfer schwarz, und Silber nimmt blaue und graue Tönungen an. Beim Galvanisieren wird eine Schicht Edelmetall auf ein unedles Metall aufgetragen. Auffallende Muster werden erzielt, wenn verschiedenfarbige Metalle legiert oder beim Galvanisieren bestimmte Stellen ausgespart werden.

Galvanisieren

Es gibt verschiedene Gründe, um Schmuckstücke nach der Fertigstellung zu galvanisieren, der wichtigste sind die Kosten, so kann man einem Schmuckstück ein goldenes oder silbernes „finish" geben, ohne Gold oder Silber zu verwenden. Das Plattieren mit Rhodium oder Platin gibt Weißgold zusätzlichen Glanz. Außerdem können Metalle durch Galvanisieren vor Korrosion geschützt werden, denn nur Gold wird nicht trüb und matt, wie z.B. Silber und Kupfer, die nach einiger Zeit oxidieren.

Das Galvanisieren erfordert eine sehr spezielle Ausrüstung, weil die Zyanide, die für die galvanischen Bäder verwendet werden, hochgiftig sind. Deshalb sollten Sie Ihren Schmuck von einem Berufsplattierer galvanisieren lassen. Aber auch wenn Sie Ihre Plattierarbeiten nicht selbst ausführen, ist es gut, einige Kenntnisse über den technischen Vorgang zu haben.

Die Galvanisierlösung basiert auf einem Salz des zu plattierenden Materials — Silberzyanid wird für das Versilbern benutzt — das mit anderen Chemikalien, die die Leitfähigkeit erhöhen, kombiniert wird. Die Lösung wird elektrolysiert, indem ein Gleichstrom durch sie hindurch geschickt wird und die geladenen Partikel oder Ionen von dem zu plattierenden Schmuckstück angezogen

werden. Die auf diese Weise plattierten Schichten werden in Mikron gemessen, das einem tausendstel Millimeter entspricht. Die Dicke der Schicht hängt von der Funktion des Gegenstandes oder der Qualität des Plattiervorganges ab.

Bei der Dünnvergoldung — die meist bei Mode- oder Bühnenschmuck angewandt wird — wird das unedle Metall mit einer Schicht edlen Metalls bedeckt, die dünner als ein Mikron ist. Schmuck von besserer Qualität wird mit einer 1 bis 2 Mikron dicken Schicht plattiert, die den Stücken größere Haltbarkeit und mehr Schutz vor Korrosion gibt.

Bevor Sie Metall zum Plattierer geben, muß es absolut sauber sein. Legen Sie es in heißes Wasser mit einem starken Reinigungsmittelzusatz, bearbeiten Sie alle Seiten mit einer weichen Bürste, und spülen Sie mit kaltem Wasser nach. Achtung: das Plattieren darf nicht das „finish" des Stückes verändern. Ein mattes „finish" bleibt auch nach dem Plattieren matt; wenn Sie die Oberfläche vorher nicht ausreichend poliert haben, wirkt auch die plattierte Schicht stumpf.

Arten des Plattierens

Es gibt ein breites Spektrum verschiedener Goldlegierungsfarben, von purem Gold über Abstufungen von Rotgold, Grüngold, Gelbgold, Rosagold und Blaßgold.

Bevor unedle Metalle versilbert werden, werden sie häufig mit Nickel plattiert, um den Glanz zu verbessern. Silber, das nach zu starkem Erhitzen Kupferflecke aufweist, kann Wiederversilbert werden. Zwar lassen sich in den meisten Fällen Kupferoxidflecke wieder abschleifen, es kann aber sein, daß manchmal das Versilbern die einzige Lösung ist.

Palladium wird — obwohl es nicht so hart oder reflektierend ist — als Alternative für Rhodium verwendet, wenn eine dickere Plattierschicht gewünscht wird. Weißgold, mit Platin oder Rhodium überzogen, wird zusammen mit Glaspaste, Bergkristall, Diamanten oder Aquamarinen verarbeitet, um die Brillanz der Steine zu unterstreichen.

Anodisch oxidierte
Tantalnetze
Das anodische Oxidieren
von Netzen, weniger das
von Metallblechen, er-
zeugt einen sanften
durchsichtigen Schimmer
mit schönem Glanz

Kupfer und Nickel werden normalerweise zum
„Unterplattieren" von Edelmetallen verwendet.
Die unterplattierte Schicht schließt alle Poren des
unedlen Metalls und schafft eine günstigere Oberfläche als Ausgangsbasis für das Plattieren mit
Edelmetall. Außerdem erhöht das Unterplattieren
den Glanz der Edelmetallschicht.

Aussparungen

Attraktive Muster können mit Hilfe von Gummi-
aussparungen während des Plattiervorganges
erzielt werden. Die Plattierung legt sich auf das
unbedeckte Metall und beläßt die ausgesparten
Flächen in ihrer Originalfarbe. Die Metalloberfläche muß absolut sauber sein, bevor die Gummi-
abdeckung direkt mit einem Pinsel aufgetragen

wird, da sie andernfalls nicht haftet. Nach dem
Galvanisieren entfernen Sie es mit Xylol, einer
Chemikalie auf Benzinbasis.

Ich schlage vor, daß Sie diese Technik zunächst
an Kupfernetz üben, da Gummi gut auf dessen
Oberfläche haftet. Mit steigendem Vertrauen in
Ihre Fähigkeiten können Sie dann zu geätzten
oder matten „finishes" übergehen. Aussparungen
auf hochpoliertem Metall sind am schwierigsten,
aber der Versuch lohnt sich, da die so erzielten
Muster sehr attraktiv sein können.

Wenn Sie Ihr Stück mit einem Muster, das auf
mehr als einem Metall basiert, z.B. Silber und
Gold auf Kupfer, versehen wollen, müssen Sie
zunächst diejenigen Flächen bedecken, die
Kupfer bleiben sollen, und die Arbeit zum Versilbern bringen. Als nächstes müssen Sie die
Kupfer- und Silberflächen abdecken und dann

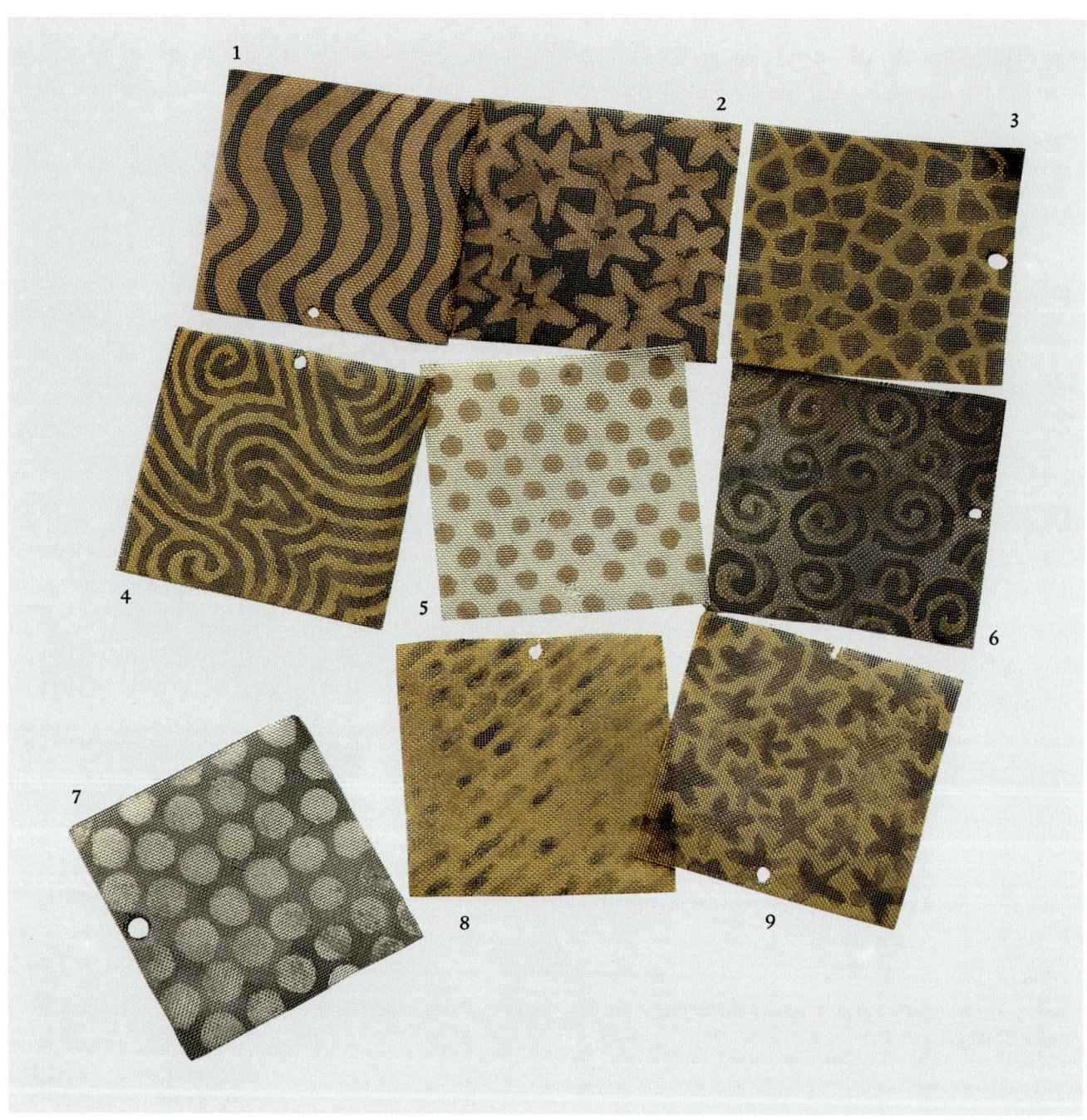

das Stück vergolden lassen. Wenn das auch bedeutet, daß Sie mehrere Male zum Plattierer laufen müssen und die Sache nicht ganz billig ist, so ist es doch eine unkonventionelle, lohnende Art zum Muster herstellen.

Oxidation

Oxidation ist ein natürlicher Prozeß, der eintritt, wenn Metalle einige Zeit Luft und Feuchtigkeit ausgesetzt sind. Der Vorgang kann aber auch mit

Verzierte Kupfernetze
Die verschiedenen Effekte wurden durch eine Kombination von Aussparen, Plattieren und Oxidieren erzielt.
1 und 2 Kupfer und oxidiertes Kupfer; **3 und 4** Vergoldetes und oxidiertes Kupfer; **5 und 6** Versilbertes und oxidiertes Kupfer; **7** Versilbertes Kupfer, von dem Teile abgedeckt wurden und das dann oxidiert wurde; **8 und 9** Vergoldetes und oxidiertes Kupfer.

Hilfe von Hitze oder Chemikalien künstlich herbeigeführt werden, um Oberflächen auf vielfältige Art zu färben.

Es gibt einige Metalle, die beim Erhitzen ihre Farbe verändern: Kupfer ist das gebräuchlichste in der Schmuckherstellung. Wird Kupfer erhitzt, bildet die Oberfläche eine Skala von Kupferoxiden, die zunächst rosa sind und bei weiterem Erhitzen rot werden. Steigt die Hitze, wird die Oxidschicht dicker und schwarz. Um diese Färbung zu vermeiden, lassen Sie das Kupfer auf natürliche Weise abkühlen und tauchen es dann in Öl. Durch vorsichtiges Abreiben der schwarzen Schicht, so daß die darunterliegende rote Schicht zum Vorschein kommt, wird eine Sprenkelwirkung erzielt. Das Öl verstärkt die Farbe und fixiert sie für einige Zeit, danach wird eine letzte Lackschicht oder Fixierer aufgetragen.

Oxidieren mittels Chemikalien

Das Kolorieren von Metalloberflächen mittels Chemikalien ergibt auffallende Effekte. Sie müssen aber beim Umgang mit Chemikalien sehr vorsichtig sein und die aufgeführten Sicherheitsmaßregeln beachten.

Für die Arbeit mit Chemikalien werden einige spezielle Ausstattungsgegenstände benötigt: ein Becherglas oder eine Glasschüssel, die hitzebeständig und groß genug sind, so daß keine Gefahr besteht, daß die Chemikalie über den Rand läuft, einen alten Pinsel, um Chemikalien punktförmig aufzutragen, Kupfer- oder Messingdraht, um Gegenstände in die chemische Lösung zu halten, eine Plastikpinzette, eine elektrische Kochplatte oder einen Gaskocher, ein Thermometer (fakultativ), Gummihandschuhe, eine Maske, Fixierer — Metallack und Künstlerfixativ, Firnis oder Wachs.

Ammoniumsulfid

Ammoniumsulfid läßt die Oberfläche von Kupfer schwarz oder bleigrau werden und färbt Silber schwarz, grau, himmelblau oder purpur. Die Farbabstufungen werden erzielt, indem man das Metall über einen bestimmten kontrollierbaren Zeitraum der Chemikalie aussetzt. Die unverdünnte Chemikalie wird direkt auf das Metall aufgepinselt, oder das Schmuckstück in eine verdünnnte Ammoniumsulfidlösung getaucht.

Sicherheitsvorkehrungen

1. Ich empfehle dringend, sich vor der Arbeit über die Eigenschaften und Gefahren der zu verwendenden Chemikalien zu informieren.

2. Chemikalien nicht überhitzen, da gefährliche Dämpfe entstehen können.

3. Der Kontakt der Chemikalien mit der Haut kann Reizungen oder Verbrennungen hervorrufen.

4. Geraten Chemikalien in die Augen, mindestens 5 Minuten mit fließendem Wasser ausspülen und sofort einen Arzt aufsuchen.

5. Stets Schutzhandschuhe tragen.

6. Es ist auch ratsam, eine Schutzmaske gegen Dämpfe zu tragen.

7. Am offenen Fenster oder in der Nähe eines laufenden Ventilators arbeiten.

8. Chemikalien in dicht schließenden Behältern, außer Reichweite von Kindern und Tieren aufbewahren.

9. Chemikalien im Kühlschrank oder einem anderen kühlen Ort lagern und sorgfältig etikettieren.

10. Keine Chemikalien verschütten.

11. Chemikalien nur dann weggießen, wenn bereits beim Kauf sichergestellt ist, daß die verdünnten Reste nicht schädlich im Abwasser sind. Sonst Reste sammeln und als Sonderabfall behandeln (Umweltschutz!).

12. Geben Sie stets die chemische Lösung in Wasser und nie umgekehrt.

13. Chemikalien in fester Form sollten zunächst mit etwas Wasser verdünnt werden, so daß sie sich vollständig aufgelöst haben, bevor sie zu der Lösung gegeben werden.

Wenn Sie Ammoniumsulfid mit dem Pinsel auftragen, gießen Sie zunächst eine kleine Menge Säure in einen Behälter. Das Gefäß sofort wieder verschließen, da Ammoniumsulfid sehr unangenehm riecht. Fassen Sie Ihr Schmuckstück mit einer Pinzette, und erhitzen Sie das Metall vorsichtig, bis es fast zu heiß zum Anfassen ist, aber nicht so heiß, daß es die Farbe verändert. Mit dem alten Pinsel tragen Sie das Ammoniumsulfid auf das Metall auf. Bei Berührung mit der Chemikalie wird das Metall grau und dann schwärzer, sobald die Oxidation eintritt.

Sie können Muster bilden, indem Sie vorm Oxidieren Aussparungen auftragen. Spülen Sie Ihre Arbeit ab. Beim Trockentupfen mit einem Tuch vergewissern, daß die Farbe gleichmäßig ist. Obwohl die Oxidschicht sich nicht abreibt, kann sie mit Metallack oder Firnis fixiert werden.

Überschüssige Oxidation wird mit einem Silberputztuch entfernt. Ist das Stück graviert oder gemasert, kann das Muster verstärkt werden, indem die Oxidschicht von den flachen oder erhabenen Flächen entfernt, aber in den Vertiefungen belassen wird. Haben Sie einen Fehler gemacht, kann ein Großteil der Oxidschicht durch Polieren mit Tripel entfernt werden. Wahlweise können Sie auch eine de-oxidierende Lösung kaufen.

Soll das gesamte Stück oxidiert werden, wird es am besten in eine wäßrige Ammoniumsulfidlösung getaucht. Es ist wichtig, daß Sie im Freien oder bei laufendem Ventilator arbeiten, da beim Mischen der Chemikalie mit heißem Wasser gesundheitsschädliche Dämpfe produziert werden. Gießen Sie vorsichtig einen Teil Ammoniumsulfid in eine hitzebeständige Glasschüssel, in die Sie zuvor 6 Teile kochendes Wasser gegeben haben. Erhitzen Sie das Schmuckstück durch tauchen in kochendes Wasser. Mit einer Pinzette halten Sie es dann in die Ammoniumsulfidlösung, Silber wird zunächst braun, dann purpur, blau, blaugrau, grau und schließlich schwarz. Beobachten Sie die Farbabfolge, und nehmen Sie den Schmuck aus der Lösung, wenn er die gewünschte Farbe erreicht hat. Beseitigen Sie die Ammoniumlösung sofort nach Gebrauch durch Abspülen und Abbürsten und zu Hilfenahme von Spülmittel, um alle Spuren der Säure zu entfernen.

Kaliumsulfid

Kaliumsulfid produziert Farbtöne von Braun bis Schwarz auf niederkarätigem Gold, Kupferlegierung und Sterlingsilber.

Kaliumsulfid ist in fester Form erhältlich und muß in warmem Wasser aufgelöst werden. Geben Sie 14 bis 28 Gramm des Kaliums zu zwei Teilen heißen (nicht kochenden) Wassers. Rühren Sie, bis das Kalium sich aufgelöst hat, und tragen Sie es dann mit dem Pinsel auf den angewärmten zu färbenden Schmuck auf, oder, wenn das gesamte Stück gefärbt werden soll, tauchen Sie das Objekt ganz in die Lösung. Die Färbung beginnt mit Tiefgelb und geht dann von Braun zu Schwarz über. Nicht zu stark erhitzen, und nicht zu viel der Kaliumlösung zu schnell auftragen, da sonst die Farbschicht einen spröden Film bildet, der leicht abplatzt. Durch Hinzufügen von 3 Gramm Ammoniakwasser (Ammoniumhydroxid) zu der

**Musterschalen
von Chris Howes**
Chris stellte diese Schalen aus
Vergoldungsmetall, Messing
und Kupfer her, um die verschiedenen Rezepte zum Färben von Metallen auszuprobieren. Die Näpfe wurden auf
einer Drehbank hergestellt
und dann in mit Chemikalien
getränktem Sägemehl gebrannt.
Die Dämpfe der Chemikalien
färben das Metall; das Sägemehl gibt der Oberfläche ein
leicht körniges „finish".

Kaliumsulfidlösung wird die Intensität der
Schwarzfärbung verstärkt. Spülen Sie das Stück
sorgfältig.

Es wurden Hunderte von chemischen Formeln
entwickelt, nach denen Metalle und Metall-
legierungen ihre Farbe verändern. Ich habe einige
der Grundrezepte (s. S. 159) beschrieben, aber
mit wachsender Erfahrung werden Sie Ihre eigenen Methoden zur Herstellung von Farben entwickeln.

Anodisches Oxidieren

Es ist ein elektromechanischer Prozeß, bei dem
eine kontrollierbare Oxidschicht auf der natürlich grauen Oberfläche mancher Metalle abgelagert wird und so eine Vielzahl strahlender und
subtiler Farben produziert.

Das am häufigsten anodisch oxidierte Metall in
der Schmuckherstellung ist Titan. Es ist ein
leichtes, hartes Metall, das nicht gelötet werden
kann, deshalb müssen Einzelteile genietet oder
geklebt werden. Da es schwer zu formen und
mit den meisten herkömmlichen Goldschmiede-
techniken nicht zu bearbeiten ist, wird Titan
am besten in zweidimensionalen Entwürfen verarbeitet.

Andere zum anodischen Oxidieren geeignete
Metalle sind Aluminium, Tantal, Niobium und
Wolframstahl. Aluminium kann in fast alle Farben
eingefärbt werden, aber obwohl die Farben klar
sind, neigt das Metall dazu, durch sie hindurch-
zuscheinen, so daß die Blässe des Aluminiums
stets präsent ist. Je mehr Farbe beim anodischen
Oxidationsprozeß aufgebaut wird, desto stumpfer
ist das „finish". Tantal, Niobium und Titan
können wunderschöne Farben annehmen —
Pfauenblau, Violett, Jadegrün, Lindgrün, Zart-
rosa, diverse Brauntöne, Lila, Ocker. Tantal und
Niobium sind Titanlegierungen, aber ihre Farben
sind subtiler. Tantal ist am schwierigsten erhältlich, ergibt aber die schönsten Farbabstufungen.
Es kann in Netzform von Industriebetrieben, die
Fiberglas herstellen, bezogen werden. Sie können
das Netz wie Kupfernetz (s. S. 137—140) verwenden, es kann jedoch nicht gelötet werden. Nach
dem anodischen Oxidieren nimmt das Netz
irisierende Schattierungen an, wie Schmetterlingsflügel oder Pfauenfedern.

Die Ausrüstung zum anodischen Oxidieren in der
Schmuckherstellung ist sehr teuer. Ich rate nicht
zu dieser Investition, falls Sie nicht große Mengen

135

Farbtabelle für Titan		
Farbe	Temperatur in °C	Gleichstromspannung
Blasses Gelb	371	3—5
Orangegold	385	10
Dunkles Goldbraun	398	15
Purpur	412	20
Blau-Purpur	426	25
Himmelblau	440	30
Kobaltblau	454	35
Blasses Blau	468	40
Blaugrün	482	45
Grünblau	496	50
Meergrün	510	55
Goldgrün	523	60
Goldgrün mit Purpur gesprenkelt	537	65—70
Rotgold	551	75
Zartrosa	565	80
Purpurgold	579	85
Stumpfes Purpurblau	593	90
Stumpfes Grünrot	607	95
Bräunliches Grau	621	100
Gesprenkeltes Grau	635	110

Farbe kann direkt auf die an die Kathode angeschlossene Metalloberfläche aufgetragen werden, indem Sie einen Pinsel an die Anode anschließen und ihn dann in die Elektrolytlösung tauchen.

Alles in allen sind für diese Methode beachtliche technische Kenntnisse notwendig, und Sie sollten sich erst daran versuchen, wenn Sie genügend technisches Wissen haben oder von einem Fachmann angeleitet wurden. Subtile Farbabstufungen werden erreicht, wenn die Spannung bei einer gewissen Voltstärke angehalten wird (s. Tabelle). Ein strahlendes Türkis ergibt sich z.B. bei einer Stärke von 42 bis 43 Volt Gleichstrom, Purpur entsteht bei ca. 72 bis 73 Volt.

Trotzdem kann die Farbe je nach System variieren. Deshalb sollten Sie nach einer Farbtabelle arbeiten oder experimentieren, wenn Sie selbst anodisch oxidieren. Titan kann auch mittels Hitze gefärbt werden. Sehr klare Rosa-, Braun- und Grautöne können auf diese Art erzielt werden, aber der Färbeprozeß ist weniger steuerbar. Mit einer erhitzten Nadel können Sie die Oberfläche mit einem Muster versehen oder das Teil gänzlich in einem Brennofen färben.

Das Polieren von nicht-anodisch oxidierten Metallen nach dem Färben

Nachdem die Farbe auf die Metalloberfläche aufgetragen ist, wird sie einfach fixiert oder bestimmte Muster oder Effekte hinzugefügt. Mit Gravierwerkzeugen oder einer Reißnadel lassen sich Muster in die Oberfläche kratzen, so daß die Farbe des Grundmetalls sichtbar wird.

Die Flächen, die mit einem Muster versehen werden sollen, müssen leicht zugänglich sein; das heißt, daß die verschiedenen gewünschten Effekte auch von der Form des Objekts abhängen. Sie können erhabene Flächen mit Bimsmehl oder Tripel abreiben und so einen Teil oder alle Farben entfernen, so daß nur die tiefen Einschnitte farbig bleiben. Sie können auch mit einer Polierscheibe „Highlights" auf Teile der Oberfläche setzen.

Fixieren Sie die Farben durch Besprühen mit Künstlerfixativ oder Metallack, wozu glänzender, matter oder getönter Lack verwandt wird. Das Metall muß fettfrei sein, andernfalls haftet der Lack nicht richtig. Lacke trocknen schnell und können dünn in mehreren Schichten aufgetragen werden.

anodisch oxidieren wollen. Es gibt Firmen, die sich auf anodisches Oxidieren spezialisiert haben und zu denen Sie Ihre Schmuckstücke zum Färben bringen können. Wenn Sie sich am anodischen Oxidieren versuchen wollen, benötigen Sie regelbare Stromspannung, isolierte Kontakte und eine Kunststoff- oder Glaswanne. Die Ausrüstung und die Chemikalien für das anodische Oxidieren sind gefährlich. Sie sollten ausreichende Vorsichtsmaßnahmen treffen, wie z.B. das ständige Tragen von Gummihandschuhen.

Zahlreiche leitende Lösungen oder Elektrolyte können benutzt werden, die gebräuchlichste Lösung ist 10 %iges Ammoniumsulfat. Das zu oxidierende Stück wird an der Anode befestigt, und in die Lösung getaucht. Das Verändern der elektrischen Spannung erzeugt verschiedene Farben, je höher die Spannung, desto dicker der Oxidfilm und desto kräftiger die Farben. Aluminium erhält einen farblosen anodischen Überzug, der später gefärbt und versiegelt wird.

Bänder und Schleifen

Metall ist ein vielseitiges Material. Man kann damit sogar Qualität und Muster von Stoffen nachahmen. Diese Ohrringe sind aus feinem Kupfernetz und werden vorsichtig zu einer Schleife geformt, um wie gefaltetes und geknotetes Material zu wirken.

Das Metallnetz kann durch Oxidieren (s. S. 130–136) mit Mustern versehen werden, indem die Farbe bestimmter Flächen verändert wird. Experimentieren Sie mit verschiedenen Mustern. Für diese Ohrringe habe ich ein einfaches, geflecktes Muster gewählt, aber besonders gut wirken auch Tigerstreifen oder Karos auf gebogenem Metall.

1 Schneiden Sie einige 6 mm breite Streifen von einem 0,25 mm dicken Kupferblech, benutzen Sie eine normale scharfe Schere oder eine Blechschere.

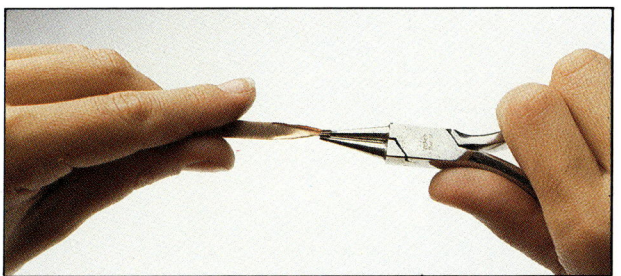

2 Drücken Sie ein Ende jedes Kupferstreifens mit einer Langbeckzange zusammen, so daß das Metall leichter durch das Zieheisen gezogen werden kann.

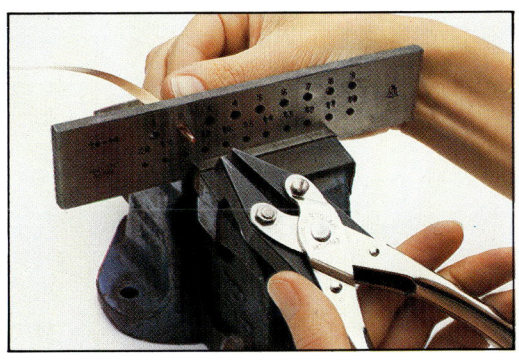

3 Ziehen Sie die Streifen durch das Zieheisen (s. S. 83), bis sie fast röhrenförmig sind, zuerst durch ein größeres Loch, um Sie leicht zu biegen, dann durch immer kleinere Löcher, bis sie ganz rund sind.

4 Erhitzen Sie nacheinander jeden gebogenen Kupferstreifen, bis das Metall weich ist, und schieben Sie den Streifen mit der offenen Seite auf die Kante eines dünnen Kupferblechs.

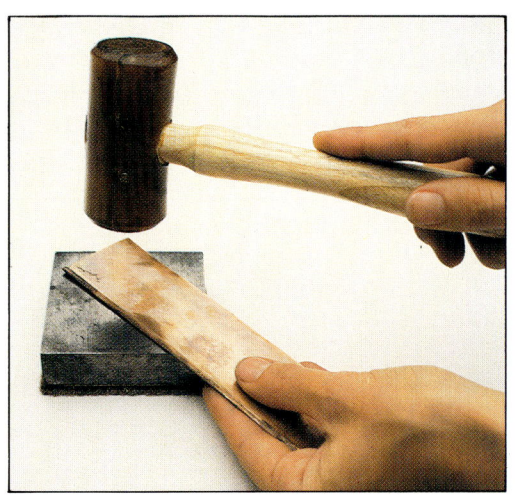

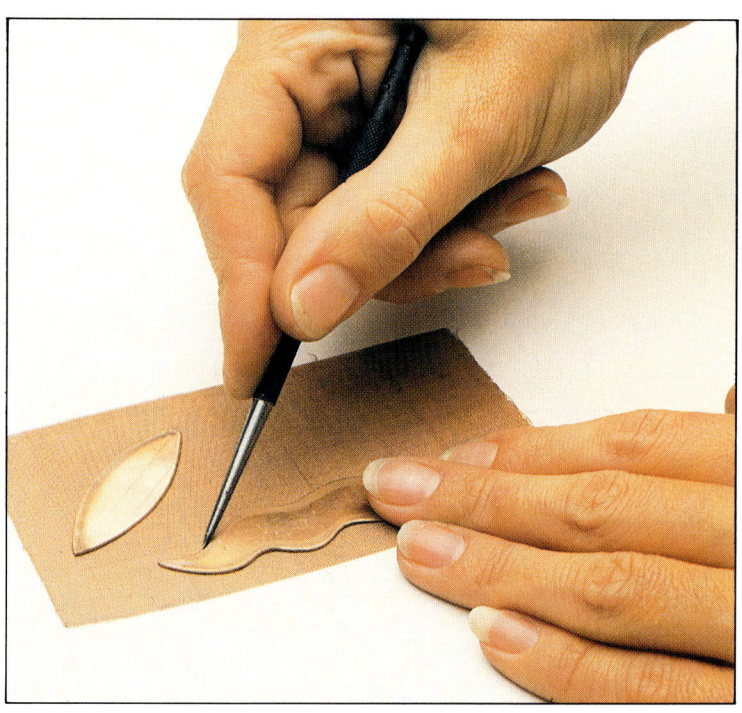

5 Legen Sie das Kupferblech mit dem daran befestigten Streifen auf ein Bretteisen, und hämmern Sie den Streifen flach.

6 Schneiden Sie zwei Schablonen aus Kupferblech, eine in der Form eines herunterhängenden Schleifenendes, die andere in Form eines kleinen Blattes, um den Knoten der Schleife zu bilden. Setzen Sie mit einem Polierstahl je einen Kupferstreifen auf jede Seite der Schablonen, bis die Streifen gut und fest sitzen.

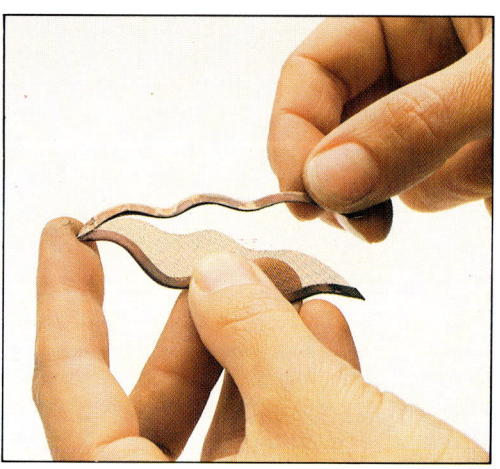

7 Legen Sie die Schablonen auf ein Kupfernetz und markieren Sie die äußeren Umrisse mit einem spitzen Werkzeug. Schneiden Sie mit einer Schere entlang den Markierungen die Formen aus.

8 Setzen Sie den ersten Streifen auf die entsprechende Kante der Netzform. Auf festen Sitz prüfen. Befestigen Sie den zweiten Streifen ebenfalls gut und fest am andern Rand.

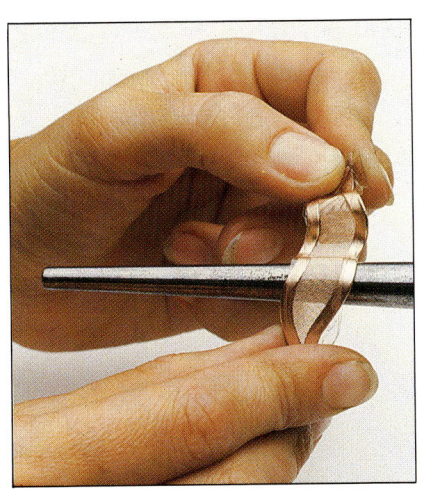

9 Hämmern Sie die Einfassung flach auf das Netz. Ausglühen (s. S. 45). Halten Sie die Form mit Klebeband zusammen, und formen Sie Wellenmuster auf einem Ringriegel. Klebeband entfernen, reinigen und beizen (s. S. 46).

10 Formen Sie den oberen Teil der Schleife wie das Bandende. Biegen Sie die Blattform um einen Ringriegel, um eine Schlaufenhälfte zu formen. Halten Sie die Enden mit einer Federlötkreuzpinzette zusammen, dann löten, beizen und waschen.

11 Feilen Sie die Enden der Schlaufenhälften mit einer Allzweckfeile glatt und gerade.

12 Legen Sie zwei Schlaufenhälften zusammen, mit Klammern zusammenhalten, und mit Hartlot löten. Achten Sie darauf, Ihre Arbeit nicht zu überhitzen, da das Netz schmelzen könnte.

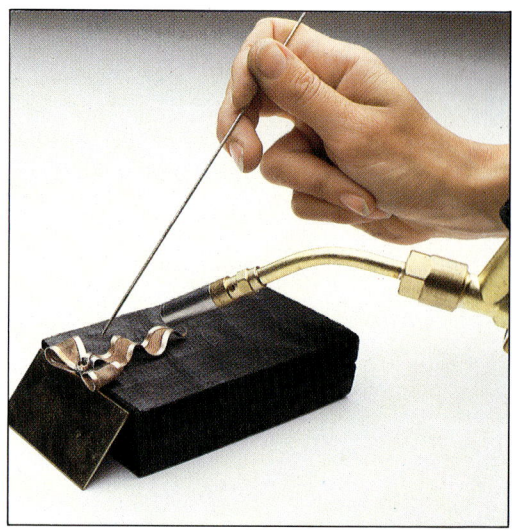

13 Beizen und kochen Sie Ihre Arbeit in Soda. Trocknen. Bohren Sie ein Loch durch die Mitte der Schleife und durch das Band. Löten Sie silbernen Draht mit Hartsilberlot an Ihre Fassung. Beizen und den Draht durch das Loch ziehen.

14 Um den gesamten Ohrring zu verbinden, tragen Sie vorsichtig Bleilot auf; achten Sie darauf, daß das Lot nicht das Netz verklebt. Befestigen Sie Ihre Arbeit mit Klammern.

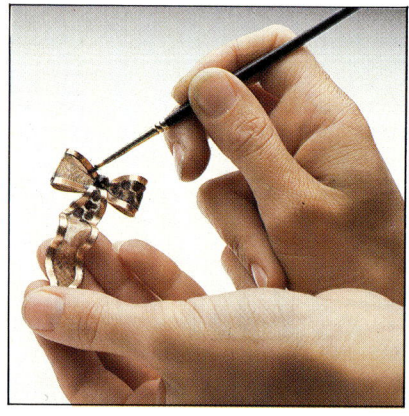

15 Waschen Sie den Ohrring sorgfältig in Seifenwasser, dem Sie etwas Ammoniak zugesetzt haben. Anschließend polieren. Tragen Sie das Muster für den Vergoldungsprozeß auf, indem Sie die auszusparenden Flächen mit Asphaltlack auf Gummibasis abdecken. Nach dem Plattieren entfernen Sie die Abdeckung mit Xylol und oxidieren dann mit Ammoniumsulfid.

16 In dem hier gezeigten Beispiel habe ich ein facettiertes Stück Jett in den Ohrring gesetzt.

Farbige Messingarmreife

Mit der vorher beschriebenen Methode lassen sich eine Vielzahl von Armreifen in verschiedenen Formen und Farben herstellen, indem unterschiedliche Materialien — Bleche, Scharnierrohre, Draht oder Stäbe — oder verschiedene Dicken und Größen verwendet werden.

Ich habe hier 4 bis 6 mm runde Kupferstäbe, Kupfer- und Messingstreifen von 5 mm bis 1 cm Breite und 1 cm breite halbrunde Kupferstäbe gewählt. Das schwere Kupfer sollte in „weichem" Zustand gekauft werden, das bedeutet, daß das Material schon geglüht ist, so daß es sich leicht um einen Armriegel biegen läßt.

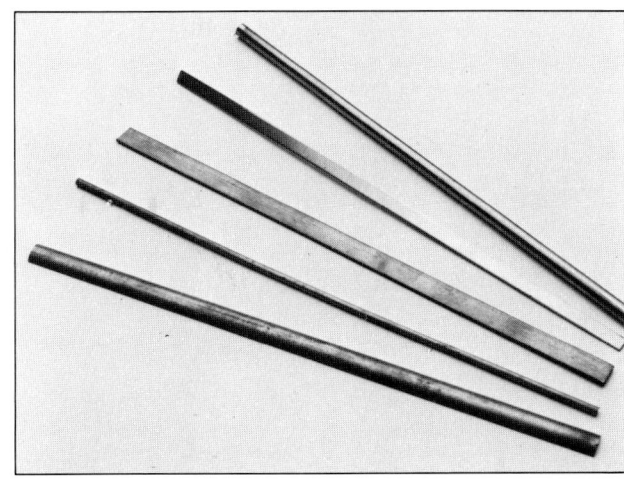

Herstellen eines einfachen Armreifs
1 Schneiden Sie das Metall zu; die durchschnittliche Länge für einen Armreif beträgt 15 bis 17 cm; glühen Sie es (s. S. 45).

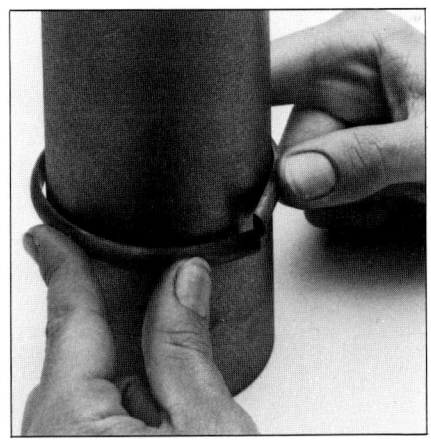

2 Biegen Sie das geglühte Metall mit beiden Händen um einen Armriegel, und hämmern Sie es dann mit einem Holzhammer in die richtige Rundung.

3 Feilen Sie die Enden mit einer Allzweckfeile, um eine saubere Naht zu erhalten. Dies ist besonders bei dicken Stäben wichtig, da sonst Lücken im Lot entstehen. Löten Sie dünnere Teile mit Hartsilberlot und größere Stücke mit leichtflüssigem Lot. Beizen (s. S. 46).

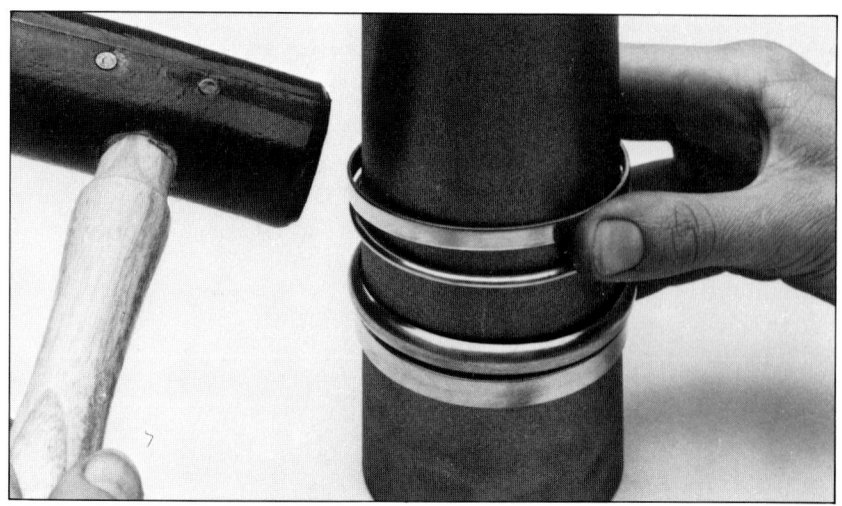

4 Glätten Sie die Lötnaht mit einer Allzweckfeile.

5 Hämmern Sie den Armreif auf einem Fassonriegel; dabei auf eine ausgewogene Rundung achten. Entfernen Sie alle Kratzer mit Schmirgellatten, fangen Sie mit einer groberen Körnung an, und arbeiten Sie sich bis zur feinen Körnung durch alle Abstufungen. Schmirgeln Sie den Armreif innen und außen bis er glatt ist. Polieren und säubern.

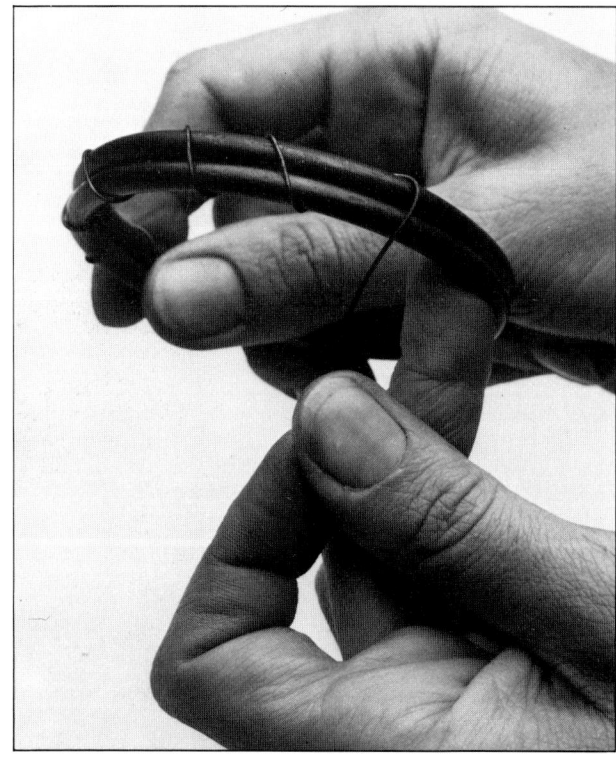

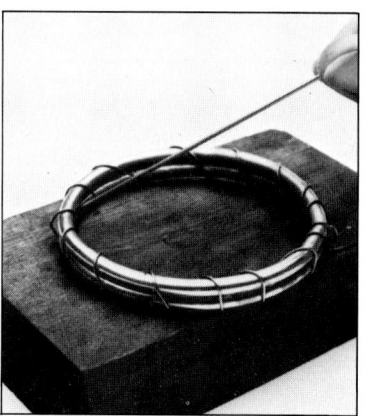

Herstellen eines Doppelarmreifs
1 Stellen Sie mit derselben Methode zwei Armreife der gleichen Weite her. Wickeln Sie beide mit Bindedraht fest zusammen.

2 Löten Sie die Armreife mit leichtflüssigem Lot oder Silberzinnlot zusammen — je nach dem Metall, das Sie für die Armreife verwendet haben. Entfernen Sie überschüssiges Lot.

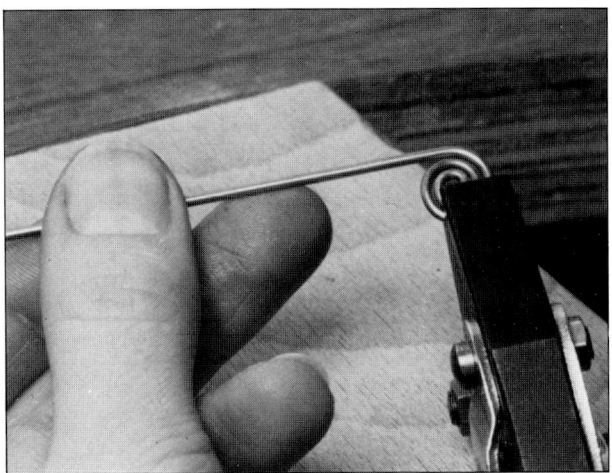

3 Formen Sie dekorative Spiralen aus 1,2 mm dickem
Kupferdraht. Erhitzen Sie den Draht (s. S. 45), fassen Sie
ein Ende mit einer Flachzange und biegen Sie den Draht
um die Zange. Halten Sie den Spiralansatz gut mit der
Zange fest, während Sie den Draht weiter aufwickeln.

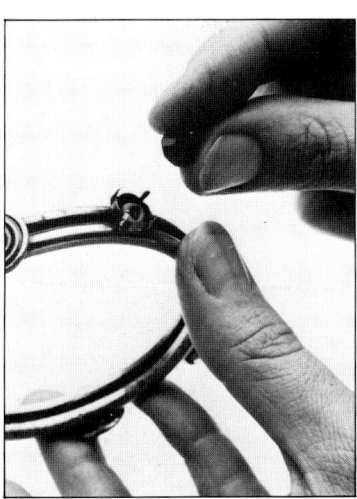

4 Drapieren Sie gekaufte Fassungen und Drahtspiralen rund um den Armreif,
die mit Bindedraht befestigt werden und mit leichtflüssigem Lot oder Bleilot
auf den Reif aufgelötet werden. Entfernen Sie überschüssiges Lot.

5 Die Oberflächen werden geschmir-
gelt, und mit Tripel poliert. Entfernen Sie den Tripel, und fassen Sie die
Steine.

Diese Beispiele zeigen, wie verschieden Ihre fertigen Armreife aussehen können. Ich habe unterschiedliche Techniken zum Strukturieren und Färben von Oberflächen gemischt — Plattierung mit Gold, Silber und Rhodium, Oxidierung, Ammoniumsulfidoxidierung mit Aussparungen und Essigsäurebad, um einen ansprechenden matt türkisfarbenen Streifen zu erzielen.

Das Strukturieren von Metalloberflächen

Es gibt viele Möglichkeiten, Metalloberflächen mit Mustern zu versehen und ihnen ein „finish" zu geben, das von einfacher matter Politur bis zu komplizierten geätzten Mustern reicht. Die Wahl der Methode hängt von der Komplexität des Entwurfes und von den zur Verfügung stehenden Werkzeugen ab.

Strukturieren mit Hitze

Diese Arbeit muß vor der Herstellung Ihres Schmuckstückes erfolgen, weil die Hitze schon erfolgte Lötungen zerstören kann. Es ist nicht empfehlenswert, diese Methode an zu dünnem Metall auszuprobieren, da sonst Löcher eingeschmolzen werden können. Erhitzen Sie das Metallblech mit dem Lötbrenner bis die Oberfläche gerade zu schmelzen beginnt. Mit etwas Erfahrung werden Sie in der Lage sein, den kritischen Punkt zwischen dem Schmelzen der Oberfläche und dem totalen Zusammenfallen des Metalls zu finden; das Metall bekommt einen intensiven Glanz, gerade bevor es gänzlich schmilzt. Nehmen Sie dann sofort die Flamme weg. Die Oberfläche kräuselt sich beim Abkühlen, und es entsteht eine „mondkraterartige" Struktur. Eventuell müssen Sie den Vorgang mehrere Male wiederholen, um einen befriedigenden Effekt zu erzielen. Diese Technik muß bis zur Perfektion geübt werden. Es ist fast unmöglich, das entstehende Muster genau zu kontrollieren, aber das Ergebnis kann sehr anziehend sein.

Hämmern

Mit einem Spann- und Polierhammer können Sie Effekte, die von leicht punktiert bis stark gekräuselt gehen, erzielen. Mit dem flachen Ende des Hammers ist es möglich Ihrer Arbeit ein leicht rindenartiges Aussehen zu geben.

Polieren mit der Glasbürste

Das Polieren von Metall mit der Glasbürste ergibt einen glänzenden, satinartigen Schimmer. Tauchen Sie die Bürste während des Polierens häufig in Seifenwasser, und polieren Sie so lange, bis alle Kratzer entfernt sind. Glasbürsten müssen vorsichtig gehandhabt werden, da die Glasfasern abbrechen und sich in Ihre Hände bohren können.

Polieren mit der Messingbürste

Das Polieren mit einer Messingbürste ist eine schnelle Methode, um stumpfes Metall zum Glänzen zu bringen. Entfernen Sie alle Kratzer mit Schmirgelpapier vor dem Polieren. Während des Polierens tauchen Sie die Bürste häufig in Seifenwasser, andernfalls wird sich ein gelber Messingniederschlag auf der Oberfläche absetzen.

Bohrfräsen, Schleifsteine und Polierscheiben

Polierscheiben oder -mops, die an einem Rad oder einem Hängebohrer befestigt werden, geben dem Metall das gleiche „finish" wie eine Messingbürste, aber mit weniger Aufwand.

Bohrfräsen und Schleifsteine sind aus Stahl oder Karborundum und werden auch am Hängebohrer befestigt. Es gibt sie in vielen Größen und Formen. Sie können benutzt werden, um diverse strukturierende „Finishes" zu erzielen: Körnig, wirbelartig oder matt — abhängig von der Bewegung Ihres Handgelenks und der Maserung der Bohrfräsen oder Schleifsteine.

Polieren mit Polierstählen

Polierstähle sind aus hartem, handpoliertem Stahl und haben Spitzen in verschiedenen Größen. Das Polieren mit ihnen ergibt ein weiches, hochglänzendes „finish", ohne die Metalloberfläche abzuschleifen. Sie können die Gesamtfläche Ihres Objekts polieren oder wahlweise nur die Ränder. Die Kanten werden auf diese Weise nicht nur poliert, sondern auch gehärtet und glatt und bekommen ein sehr dauerhaftes „finish", Eine befriedigende Politur der gesamten Oberfläche verlangt viel Übung. Reiben Sie mit dem Polierstahl systematisch über die zu polierende Fläche. Um einen einheitlichen Glanz zu erzielen, muß jeder Strich mit dem durch den vorhergehenden Strich polierten Bereich verschmelzen. Wenn Sie

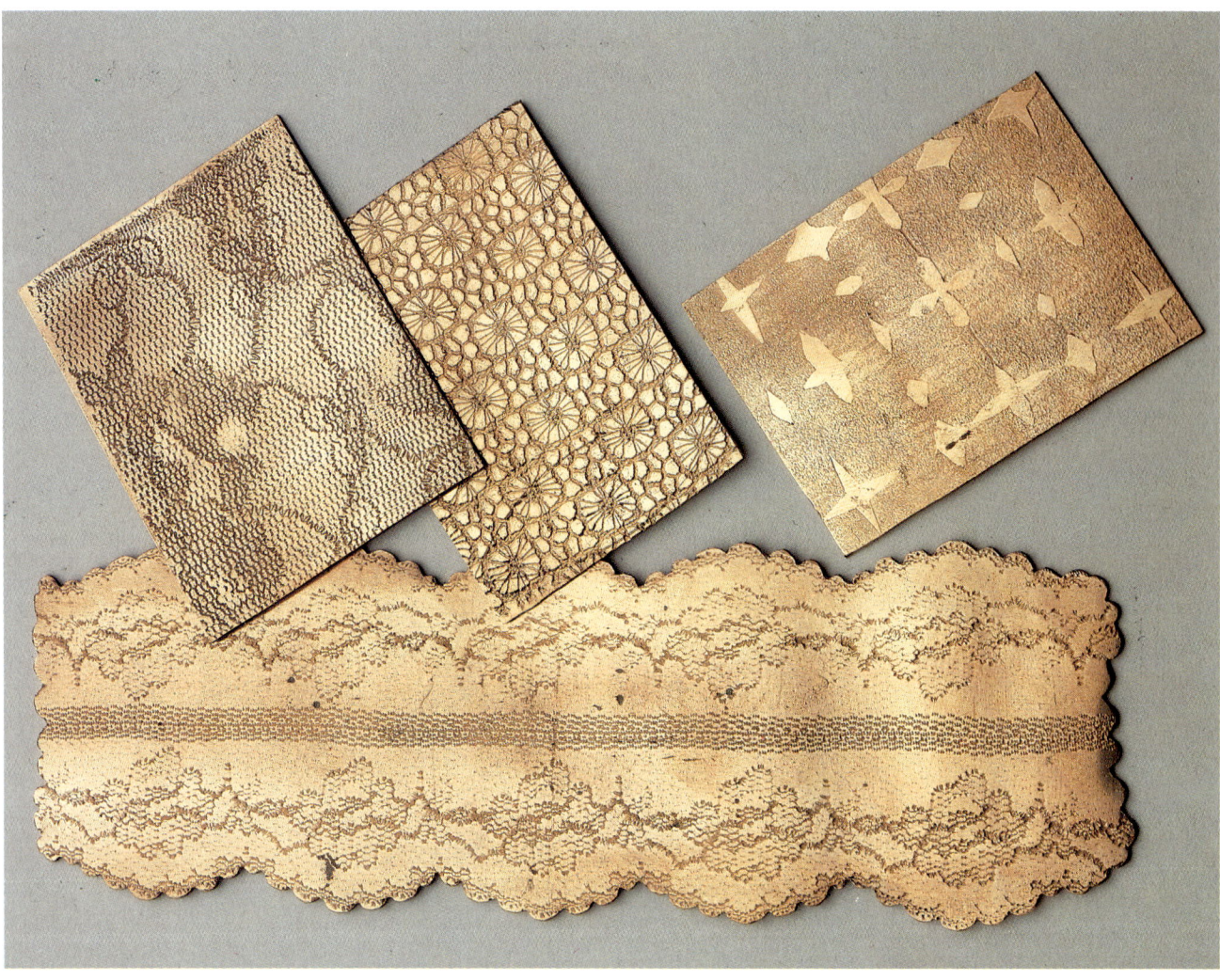

Geprägte Muster
Diese Beispiele zeigen die Vielzahl der Möglichkeiten beim Prägen von Mustern auf Metall. Ich habe Nylonspitze (oben links), Baumwollspitze für Tischdecken (oben Mitte), Papierstücke (oben rechts) und Nylonspitze mit gerundeten Kanten (unten) verwandt. Beim Beispiel unten wurde das Metall am Rand gemäß dem Verlauf der Spitzenkante ausgeschnitten.

eine große Fläche polieren wollen, sollten Sie die Oberfläche mit Seifenwasser befeuchten. Um eine eher strukturierte als glatte Fläche zu kreieren, werden sich kreuzende oder wellenförmige Striche ausgeführt. Es ist wichtig, daß Sie Ihre Polierstähle sauber halten und mit Polierpapier oder einem Polierleder und Polierrot oder Zinnoxid polieren.

Sandstrahlen

Ein strukturierter matter Glanz kann durch Sandstrahlen erzielt werden. Dies setzt den Gebrauch eines Sandstrahlgebläses voraus, das ein sehr teu-

rer Ausrüstungsgegenstand ist. Es ist daher ratsamer, zu einem Berufspolierer zu gehen. Ein Muster aus matten und hochglänzenden Flächen entsteht, wenn die polierten Flächen vor dem Sandstrahlen abgedeckt werden (siehe unten). Dieses „finish" ist besonders bei Gold und Silber sehr eindrucksvoll.

Ätzen

Beim Ätzen wird Metall durch das Auftragen von Säure verziert. In der Schmuckherstellung wird das Ätzen für verschiedene Zwecke verwendet: Um durchbrochene Arbeiten mit leicht wellenförmigem Besatz herzustellen, um Gruben für das Einlegen von Email, Holz oder Harz zu schaffen und um komplizierte Oberflächenmuster zu kreieren.

Reinigung

Das Ätzen ist kein schwieriger Vorgang, erfordert aber eine genaue Beachtung der Einzelschritte. Der erste Schritt besteht in einer sorgfältigen Reinigung des Metalls. Wenn das Metall nicht absolut sauber ist, haftet die Abdeckung oder das Säureschutzmittel nicht richtig an der Oberfläche. Reiben Sie die Fläche, die vor der Säure geschützt werden soll, mit feinem Schleifmittel wie Bimsmehl oder Schlämmkreide, gemischt mit Haushaltammoniak, ab. Mit klarem Wasser nachspülen und mit einem Papiertuch trocknen.

Säureschutzmittel oder Abdeckungen

Es gibt mehrere Schutzmittel oder Abdeckungen, die das Metall vor der Säure schützen. Das häufigste ist „Asphaltlack" — eine Mischung aus Asphalt, Pech und Wachs, der fertig erhältlich ist. Streichen oder tupfen Sie die Mischung auf das zu ätzende Teil; achten Sie darauf, Lötnähte damit zu bedecken, da der Kontakt mit der Säure die Haltbarkeit beeinträchtigen kann.

Abdeckungen auf Gummibasis werden meist beim Galvanisieren verwendet, man trägt sie am besten mit einem Pinsel auf.

Weniger bekannte Säureschutzmittel sind Mischungen aus Asphalt, Bienenwachs, Mastix, Pech, Harz, Talg und weißem Wachs.

Abdeckstifte sind ideal für leichte schnelle Ätzungen. Sie werden benutzt, um feine Linien des Abdeckmittels auf die Metalloberfläche zu ziehen. Bevor der Schmuck in das Säurebad gelegt wird, sollte er erhitzt werden, um die Schutzschicht zu härten. Säureschutzstifte sind in Elektronik- und Radiozubehörläden erhältlich.

Zeichnen Sie Ihren Entwurf auf Zeichenpapier, kleben Sie ihn in die richtige Lage, und ritzen Sie ihn mit einer Reißnadel oder einem anderen scharfen Gegenstand in die Abdeckung. Wahlweise kann der Entwurf auch mit einem Bleistift direkt auf den Lack aufgetragen werden.

Säuren, die zum Ätzen gebraucht werden

Es ist wichtig, alle Säuren mit extremer Sorgfalt zu handhaben. Denken Sie daran, daß es neben den allgemeinen Sicherheitsvorkehrungen noch einige goldene Regeln gibt, die Sie beachten sollten:

1. Immer mit in Wasser verdünnten Säuren arbeiten.

2. Stets die Säure ins Wasser geben, nie umgekehrt.

3. Niemals die Säurelösung in eine Metallschüssel gießen, sondern nur in eine starke, hitzebeständige Glasschüssel.

4. Niemals die Säure zur Beschleunigung des Ätzprozesses überhitzen, da sonst gefährliche Dämpfe entstehen können.

5. Berührung oder Bewegung kann ebenfalls den Ätzvorgang beschleunigen. Eine Feder ist ideal, um damit leicht über die Oberfläche des zu ätzenden Gegenstandes im Säurebad zu streichen. Achten Sie darauf, nichts von der Lösung zu verschütten, und benutzen Sie die Feder jeweils nur kurz.

Es hängt von der Art des Entwurfs ab, ob der Schmuck vor oder nach dem Ätzen gelötet wird. Wird nach dem Löten geätzt, müssen alle Lötnähte gut mit dem Säureschutz bedeckt sein, damit sie nicht beschädigt werden.

Mischen Sie die Ätzlösung sorgfältig gemäß den Mengenangaben der Tabelle. Die Menge der Ätz-

---

Sicherheitsvorkehrungen

1. Stets neben fließendem Wasser arbeiten.

2. Säure auf der Haut sofort mit Wasser abwaschen.

3. Gerät Säure in die Augen, mit kaltem Wasser ausspülen (mindestens 5 Minuten) und einen Arzt aufsuchen.

4. Bei offenem Fenster oder laufendem Ventilator arbeiten.

5. Schutzkleidung und Gummihandschuhe tragen.

6. Lebensmittel und Getränke vom Arbeitsbereich fernhalten.

7. Säuren in gut verschlossenen Behältern außer Reichweite von Kindern und Tieren aufbewahren.

8. Stets Sodakristalle vorrätig halten, da sie alkalisch sind und zum Neutralisieren von Säuren benutzt werden können.

9. Stets die Säure ins Wasser geben, nie umgekehrt.

Säurelösungen für den Gebrauch mit bestimmten Metallen		
Metall	**Mischung**	**Anteile**
Gold	Salpetersäure	1
	Salzsäure	3
	Wasser	40
Silber	Salpetersäure	1–3 } schwach oder
	Wasser	1–4 } stark
Kupfer oder Messing	Schwefelsäure	1 } stark
	Wasser	2 } ätzend
Kupfer oder Messing	Salzsäure	1 }
	Kaliumchlorid	0,5 } schwach ätzend
	Wasser	10 }
Messing	Eisenchlorid	2 }
	Wasser	1 } warm
Nickelsilber	Salpetersäure	1
	Salzsäure	3
	Wasser	1
Stahl und Eisen	Salzsäure	1 } stark
	Wasser	1 } ätzend
Zinn	Salpetersäure	1
	Wasser	4
Titan	Flußsäure	1 } beachten Sie
	Salpetersäure	1 } die Warnung
	destil. Wasser	10 } im Text

lösung hängt von der Größe des zu ätzenden Teils ab.

Flußsäure, die zum Ätzen von Titan verwendet wird, ist gefährlich und stark ätzend. Sie sollte nur dann benutzt werden, wenn ein sicherer Abzug für Chemikaliendämpfe vorhanden ist und Sie über einige Erfahrung im Umgang mit gefährlichen Chemikalien verfügen. Geben Sie deshalb Titan, das geätzt werden soll, besser einem Fachmann.

Falls Sie jedoch selbst arbeiten, tauchen Sie das Stück langsam mit einer Zange in die Säure. Sobald die Zeichnung ganz sichtbar ist, nehmen Sie das Teil aus der Säure und tauchen es in eine Schüssel mit Wasser. Die Wasserschüssel sollte direkt neben der Säureschüssel stehen, so daß keine Säure danebentropft. Dann wird das Schmuckstück unter fließendes Wasser gehalten, bis alle Säurereste abgewaschen sind.

Abdeckungen auf Asphaltbasis werden mit Terpentin entfernt: entweder wird das Stück in Terpentin getaucht oder mit einem terpentinge-tränktem Lappen abgerieben. Auch Farbenverdünnungsmittel entfernt Asphaltlack, während Abdeckungen auf Gummibasis mit Xylol entfernt werden. Waschen und trocknen. Zusätzliche Abschlußarbeiten können im Oxidieren bestehen, um das geätzte Dessin zu akzentuieren. Tiefe Ätzungen können mit Acrylharz oder Email eingelegt werden.

**Armreife, Brosche und Ohrringe
von Ceri Evans**
Ungewöhnliche Effekte können oft
mit einer einfachen, aber genialen
Technik erzielt werden. Diese
Stücke wurden aus Kupfer angefertigt und dann mit dünnem, zer-
knittertem Hartzinn überzogen.

Fortgeschrittene Ätztechniken

Es handelt sich hier um sehr spezielle Techniken,
die zusätzliche Ausrüstungsmittel erfordern.
Wenn Sie jedoch Spaß am Ätzen haben, wollen
Sie vielleicht doch weitermachen. Photogra-
phien können mittels einer Technik — Photo-

ätzen genannt — auf Metall übertragen werden.
Durch Sprayätzen, das mit einem speziellen
Apparat ausgeführt wird, kann ein genaues
Muster mit gleichmäßigen Vertiefungen herge-
stellt werden.

Bei dieser Technik besteht außerdem kaum die Gefahr, daß Säure unter die Oberfläche der Säureschutzschicht dringt.

Stanzen

Stanzen ist eine wirtschaftliche Methode, bei der mittels Stahlstanzen identische Muster oder Strukturen hergestellt werden und Metall verziert wird. Es handelt sich hier um ein wichtiges, arbeitssparendes Gerät. Die Qualität der ausgestanzten Stücke hängt allerdings sehr von der Qualität der Originalstanze ab.

In kleinerem Rahmen können mit handbetriebenen Spindelpressen eine begrenzte Anzahl identischer Formen oder Muster ausgestanzt werden. Für die meisten Designer ist es allerdings einfacher und billiger, ihre Stanzarbeiten vom Fachmann ausführen zu lassen. Wenn Sie sich jedoch auf Aluminium- und Titanschmuck spezialisieren, lohnt sich der Kauf einer Spindelpresse wahrscheinlich. Das Aussägen dieser Metalle ist sehr zeitaufwendig, die Presse wird es Ihnen ermöglichen, schneller und effektiver zu arbeiten.

Punzieren

Punzieren ist eine Methode, bei der Muster und Ornamente mittels eines Prägepunzens oder eines Stanzstempels hergestellt werden. Der Punzen kann ein einfacher Dorn oder eine Treibfaust sein, wie sie zum Auftiefen gebraucht werden, oder in den Punzkopf wird ein Muster geschnitten, was eine sehr schwierige Arbeit ist.

Das zu punzierende Metall muß dünn und gut geglüht sein (s. S. 45). Legen Sie das Metall auf eine Lederunterlage, einen Weichholzklotz oder auf Ziseleurkitt, mit der Vorderseite nach unten. Setzen Sie den Punzen an, und hämmern Sie ihn bis zur gewünschten Tiefe, achten Sie dabei darauf, das Metall nicht zu spalten. Für die Bearbeitung größerer Flächen schneiden Sie Ihr Muster in einen alten Hammer und hauen es direkt in die Metalloberfläche.

Prägen

Muster können auf Metall mittels Stanzstempel oder mit einer Walze aufgeprägt werden. Sie können Prägewerkzeuge mit kommerziell hergestellten Ornamenten kaufen, Sie können aber auch einen Fachmann mit der Herstellung der von Ihnen entworfenen Prägestöcke beauftragen, oder Sie können lernen, Ihre eigenen Werkzeuge herzustellen.

Eine Walze ermöglicht es Ihnen, Muster von Spitzen, gepreßten Blättern, Papierornamente und Kupfernetz aus Metall zu prägen (s. S. 151–153). Das Metall muß gänzlich ausgeglüht sein, bevor es durch die Walze geschoben wird. Die Walze selbst sollte immer gut geölt sein, und Sie sollten nie zuviel Druck ausüben, da sonst der Mechanismus beschädigt werden könnte.

Prägen von Mustern

Interessant gemusterter Schmuck entsteht, wenn strukturierte Materialien wie Spitze, Netze oder ausgeschnittene Papierornamente mittels einer Walze auf weiches Metall geprägt werden. Da eine Walze ein teures Werkzeug ist, können Sie sich Ihre Teile von einem Berufsgoldschmied prägen lassen: Trotzdem sollten Sie die Grundregeln kennen.

Ich habe Spitze und ein 1 mm dickes Kupferblech für diese Ohrringe verwendet. Bevor man jedoch in Silber arbeitet, sollte man einige Übung haben. Die dekorative Borte besteht aus einem silbernen Zierstreifen, den Sie in Goldschmiede-Zubehörläden kaufen können. Ich habe ein spitzenähnliches Dessin gewählt, das zu dem Grundmuster paßt.

Herstellen von Ohrringen mit geprägtem Muster

1 Schneiden Sie einen Kupferstreifen zu, der so schmal ist, daß er durch die Walze geschoben werden kann. Glühen und beizen (s. S. 45/46). Schneiden Sie ein Stück Spitze in derselben Größe wie das Kupfer und legen Sie es auf den Kupferstreifen. Rollen Sie beides bei maximalem Druck durch die Walze. Experimentieren Sie mit verschiedenen Spitzenmustern, da manche interessantere Muster ergeben.

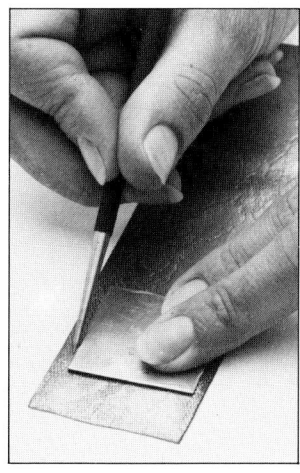

2 Stellen Sie eine Kartonschablone Ihrer Ohrringe her, die in diesem Fall aus vier Dreiecken mit gerundeter Grundseite bestehen. Wählen Sie eine passende Ecke des geprägten Metalls, befestigen Sie Ihre Schablone darauf und markieren Sie den äußeren Umriß mit einem spitzen Werkzeug. Schneiden Sie entlang der äußeren Kanten, und schrägen Sie diese dann ab. Glühen Sie das Metall (s. S. 45), und hämmern Sie es dann flach.

3 Glühen Sie den Zierstreifen, und biegen Sie ihn mit Ihren Fingern, bis er um die gebogene Grundseite der Kupferdreiecke paßt. Wenn der Streifen sich aufwirft, flachhämmern und auf die passende Länge zuschneiden.

151

4 Befestigen Sie die Zierstreifen mit Klammern an jeder Kupferform. Der Streifen sollte die Kante des Kupfers überlappen, er muß außerdem flach aufliegen, da Sie sonst nicht erfolgreich löten können. Plazieren Sie Hartsilberlot entlang der Fuge zwischen Kupfer und dem Streifen. Es muß auf der Rückseite des Ohrrings gelötet werden, so daß man die Naht später nicht sieht.

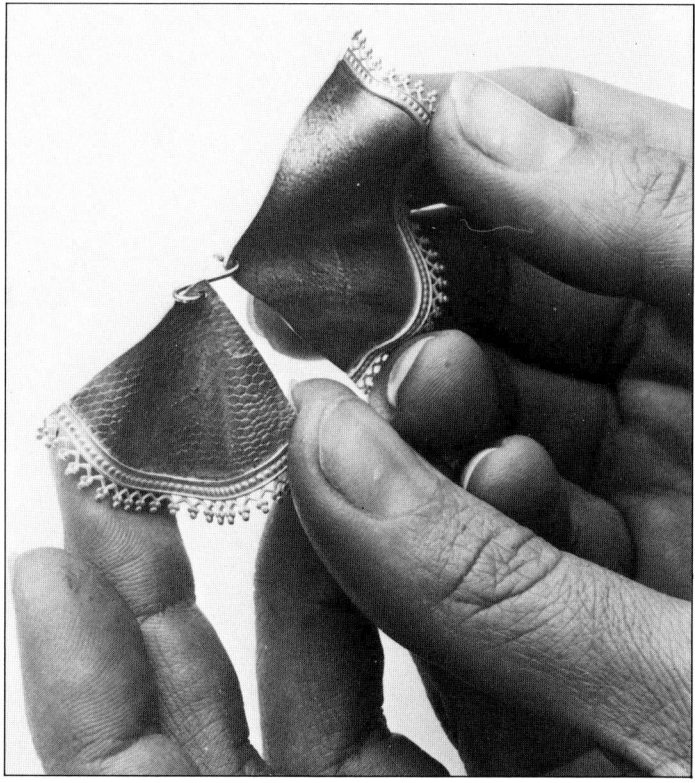

6 Fertigen Sie eine S-Verbindung aus Kupfer- oder Silberdraht, der etwas länger als 1 cm ist. Biegen Sie jedes Ende mit einer Rundzange zu einer Schlinge. Bohren Sie ein Loch in die obere Ecke jedes Ohrringteils, verbinden Sie die Teile, und löten Sie die S-Verbindung.

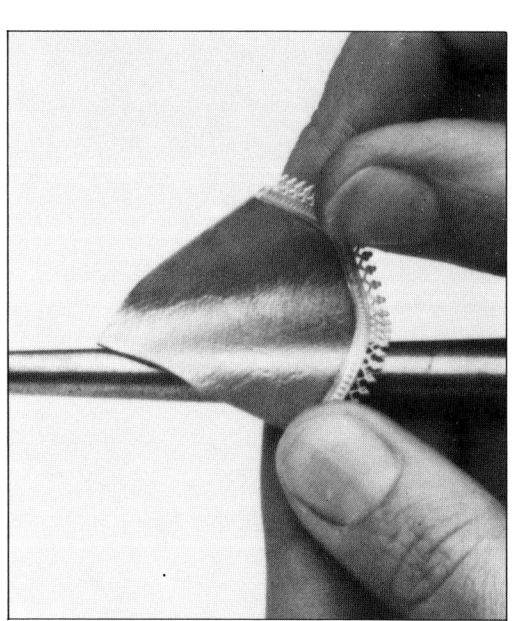

5 Um Wellen zu formen, glühen Sie jedes Teil des Ohrrings aus, und biegen Sie es mit den Fingern leicht um einen Ringriegel. Wenn das Kupferblech und der Zierstreifen vor dem Löten nicht gänzlich flach waren, kann es passieren, daß die Lötnaht jetzt aufplatzt.

7 Fädeln Sie eine kleine Silberperle auf ein Stück Kupferdraht, und befestigen Sie den Draht am oberen Ende des S. Schneiden Sie den Draht passend zu, und befestigen Sie ihn an einem Ohrringhaken. Alle Kanten säubern und feilen.

Bearbeiten Sie die Kupferkanten mit einem Polierstahl, und polieren Sie die Ohrringe mit einem speziell imprägnierten Tuch. Um Muster und Gewebestruktur der Ohrringe hervorzuheben, wurden die geprägten Teile oxidiert, während der Zierstreifen abgedeckt und ausgespart wurde, so daß er silbrig glänzend blieb.

Geprägter Armreif

Armreife eignen sich besonders zum Prägen mit Spitzen, obwohl auch andere Schmuckstücke mit dieser Technik verziert werden können. Lassen Sie das Metall und die Spitze durch eine Walze laufen. Sägen Sie den Armreif aus, indem Sie dem Verlauf der Spitzenkante folgen. Glühen Sie das Kupfer, und biegen Sie es um einen Armriegel zu einem einfachen Reif. Danach färben, oxidieren oder polieren.

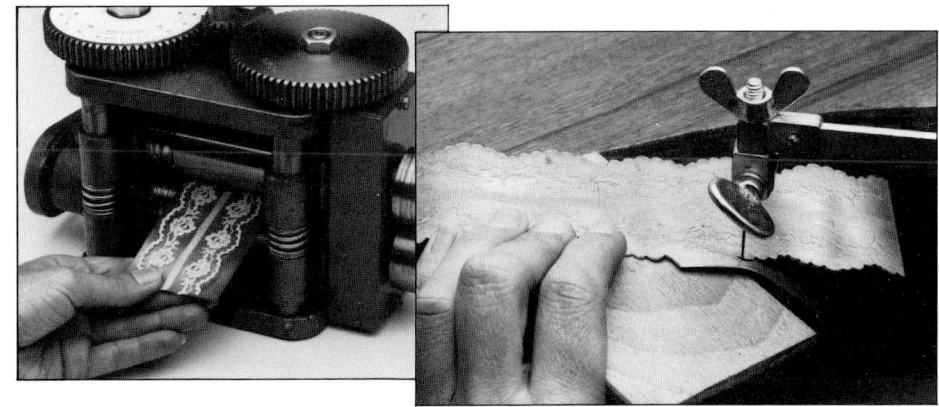

Die Zwillingsreifen wurden mit einem breiten Stück Spitze bedruckt, außerdem
habe ich kleine ausgestanzte Blüten aufgelötet bevor die Armreife versilbert und
oxidiert wurden. Das Dessin des anderen Armreifs basiert auf einem Stück
„broderie anglaise" (englische Spitze). Der Reif wurde mit muschelförmigen und
runden Stanzstücken verziert, vergoldet und poliert.

Umhangbrosche

Das Schwarzweiß dieser Umhangbrosche kann abgewandelt werden, indem Messing oder farbige Steine für die Dekoration genommen werden.

Sie brauchen zwei facettierte, durchsichtige Quarze von 15 mm Durchmesser, 16 Jettsteine von 4 mm Durchmesser, 8 weiße Tropfen aus Kristall, fertige Fassungen für jeden Stein, 1 mm dickes Silberblech im Format 9 x 4,5 cm, 40 cm langen und 2 mm dicken silbernen Draht, Biegeringe, silbernen Broschendraht und Broschierungen und passende Silberketten. Ich habe eine Doppelankerkette, eine doppelte Erbskette und eine Fuchsschwanzkette genommen, aber es können auch andere gute Silberketten verwendet werden, solange sie sich harmonisch in den Gesamtentwurf fügen.

2 Bohren Sie ein kleines Loch in die Mitte des Blechs, damit Licht durch den Quarz scheinen kann. Masern Sie die Oberseite des Quadrates mit einer dünnen Glasbürste (s. S. 145), aber bleiben Sie dabei mit der Bürste vom Rahmen weg. Löten Sie die mittlere Fassung mit mittlerem Silberlot auf und danach die anderen Fassungen. Achten Sie darauf, daß die Fassungen beim Löten nicht verrutschen.

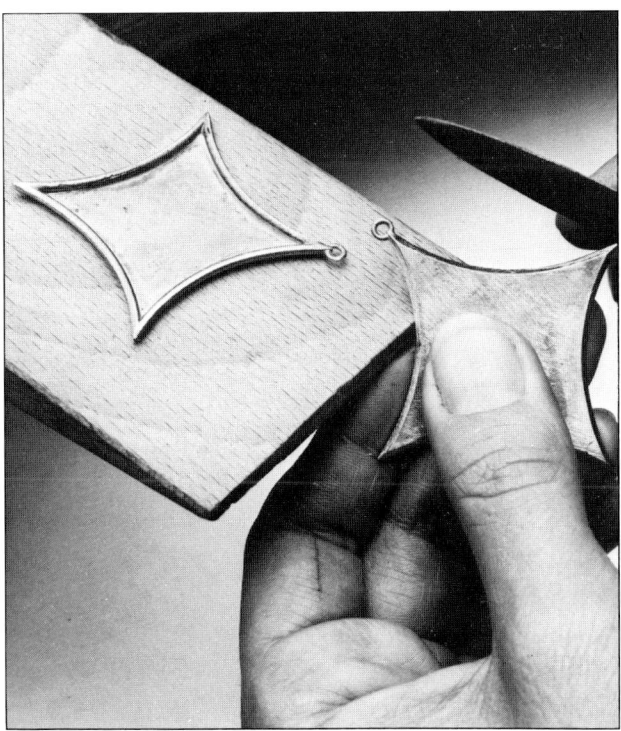

1 Glühen Sie den Draht, und biegen Sie acht Bögen von gleicher Länge. Fertigen Sie einen Drahtrahmen (s. S. 124 –127). Feilen Sie die Enden der Drahtbögen spitzwinklig zu, um ein Quadrat mit konkaven Seiten zu bilden. Der so entstandene Rahmen wird zusammengelötet und gebeizt, dann auf das Blech gelötet und wieder gebeizt. Sägen Sie den äußeren Umriß aus. Löten Sie einen Biegering an die Spitze und feilen Sie die Kanten glatt.

3 Bearbeiten Sie die Rückseite des Quadrates mit Schmirgelpapier, bis sie glatt und flach ist. Löten Sie die Broschierung mit leichtflüssigem Lot an. Wenn ein Stück mehrfach gelötet werden muß, können Sie die Nähte jeweils mit einer Paste aus Polierrot und Wasser schützen oder sie mit Bindedraht sichern.

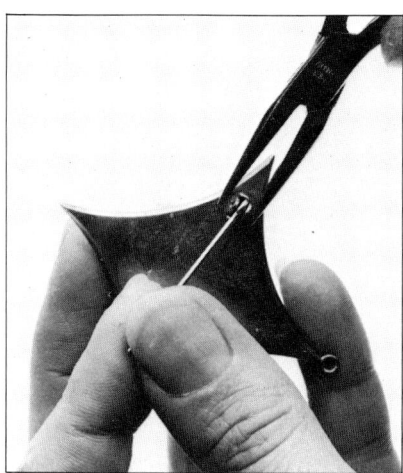

4 Ich habe Broschierungen mit einem Preßmechanismus-Scharnier gewählt. Führen Sie den Nadeldraht in das Scharnier ein, und drücken Sie mit einer Allzweckzange den Sicherungsmechanismus, bis die Nadel sicher sitzt. Feilen Sie das Ende des Drahtes zu einer Spitze, und polieren Sie.

5 Ich habe drei unterschiedlich schwere Ketten gewählt, die gleichmäßig zwischen den Broschenteilen hängen. Die Ketten werden oxidiert und mit zwei Biegeringen an jedem Broschenteil befestigt. Reinigen Sie den Drahtrahmen, bevor Sie Abdeckmittel auftragen (s. S. 147) und oxidieren. Fassen Sie alle Steine, indem Sie die Stotzen andrücken, bis sie die Steine sicher halten. Polieren Sie das Silber mit einem Silberputztuch.

Das fertige Stück kann von Schulter zu Schulter wie eine Kette getragen oder als Verschluß an einem Umhang oder einem festlichen Jackett befestigt werden.

Edelmetallegierungen

Gold, Silber und Platin werden selten in Reinform verwendet; um sie zu härten, werden sie mit unedlen Metallen legiert. Die Gewichtanteile von Edelmetallen in einer Legierung werden in Teilen pro Tausend gemessen.

Das ältere System zum Messen von Gold ist „Karat". Ein Karat ist 1/24 des Ganzen, d.h. 22 Karat Gold bedeutet, daß 22/24 der Legierung aus Gold bestehen und der Rest aus einem unedlen Metall. Der Feingehaltstempel ist die offizielle Garantie, daß die Legierung mindestens die angegebene Menge Edelmetall enthält.

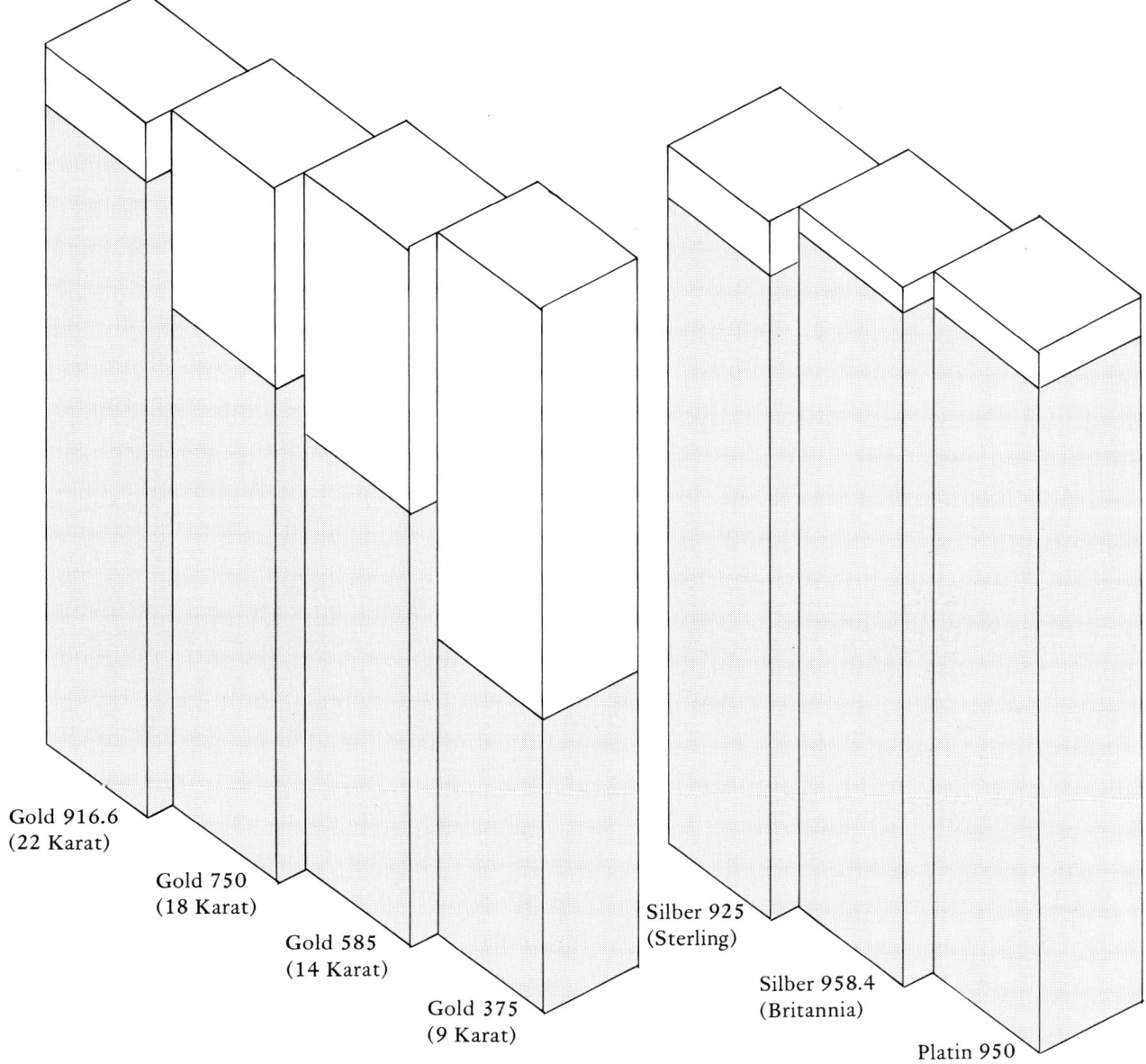

Gold 916.6
(22 Karat)

Gold 750
(18 Karat)

Gold 585
(14 Karat)

Gold 375
(9 Karat)

Silber 925
(Sterling)

Silber 958.4
(Britannia)

Platin 950

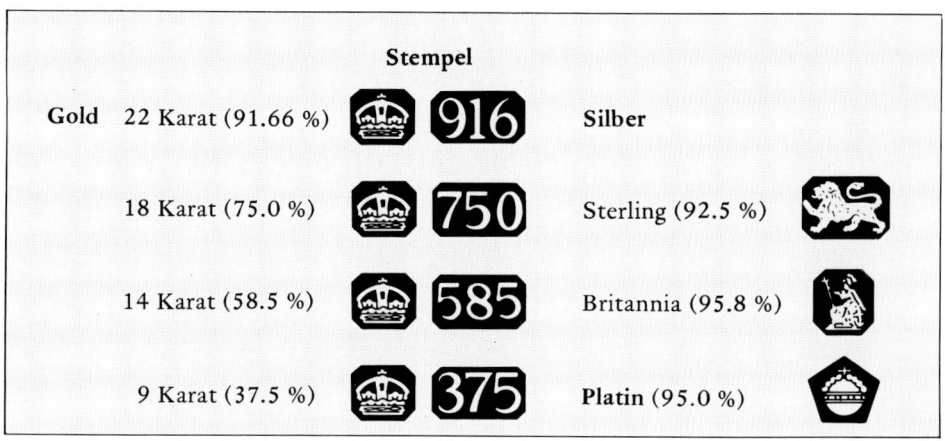

	Schmelzpunkte verschiedener Metalle	
Metall in reiner Form		**°C**
Aluminium		659,7
Blei		327,4
Eisen		1535
Gold		1063
Kupfer		1083
Messing		1015
Nickel		1455
Platin		1773,5
Silber		960,5
Stahl		1350
Titan		1668
Zink		419,47
Zinn		231,89

Beurteilung der Temperatur nach der Farbe	
Farbe	**°C**
Rotglühend, im Dunkeln sichtbar	400
Rotglühend, bei Zwielicht sichtbar	474
Rotglühend, bei Tageslicht sichtbar	525
Rotglühend, bei Sonne sichtbar	581
Dunkelrot	700
Stumpfes Kirschrot	800
Kirschrot	900
Helles Kirschrot	1000
Orangerot	1100
Orangegelb	1200
Gelbweiß	1300
Weißglühend	1400
Strahlendes Weiß	1500
Blendendweiß, Blauweiß	1600

Rezepte zum Färben von Metallen

Material	Chemikalien	Menge	Methode
Kupfer rötliches Bronze bis dunkles Braun	Natriumhydroxid Kaliumsulfid Wasser	85 g 56 g 4,5 l	Geben Sie das Natriumhydroxid und das Kaliumsulfid zu dem Wasser. Verwenden Sie eine hitzebeständige Glasschüssel, und erhitzen Sie die Lösung auf 76 °C. Befestigen Sie das Schmuckstück an einem Stück Kupfer- oder Messingdraht, und tauchen Sie den Schmuck in die Lösung. Lassen Sie die Lösung abkühlen, und entnehmen Sie Ihre Arbeit, sobald Sie mit der Farbe zufrieden sind. Abspülen und die Farbe mit Fixativ oder Lack fixieren.
Messing und Kupfer antikes grünliches Gelb	Kupfernitrat Ammoniumchlorid Calciumchlorid Wasser	113 g 113 g 113 g 4,5 l	Sie können die Lösung auf das Metall pinseln oder den Schmuck in die Lösung tauchen. Wenn die Farbe erscheint, entnehmen Sie das Stück und kochen es in Wasser. Auf natürlichem Wege trocknen lassen. Um die Farbe zu verstärken, wiederholen Sie den Prozeß. Fixieren Sie die Farbe mit Lack oder Fixativ.
Messing antikes Grün	Nickelammoniumsulfat Natriumthiosulfat Wasser	227 g 227 g 4,5 l	Geben Sie die Lösung in eine feuerfeste Schüssel und erhitzen Sie sie auf 71 °C. Tauchen Sie den Schmuck in die Lösung. Wahlweise können Sie Farbe mit einer Bürste auftüpfeln. Spülen und mit Fixativ oder Lack fixieren.
Messing blauschwarz	basisches Kupfercarbonat Ammoniumhydroxid Wasser	113 g 0,6 l 1,4 l	Mischen Sie Ammoniumhydroxid und basisches Kupfercarbonat und geben Sie die Mischung zu dem Wasser. Erhitzen Sie auf 79 °C, und tauchen Sie den Schmuck ein. Lassen Sie die Lösung abkühlen. Entnehmen Sie den Schmuck, und fixieren Sie die Farbe, indem Sie ihn in 2 1/2 %ige Ätzlauge (Natriumhydroxid) tauchen.
Messing blau	Bleiacetat Natriumthiosulfat Essigsäure Wasser	56—113 g 226 g 113 g 4,5 l	Erhitzen Sie die Lösung auf 82 °C, und gehen Sie nach der Methode zum Färben von Messing vor. (s. oben). Die Farbe wird mit Fixativ oder Lack fixiert.
Messing gelb bis hellrot	basisches Kupfercarbonat Ätznatron Wasser	2 Teile 1 Teil 10 Teile	Mischen Sie die Chemikalien und tauchen Sie den Schmuck ein, bis die Oberfläche die gewünschte Farbe angenommen hat. Spülen und die Farbe mit Fixativ oder Lack fixieren.
Messing und Kupfer türkis	Essigsäure	1/2 Tasse	Gießen Sie die Säure in einen Plastikbehälter mit Deckel. Das Schmuckstück sollte entweder auf einer Kupfernetzunterlage liegen oder an einem Draht in die Lösung gehängt werden. Schließen Sie den Deckel fest. Dies ist wichtig, da die Färbung durch die entstehenden Dämpfe der Säure hervorgerufen wird. Lassen Sie den Schmuck ca. 48 Stunden in dem Behälter. Lassen Sie ihn trocknen, und fixieren Sie die Farbe mit Lack oder Fixativ.

Glossar

Abdecken — Möglichkeit, während des Galvanisierungsprozesses und Oxidationsvorganges Muster durch Verwendung einer Gummischutzschicht zu erzielen.

Ablöschen — Metall kann nach dem Erhitzen beim Ausglühen durch Eintauchen in Wasser schnell abgelöscht werden.

Acrylharz — s. Polyesterharz

Ätzen — Anbringung einer Vertiefung auf Metall durch kontrollierte Verwendung von Säure

Alaun — eine säurefreie Beize, s. Beize

Anode — positive Elektrode

Anodisch oxidieren — elektrochemischer Prozeß, bei dem eine kontrollierbare Menge Oxid auf der Oberfläche bestimmter Metalle abgelagert wird und sie färbt

Appliqué — auf der Oberfläche befestigt

Asbestunterlage — wird als Unterlage für den Lötvorgang benutzt, um die Werkbank zu schützen. Als Alternative gibt es synthetische Asbestblöcke.

Auflagering — Der Sims einer Fassung. Der Stein liegt mit seinem größten Umfang — der Rondiste — auf diesem Ring auf.

Auftiefen — Eine Technik, bei der mittels einer Anke und einer Treibfaust Vertiefungen in ausgeglühtes Material getrieben werden.

Ausglühen — Der Vorgang des Erhitzens von Metall, das dann langsam abkühlt und nun weich genug zum Bearbeiten ist.

Aussägen — Ausschneiden eines Musters aus Metallblechen oder anderen Materialien

Ayrstone — schottischer Schleifstein

Barockperle — unregelmäßig geformte Perle

Barren — eine Stange Metall, Metallblock

Basse-taille — eine verfeinerte Form des Champlevé (s. Champlevé), bei dem Farbabstufungen durch verschieden tiefe Schnitte in das Metall erzielt werden.

Beize — säurehaltige chemische Lösung, die benutzt wird, um Metalle von Oxiden nach dem Ausglühen oder Löten zu reinigen (s. auch Flußmittel)

Bernstein — ein durchscheinendes, versteinertes Harz, seine Farbe ist hellgelb bis tieforange

Bindedraht — Stahldraht, der während des Lötvorganges zum Aneinanderbinden zweier Metalle dient (s. Löten)

Blattgold, -silber — sehr dünne Gold- oder Silberblätter, findet meist beim Buchbinden aber auch bei der Schmuckherstellung Verwendung

Borax — Flußmittel, das beim Lötprozeß gebraucht wird. Es ist in Pulverform, in Stücken oder als gepreßter Kegel erhältlich.

Cabochon-Schliff — ein weicher kuppelförmiger Schliff bei Schmucksteinen ohne Facetten

Champlevé — Grubenschmelz, Emailliermethode, bei der die flüssige Emailmasse in ausgestochene Vertiefungen des Metalls eingeschmolzen wird

Cloisonné — Stegemail oder Zellenschmelz; Emailliermethode, bei der aus Draht einzelne geschlossene Zellen gebogen werden, die mit Email gefüllt werden

Cloisons — einzelne Zellen aus flachgewalztem Draht, die auf einen Metalluntergrund aufgelötet werden

Doublette, Triblette — künstlich zusammengestellter Stein, bei dem zwei oder drei Steine übereinandergeklebt werden. Einer davon ist meist von geringerem Material. Das Verfahren wird angewandt, um bessere Farben oder eine härtere Oberfläche zu erzielen.

Eichen — eine genaue Messung des Platin-, Gold- oder Silbergehaltes eines Schmuckstückes durch das Eichamt

Einbettmasse — feinkörnige, gemahlene Gipsart, die große Hitze ohne zu springen erträgt. Wird benutzt, um Gipsformen herzustellen.

Einlegen — Technik, bei der ein Metall bündig in die Oberfläche eines anderen eingelegt wird.

Eisenhaltig — Metalle, die Eisen enthalten

Nicht-eisenhaltig — Metalle, die kein Eisen enthalten

Emaillieren — Technik, bei der gefärbtes Glas auf Metall aufgeschmolzen wird

Facette — geschliffene Fläche bei Diamanten oder anderen Edelsteinen, um den Glanz oder die Farbe zu verstärken

Fassonriegel — Armriegel, Form aus Stahl oder Holz zum Biegen von Metallen

Feingehaltsstempel — Stempel, der die Güte von Edelmetallen angibt

Fensteremail — plique-à-jour; offene Felder einer durchbrochenen Metallfläche ohne Rückwand werden mit Email gefüllt. Das Licht kann durchscheinen wie bei der Glasmalerei.

Filigran — Geflecht feiner Edelmetalldrähte, oft als Schmuck oder Verzierung auf eine Metallunterlage aufgelötet.

Flußmittel — eine Substanz, die die Metalloberfläche beim Lötvorgang frei von Oxidation hält und die Fließeigenschaft des Lots verbessert. Meist wird Borax als Flußmittel verwandt (s. Borax)

Furnituren — Schmuckzubehörteile wie Verbindungsglieder, Ösen, Verschlüsse, Haken

Galvanisieren — galvanische Oberflächenveredlung; das Plattieren einer leitfähigen Oberfläche mit einer Metallschicht mittels Gleichstrom

Galvanotechnik/Galvanoplastik — Vorgang der Herstellung eines Objekts durch Ablagerung verschiedener Metallschichten auf einer elektrisch leitenden Grundform aus Kunstharz oder Holz. Die Schichten sind gleichmäßig und kontrollierbar.

Gießen — Technik zur Herstellung von Originalrepliken

Granalie — ein winziges Metallkügelchen (s. Granulation)

Granulation — Verzierung einer Metalloberfläche durch Auflöten winziger Gold- oder Silberkügelchen

Gravieren — Technik, bei der Figuren, Muster oder Buchstaben in Metall oder andere harte Oberflächen geschnitten werden

Gußkanal — Kanal, der das geschmolzene Metall in eine Gußform führt

Härten — Metall wird beim Biegen, Drehen und Formen härter, was seine Bearbeitbarkeit beeinträchtigt

Intaglio — Gemme/Kamee — Gegenstand mit vertieft eingeschnittenem Bild, meistens ein Edelstein, manchmal auch Metall

Jett — Gagat, versteinertes Holz (harte Braunkohle) von intensiv schwarzer Farbe, das sehr gut poliert werden kann. War besonders in Viktorianischer Zeit als Trauerschmuck beliebt.

Karat — 1 Maßangabe zur Reinheit von Gold
2 Gewichtseinheit für Edelsteine

Karborund — Schleifstein, der in Verbindung mit Wasser benutzt wird, um Email- oder Nielloberflächen zu glätten oder um Werkzeug zu schärfen

Korrosion — schwarze Schicht Kupferoxid, die sich auf überhitztem, legiertem Silber ablagert

Legierung — Metallgemisch, das durch das Zusammenschmelzen zweier oder mehrerer Metalle entsteht

Löten — Technik, mittels der zwei Metallstücke miteinander verbunden werden, indem geschmolzenes Metall in die Fuge gegeben wird, das beim Abkühlen die beiden Teile verbindet. Lote bestehen aus spezifischen Metallen wie Gold oder Silber und einem Anteil eines unedlen Metalls.

Metallfolie — Ausdruck, der die Dünne von Metall beschreiben soll, das ohne Ausglühen gefaltet, gedreht usw. werden kann

Niello — Tula, eine von den alten Römern entwickelte Technik, die der des Emaillierens gleichkommt. Es wird eine schwärzliche Mischung aus Metall und Schwefel benutzt.

Obsidian — Lavaglas, dunkler glasartiger Lavaauswurf

Oxidation — Oxidierung; natürlicher Vorgang bei Metallen, die Luft und Feuchtigkeit ausgesetzt sind. Kann durch Hitzeeinwirkung künstlich hervorgerufen werden, um Oberflächen zu färben.

Paillon — Lote kommen normalerweise in Streifen auf den Markt, die dann in sehr kleine Stücke — Paillons — geschnitten werden.

Pavé — Pflasterfassung; eine Fassungsart, bei der viele kleine Steine sehr eng zusammensitzend gefaßt werden.

Polieren — Methode des Glättens, bei der eine Metalloberfläche mit einem Polierstahl geglättet und abgerieben wird

Polierrot — feines rotes Poliermittel, das im letzten Polierstadium von Metallen verwendet wird. Es ist gepreßt oder in Pulverform erhältlich.

Polyesterharz — Kunstharz in Flüssigform, das durch Zusatz eines Härtekatalysators fest wird

Repoussé — reliefartige Muster werden von hinten in das Metall geschlagen

Ringriegel — konisch zulaufender Rundstahl, um Ringe zu formen

Rondiste — der größte Umfang eines Edelsteins

Schiene — der Teil des Ringes, der den Finger umgibt

Schildpatt — kommt nicht von allen Schildkröten, sondern nur vom Rückenschild der Hawksbill-

Seeschildkröte (vom Aussterben bedroht!). Es wird inzwischen auch künstlich hergestellt.

Schmetterlingsmutter — Es ist eine Schraube, um Ohrstecker für durchstochene Ohren zu sichern und besteht aus einem Metallstreifen mit einem Loch in der Mitte für den Stecker. Die Enden des Streifens sind zu Rollen gebogen, die den Stecker zusätzlich sichern.

Schmieden — Behämmern ausgeglühten Metalls, um seine Form zu verändern

Schmirgelpapier — Papier mit abreibender/rauher Oberfläche; wird benutzt, um Kratzer zu entfernen und um rauhe Oberflächen zu glätten. Gibt es in verschiedenen Körnungen.

Silberdraht — silberner Draht, Draht aus echtem Silber; die Bezeichnungen sind irreführend. "Silberdraht" ist in Wirklichkeit versilberter Kupferdraht, der sich nur zu reinen Biegearbeiten eignet. Für Lötarbeiten benötigen Sie Draht aus echtem Silber, da die dünne Silberschicht wegschmilzt und das Kupfer übrigbleibt.

Simili — glänzendes Glas mit hohem Bleigehalt; wird benutzt, um künstliche Edelsteine herzustellen

Solitär — einzeln gefaßter Edelstein

Stanzen — Technik, um Muster in ein Metallblech zu schlagen, entweder mittels einer Spindelpresse oder durch Hämmern auf ein Metallwerkzeug (Punzen), in dessen Oberfläche Muster graviert sind.

Steinschneider — ein Schleifer, Polierer und Graveur von Edelsteinen

Tiefziehfähigkeit — Eigenschaft von Metallen, leicht verformbar zu sein, ohne zu reißen

Treiben — Muster werden mit Hammer und Punzen in Metall geschlagen

Tripel — rauhes Schleifmittel, das in den ersten Polierstadien benutzt wird

unedle Metalle — jedes nicht-eisenhaltige Metall außer Gold und Silber

Unterlegte Steine — Steine von blasser Farbe werden in eine geschlossene Fassung gesetzt, wobei der Stein mit einem passenden farbigen Untergrund unterlegt wird, um die Farbe zu verbessern.

Verformbar — Qualitätsmerkmal bei verschiedenen Metallen, das es ermöglicht, diese zu biegen oder zu verformen

Vergolden — Vorgang, bei dem eine dünne Goldschicht mittels Hitze oder mit Kleber auf ein anderes Metall aufgetragen wird

Wachsausschmelzverfahren — Verfahren der verlorenen Form, cire perdue, Wachsgußverfahren, bei dem Wachs und Gips benutzt werden

Walze — Apparat zum Flachpressen von Metallblechen

widerstandsfähig — Metalle, die schwer zu schmelzen oder zu bearbeiten sind

Zarge — Teil der Fassung für Cabochons, die um den Stein läuft und an ihn gedrückt wird, um ihn zu „fassen"

Zieheisen — Stahlplatte mit verschieden großen Löchern, um die Dicke oder die Form des Drahtes zu verändern

Zierstreifen — ornamentreicher, gestanzter Metallstreifen, der für Verzierungen benutzt wird

Ziselieren — reliefartige Muster werden von vorne in das Metall geschlagen

Zugfestigkeit — Maximum an Druck, den ein Metall während des Streckvorganges aushalten kann, ohne zu brechen

Wichtige Adressen

für alle, die vielleicht ihr Hobby zum Beruf machen wollen

Werkzeuge und Zubehör

Wieg & Co, Ost-West-Str. 12, 2000 Hamburg 1

Roland Kanneberg & Co, Viehofstr. 48,
4300 Essen

Oskar Leibner, Henriettenstr. 14, 4300 Essen

Gebr. Ott, Postfach 688, 6450 Hanau

Karl Bauer, Gautinger Str. 34, 8000 München-Neuried

Walter Brasch, Postfach 12 05 40,
5630 Remscheid 11

Horst Uhlig KG, Horst-Uhlig Str., 5449 Laudert/
Hunsrück

Ausbildungsmöglichkeiten für Gold- und Silberschmiede

Fachhochschule Düsseldorf, Fachbereich Schmuck
und Design, Fürstenwall 100, 4000 Düsseldorf

Staatliche Zeichenakademie Hanau, Akademiestr.,
6450 Hanau

Goldschmiedeschule Sankt Georgensteige,
7530 Pforzheim

Fachhochschule für Gestaltung, Holzgartenstr. 36,
7530 Pforzheim

Akademie der bildenden Künste, Klasse für Gold-
schmiedekunst, Akademiestr., 8000 München

Akademie der bildenden Künste, Binterstr. 160,
8500 Nürnberg

Gewerbeschule Luisenstraße, Klasse für Goldschmiede, Luisenstr., 8000 München

Fachhochschule für Gestaltung, Ubierring,
5000 Köln

Fachhochschule für Gestaltung, Rektor-Klaus-Str.,
7070 Schwäbisch-Gmünd

Fachhochschule für Gestaltung, Elzerstr.,
3200 Hildesheim

Fachschule für Glas- und Metallgestaltung,
8950 Kaufbeuren-Neugablonz

Stichwortverzeichnis

Danksagung

Die Autorin dankt folgenden Organisationen für ihre freundliche Hilfe
bei der Veröffentlichung dieses Buches:

Dem Britischen Museum, Blundells, Charles Cooper, Craft O'Hans, Detail,
Exchange Findings, Louis Kaplin Associates, Parks and Young Ltd., dem
Viktoria und Albert-Museum.

Die Autorin möchte außerdem folgenden Künstlern, die zum Entstehen
dieses Buches beigetragen haben, danken: Jane Adam, Martin Baker,
Hilary Beane, Tom Binns, Jackie Cowper, Madelaine Cole, Annabelle Ely,
Tom McEwan, Ceri Evans, Charmian Inman, Chris Howes, Andrew Logan,
Fred Riche, Pepe Taylor.

Besonders danken möchte die Autorin: Tom Binns für seine Geduld und
kreative Unterstützung, Chris Howes für die technische Hilfe, Sally und
Tony von der Paul Press, die mein heftiges Temperament ertragen haben,
Mandy Little für ihre Beratung, June Marsh, Moderedakteurin von
„Options Magazine", die mir als erste riet, dieses Buch zu schreiben, meiner
Mutter Susan, die mich in allen meinen Bemühungen stets ermutigt hat,
meinem Vater David für seine Unterstützung in den ersten Jahren meiner
eigenen Werkstatt, Don Wood für die Fotographien und dafür, daß es solchen
Spaß gemacht hat, mit ihm zu arbeiten, Pepe Taylor für seine Hilfe und sein
Zuhören bei der Arbeit, Corinna und Paola für das Vorführen des Schmucks,
Phillip McCarthy von Barclays Bank und der Goldschmiedeabteilung an der
Central School of Art and Design.

KREATIV SEIN:

Werkstattbücher für künstlerisches Gestalten

Jacquie Govier:
Theaterwerkstatt:
Bühnenrequisiten
selbstgemacht
224 Seiten DIN A 4
mit über 400 Abbil-
dungen. Gebunden
DM 59,–

Terry Thomas:
Theaterwerkstatt:
Bühnenbild
und Kulissen
selbstgemacht
192 Seiten plus Stich-
wortverzeichnis DIN
A 4 mit 500 Abbil-
dungen. Gebunden
DM 59,–

William Wheeler/
Charles H. Hayward:
Holzschnitzen
Flachschnitzen
Vergolden
Werkzeuge · Hand-
griffe · Muster
140 Seiten DIN A 4
mit 100 Zeichnungen
und 121 Fotos. Karto-
niert DM 39,–

In leicht verständlichen Zeichnungen wird die Materialbearbei-
tung, der Gebrauch von Werkzeugen
und Hilfsmitteln erklärt und so
mancher Trick und manch verblüf-
fende Umwidmung von Alltagsge-
genständen zu Requisiten verraten.
Im zweiten Teil finden sich eine
Fülle von Requisitenvorschlägen,
die sich an den wesentlichen
Theatersujets orientieren.

Amateur- und Schultheatergrup-
pen mangelt es weniger an Idealis-
mus und Engagement als an Erfahrung und Geld. Die Anregungen
und Tips dieses Buches berücksichtigen das kleine Budget und beschreiben die Herstellung verschiedener
Dekorationsteile und kompletter
Bühnenbilder von dem Stadium der
ersten Planung über den Einsatz von
Bühnenmodellen bis hin zur Werk-
stattarbeit. Weiter geht es dann mit
dem Ab- und Aufbau, der Lagerung
und mühelosen Handhabung der
Dekorationsteile während des Spie-
lens.

Die Vielfalt dieses Kunsthand-
werks wird ausgehend von der einfachsten Kerbschnitzerei bis hin zu
anspruchsvolleren Arbeiten wie Falt-
werke, Akanthus-Blattornamente,
Zierprofile, geschweifte Randfor-
men, Schriftzüge und Figuren-
schnitzen anschaulich dargestellt.
Eine Einführung in das Vergolden
rundet dieses Buch ab.

Filz, ein uraltes bewährtes Material aus nicht gesponnenen Tierhaa-
ren, ist wiederentdeckt und eine in
Vergessenheit geratene Handwerks-
technik auferstanden: Auch künstlerisch weniger Vorgebildete erlernen
leicht, verschiedene Gebrauchsge-
genstände, wie Taschen, Hüte,
Gamaschen, Gürtel, Handschuhe,
Pantoffeln und vieles andere mehr
mit diesem sympathischen Material
zu gestalten.

Durch viele Beispiele werden die
grundlegenden Arbeiten und Techniken des Drechselns erklärt. Die
fast 500 Fotos zeigen dem Anfänger
die verschiedenen Möglichkeiten
dieses Handwerks, aber auch erfah-
rene Drechsler finden zahlreiche
Anregungen und Ideen. Der Leser
wird zur Ausführung eigener Arbeiten in den Techniken des Längs-,
Quer- und Hohldrechselns angeleitet.

Ästhetisch ansprechend ist das
Drehen von seltenen exotischen
Hölzern, und eine ornamentale Stei-
gerung der Holzobjekte erzielt man
dadurch, daß man verschiedene
Brettchen vor dem Drehen zu
Schichthölzern zusammenleimt. Alle
Aufgaben und Arbeitsprozesse sind
auf Fotos detailliert beschrieben.

Zum künstlerischen Behandeln
von Metall ist neben Sachkenntnis
und Interesse auch ein wenig guter
Geschmack vonnöten. Die in Skizzen, Zeichnungen und Fotos gegebe-
nen Anregungen für das Entwerfen,
Gestalten und Herstellen von Gegenständen aus Metall für Heim, Haus
und Garten sensibilisieren Augen
und Hand für die schöne Form.

Elfgard Griegroßies:
Handwerkliches
Filzen
Herstellen, Verarbeiten,
Gestalten
79 Seiten DIN A 4
mit rd. 110 ein- und
mehrfarbigen Abbil-
dungen. Gebunden
DM 38,–

Bruce Boulter:
Holzdrehen in
in 488 Bildern
Künstlerisches Drechseln
in Freizeit und Beruf
1. Nachdruck zur 1. Auf-
lage. 175 Seiten DIN A 4
mit 488 Fotos. Gebun-
den DM 54,–

Bruce Boulter:
Holzdrehen für
Fortgeschrittene
in 487 Bildern
Schichthölzer —
zusammengesetzte Hölzer
— Hohlkörper
152 Seiten DIN A 4
mit 487 Abbildungen.
Gebunden DM 54,–

Alfred Jahn:
Künstlerisches
Schmieden
in Beruf und
Freizeit
Werkstatteinrichtung —
Werkstoffe — Arbeits-
techniken — Entwurf
und Gestaltung in
Beispielen
128 Seiten DIN A 4 mit
über 200 Zeichnungen
und Fotos. Gebunden
DM 59,–

Preise Stand April '88, Preisänderungen vorbehalten.